카자흐스탄의
고려인들 사이에서

숭실대학교 한국문예연구소
문예총서③

김·병·학·디·아·스·포·라·에·세·이

# 카자흐스탄의 고려인들 사이에서

김병학 저

인터북스

# 추천의 글

어찌 그곳이 머나먼 곳인가. 어찌 그곳이 이곳과 아직 상관도 없는 낯선 곳인가.

카자흐스탄 그곳!

그곳은 우리 근현대사의 한 종착지가 아닌가. 몇 년전 나는 그곳에 가지도 못한 채 '여기는 우리가 와서 엉엉 울어야 할 곳'이라는 노래를 보낸 적이 있다.

그런데 이곳의 여러 인연을 버리고 그곳에 가서 그곳의 사라져가는 삶의 자취들을 하나 하나 지켜내는 일을 마다하지 않는 사람이 있다.

시인 김병학 형이 바로 그 사람이다. 이미 김형은 중앙아시아 구소련령 일대에 살고 있는 고려인들이 스탈린 강제 이송 뒤의 황야에서 살아남아 불렀던 노래들을 결집한 적이 있다. 실로 벅찬 공적이었다.

이런 김형이 이번에는 현지 동포들의 삶을 하나하나 기록함으로써 그곳의 서사가 바로 이곳의 실감임을 깨우쳐 준다.

이 김병학 디아스포라 에세이는 그래서 역사의 의미가 해체되어 가는 오늘 삶이 역사가 되고 역사가 삶이 된다는 진리를 번개쳐 보여주기에도 알맞다.

김형은 애처롭다. 김형은 너무 참되다. 카자흐스탄의 뛰어난 시인 이 스따니슬라브와의 밀접한 친교도 깊다. 그런 김형이 그곳의 제도어인 슬라브어 세상의 한 지역에서 한글을 지켜내고 있는 것은 눈물겹다.

나는 이 실기적(實記的) 에세이를 읽고 눈물을 흘려야 했다. 그뿐 아니라 우리 한민족은 한반도 역내에만 갇혀 있는 것이 아니라 저 연해주와 중앙아시아에도 또 하나의 한민족으로 엄연하다는 것을 깨닫는다.

나는 이 책 속에서 잃어버린 나를 만나고 있는지 모른다.

김병학형 고맙소이다.

2009년 8월 24일

시인

# 책머리에

## 바람처럼 떠도는 삶의 노래를 기록으로 남기며

여기에 소개하고자 하는 글들은 필자가 중앙아시아에서 내디딘 조그만 발자취의 기록이다. 머나먼 중앙아시아에도 〈고려일보〉라는 모국어 신문이 있어 바람처럼 떠도는 삶의 노래를 기록으로 남길 수 있었다. 얼마나 고마운 일인지 모른다. 더욱이 필자는 그 신문사의 부름을 받아 두 번이나 기자로 일하는 행운을 누리기도 했다.

필자는 1992년 봄 한국에서 중앙아시아 카자흐스탄으로 건너왔다. 그리고 며칠 지나지 않아 말로만 듣던 모국어신문사를 직접 찾아가보았다. 재소고려인에 대한 정보가 목마르기도 했지만 무엇보다도 고국과 오래도록 단절된 머나먼 이국땅에서 한글신문이 발행되고 있다는 사실 자체가 너무나 신기하고 낯설어서 그걸 직접 확인해보기 위해서였다. 그것이 필자가 고려일보와 맺은 긴 인연의 시작일 줄은 미처 생각지도 못한 채.

고려일보는 1938년 카자흐스탄의 서부도시 크즐오르다에서 창간되었다. 하지만 이 신문의 진정한 기원은 1923년 3월 1일 연해주에서 발간된 〈선봉〉신문으로 거슬러 올라간다. 이 신문은 3.1운동 4주년을 기념해 우리나라 애국지사들이 발간한 모국어신문으로서 당시 연해주 고려인들에게 줄기차게 계몽의 등불을 밝혀왔는데 애석하게도 1937년 고려인 중앙아시아 강제이주와 동시에 폐간되고 말았다. 다행히 이듬해 몇몇 선각자들이 온갖 박해의 위험을 무릅쓰고 〈레닌기치〉라는 이름으로 신문을 복간해냈으며 그 신문이 1991년에 제호를 바꾼 것이 바로 〈고려일보〉다.

이렇듯 고려일보는 역사성으로 보나 상징성으로 보나 태어나면서부터 재소고려인의 대변지라는 사명감을 천형처럼 짊어진 신문이었다. 비록 이 신문이 첫걸음을 떼던 해에 구소련이 붕괴되고 사회주의 체제가 와해되어 극심한 재정난을 겪기 시작했고 모국어를 아는 세대들이 빠른 속도로 사라져감에 따라 구독자 수가 급격히 감소하고 한글로 기사를 쓸 수 있는 기자들도 함께 고갈되어 수시로 신문의 존립기반이 흔들렸지만 어떻게든 재소고려인의 아픈 상처를 껴안고 나가야하는 하나밖에 없는 민족지였다.

필자는 1995-1996년, 2000-2003년에 고려일보에서 유일한 한국인 기자로 일했다. 같이 일해보자는 고려인 선배기자들의 부름을 차마 거절할 수 없어서 한때나마 거기에 몸담고 그분들과 함께 신문을 만들었다. 그때 필자는 한글판 기사의 교정과 교열을 주요 임무로 부여받았다. 하지만 2000년에 들어와 한글로 기사를 쓸 수 있는 현지인 기자가 두 명밖에 남지 않아 필자는 부득불 만능기자가 될 수밖에 없었다. 그래서 그때그때 필요한 기사도 쓰고 번역도 하고 때로는 현지인 두 원로기자 분께 무례를 범해가면서까지 이런저런 넋두리 같은 글을 써서 지면을 채우기도 했다. 그렇게 필자는 본의 아니게 고려인역사에 깊숙이 발을 담게 되었으며 이 체험은 필자가 고려인과 진정한 하나가 되는 데까지 나아가도록 이끌어주었다.

여기에 모은 글들은 그때 고려일보와 인연이 닿아 쓴 기사들이 대부분이다. 한데 모아놓고 보니 중앙아시아에 거주한지 어느덧 열여덟 해나 되는 필자의 개인사에서 가장 중요한 굽이 길을 고려일보라는 모국어 신문사에서 편력했음을 깨닫는다. 끊길 듯 끊기지 않고 이어지는 그 시절의 고뇌와 보람의 흔적들이 자꾸만 넓은 세상과 소통시켜 달라고 소리치는 것만 같다.

능력이 부족하고 여건이 허락하지 않아 많은 글을 쓰지 못했다. 다행히 최근에 한국의 국제신문에 쓴 디아스포라칼럼을 비롯하여 다른 매체에 발표한 글들이 몇 편 있어서 함께 묶었다. 미숙하여 버려야 할 글들도 있지만 당시에는 필자에게 진주처럼 반짝였던 사고의 편린들이 남아있어서 차마 그러지 못하고 하나의 실에 꿰어 넣었다.

얼마간 시간이 지난 탓에 글을 쓰던 당시에는 너무나 당연했던 상식적 사실이 현 시점에서 읽어보니 더러 낯설고 생소하다. 또한 중앙아시아에서 살아보지 않은 사람들에게는 쉽게 이해되지 않을 내용들도 눈에 띈다. 그래서 필요한 글의 말미마다 부연 설명과 관련정보를 덧붙여 읽는 분들의 편의를 도모하였다. 고려일보 및 유관기관의 문제점과 공과도 필자가 아는 한 사심 없이 밝혀놓았다.

아들이 펴낸 시집을 손에 쥐어보신 뒤 아들이 쓰는 산문도 읽어보고 싶어 하셨던 아버지가 더 기다리지 못하고 저 세상 본향으로 거처를 옮기신 지 3년이 되어간다. 애석하기 그지없지만 홀로 남으신 어머니께라도 보여드릴 수 있음이 얼마나 감사한지 모른다. 부족한 글에 추천의 글을 써주신 고은 선생님께 감사를 드린다. 졸고를 선뜻 출판해주신 한국문예연구소 조규익 교수님과 인터북스 하운근 사장님 그리고 귀중한 사진을 제공해주신 최 아리따씨와 안 윅또르 사진작가분들께도 감사를 드린다. 필자가 하는 일을 늘 한결같은 마음으로 성원해주는 후배 임병율 (주)대종 대표이사와 진재정 이사에게도 고마움을 전한다.

2009년 8월<br>
카자흐스탄 알마띄시 천산자락 아래서<br>
김 병 학

# 책을 읽기 전에

중앙아시아 고려인 및 구소련 고려인의 역사를 처음 접하는 분들의 이해를 돕기 위해 다음과 같은 몇 가지 기본개념과 용어를 약술한다.

## 고려사람 또는 고려인

「고려사람」이란 말은 구소련에 거주하는 한인동포들이 스스로를 지칭하는 용어로서 예전부터 이 말이 쓰여 왔다. 특히 구소련 한인동포들이 연해주에 집단적으로 거주하던 1920-1930년대에는 사적인 영역에서 「조선사람」과 함께 두루 쓰였고 간혹 공적인 영역에서 사용되기도 했다. 그러나 공식적으로는 어디까지나 「조선사람」이 구소련 동포를 대표하는 용어로 사용되어왔고 1940년대에 들어와서는 이러한 관행이 더욱 확고해졌다.

그러던 것이 1988년 서울올림픽을 계기로 변화를 겪기 시작했다. 88서울올림픽 이후 한국과 교류가 시작되자 구소련 한인동포들은 「조선사람」이라는 명칭에 거부감을 보이는 한국 사람과의 관계를 의식하지 않을 수 없었다. 결국 이 요인이 결정적인 영향을 미쳐 「고려사람」(고려인)이 공식적인 자리에서도 「조선사람」을 밀어내고 사용되기 시작했고 지금은 어디서나 공히 「고려사람」으로 쓰이고 있다.

## 구소련 고려인의 기원과 강제이주

한반도 조선인들이 1800년대 중반부터 두만강을 건너 연해주에 정착하기 시작한 것이 구소련 고려인의 기원이다. 이주는 꾸준히 이루어졌으며 대개가 생계형 농업이주였다. 대형이주는 한일합방을 전후하여 이루어졌다. 그리하여 1920-30년대에 들어와서는 연해주 거주 한인수가 20만여 명에 달할 정도로 규모가 커졌다. 신문과 극장과 모국어학교가 속속 생겨나고 한인 집성촌도 꾸준히 증가하였다.

그런데 1937년 8월 21일 소련 공산당중앙위원회는 연해주한인을 중앙아시아로 강제 이주시키기로 결정했다. 연해주 한인들이 일제의 첩자가 될 우려가 있어 이를 사전에 예방한다는 말도 안 되는 이유가 그 이유였다. 이주는 1937년 9월 11일부터 10월 하순까지 단행되었다. 이주수단으로 화물열차가 사용되었고 열차 한 차량 당 기본적으로 4가족 20명씩 배치되었다. 그렇게 17만 여명의 연해주 한인들이 중앙아시아 카자흐스탄과 우즈베키스탄으로 이주되었다.

이주 직전에 이에 저항할 소지가 있는 고려인 인텔리와 지도자들 2천 5백여 명이 체포되어 이듬해 대부분 처형되었다. 이주 직후에는 추위와 풍토병으로 2만여 명의 어린이와 노인들이 사망했다.

강제이주사건은 우리민족 해외이주사에서 가장 비극적인 사건 중 하나로 기록되고 있다.

── **고려일보**

1938년 5월 15일 중앙아시아 카자흐스탄 서부도시 크즐오르다에서 창간된 한글신문이다. 창간 당시 제호는 「레닌기치」였고 1991년에 「고려일보」로 개명하였다.

하지만 고려일보의 기원은 1923년 3월 1일 러시아 연해주 블라디보스토크에서 창간된 「선봉」신문으로 거슬러 올라간다. 「선봉」신문은 삼일독립만세 4주년을 기념하여 우리나라 애국지사들이 연해주로 건너가 창간한 신문으로 당시 연해주 거주 한인들에게 커다란 영향을 미쳤다. 그러나 1937년 연해주 고려인이 중앙아시아로 강제이주를 당할 때 함께 탄압을 받아 폐간되고 말았다.

다행히 선봉신문사의 일부 직원들이 강제이주 와중에서도 살아남았고 그들이 이주 당시 가져온 활자와 신문기자재들이 있어서 그것을 바탕으로 이듬해 모국어신문 「레닌기치」가 부활할 수 있었다.

고려일보는 1990년대에 들어와 극심한 재정난과 한글판기자의 부족, 구독자 수의 감소로 숱한 어려움을 겪었다. 2000년부터 카자흐스탄 고려인협회가 국가로부터 운영권을 넘겨받아 운영하고 있다.

### 고려극장

1932년 9월 9일 연해주 블라디보스토크에서 창설된 우리 민족 최초의 우리말 극장이다. 당시 연해주에는 3대 고려인 민족문화기관이 있었는데 1923년에 창간된 모국어신문 「선봉」, 1931년에 설립된 고려사범대학교, 1932년에 창설된 고려극장이 그것이다.

1937년에 강제이주가 단행되면서 선봉신문은 폐간되었고 고려사범대학은 이주 이듬해 개학되면서 우리말 사용이 전면 금지되었는데 반해 고려극장은 용케도 탄압을 피하여 우리말 연극을 계속할 수 있었다.

고려극장은 강제이주 시 극장배우들이 카자흐스탄과 우즈베키스탄으로 나누어 이주되는 바람에 이주 이후 10여 년 간 두 개의 고려극장이 존재했었는데 나중에 카자흐스탄 고려극장으로 통합되어 오늘에 이르고 있다.

고려극장도 고려일보와 마찬가지로 우리말로 연극하던 1, 2세대 배우들이 대부분 사망하고 후속 배우들은 우리말 실력이 매우 부족한데다 그 수도 적어서 많은 어려움을 겪고 있다.

### 카자흐스탄 고려인협회

1980년대 중반 소련공산당 서기장에 당선된 고르바쵸프가 소련을 개혁과 개방으로 이끌자 그 바람을 타고 소련 곳곳에서 소수민족을 대표하는 「민족문화중앙」이라는 단체들이 생겨났다. 재소고려인들도 1989년 「재소고려인문화중앙」을 설립하고 각 공화국에도 「민족문화중앙」을 만들었다. 그 일환으로 카자흐스탄에서도 1989년 「카자흐스탄 고려문화중앙」이 설립되었다. 이 단체가 1990년대 중반에 「카자흐스탄 고려인협회」로 명칭을 바꾸어 오늘에 이르고 있다.

「카자흐스탄 고려인협회」는 공식적으로 카자흐스탄 고려인을 대표하는 기관이다. 이 기관에는 정계·관계·재계·학계를 대표하는 고려인이 총

망라되어 있고 이 기관만이 고려인을 대표하여 정부를 상대하고 있다.

## 지명

- **알마틔(또는 알마아타)** : 카자흐스탄의 동남부에 위치한 카자흐스탄 최대의 도시로 1997년까지 카자흐스탄의 수도였다. 현재의 수도는 「아스타나」이며 카자흐스탄 중북부에 위치해 있다.

- **우스또베** : 러시아 연해주에서 열차에 실려 강제이주 당한 고려인들이 최초로 부려진 카자흐스탄 초원지역 이름이다. 지금도 고려인들이 밀집해 살고 있다. 우리나라 읍 단위의 소도시이며 알마틔에서 북쪽으로 400 km 정도 떨어진 곳에 자리하고 있다.

- **크즐오르다** : 강제이주 당한 고려인의 모든 문화기관이 자리했던 곳이다. 강제이주 당시 연해주에서 왕성하게 활동했던 모국어신문, 모국어극장, 모국어사범대학이 모두 이곳으로 이주되었다. 고려인 인텔리들도 대부분 이곳으로 함께 이주되어 고려인문화를 부흥시켰다. 카자흐스탄의 서부에 자리하고 있다.

---

■ ■ ■ 일러두기
1. 신문에 실린 모든 기사를 원문 그대로 수록하되 오자와 탈자, 맞춤법과 띄어쓰기가 맞지 않은 것은 바로잡았다.
2. 현시점에서 거론하는 것이 적절치 않다고 생각되는 인명은 생략하거나 한 글자음 머리글자로 대체했다.
3. 일부의 내용은 생략하고 생략표시를 해주었다.
4. 일부의 제목은 다른 것으로 바꾸어 해당 글 아래에 원래의 제목을 표시해 주었다.
5. 신문에 기사로 실리면서 빠진 주석이나 참고문헌은 모두 복원해놓았다.

# 차 례

추천의 글 / 5
책머리에 / 7
책을 읽기 전에 / 10

**1. 이별도 아름다웠다**

17

삶이 그대를 속일지라도 / 19
명정을 쓰노라면 / 25
점을 본다는 것은 / 29
코스모스 길 / 37
슬픔에 대하여 / 40
이별도 아름다웠다 / 45
진정한 사랑을 위하여 / 49

**2. 이름 없이 빛도 없이**

55

과연 고려일보에 장래가 있는가? / 57
이름 없이 빛도 없이 / 62
조선인, 고려인, 한국인… / 67
한글날과 자랑스러운 고려인 / 75
카자흐스탄 고려인과 언론 / 78
겸손하면 그 빛을 가릴 자가 없습니다 / 82
모국어의 초원을 드높인 일생 / 87
역사가 선택한 최후의 모히칸족 이야기꾼 / 92
꺼지지 않는 등불이 되어 / 99
선구자의 가슴에 흐르는 불멸의 사랑노래 / 102
망명지에서 솟아난 희곡문학의 거대한 산 / 111
그리운 두 선배님의 향기 / 119
카자흐스탄의 고려인 / 133

**3. 원대한 화합과 융화의 길목에서**

151

평생을 무대에 바친 부부예술가의 예술혼 / 153

아름다운 인연 / 158
명정을 어떻게 쓰는가? / 161
원대한 화합과 융화의 길목에서 / 165
노래 부르기를 스스로 즐겨하는 사람 / 170
교육원 도서관이 시장바닥인가? / 173
한국남도에 중앙아시아의 꽃이 핀다. / 178
과거는 현재와 어울리며 특정한 시공간을 넘는다 / 184
깊이를 헤아릴 수 없는 한국전통음악의 세계 / 186
아는 만큼 느낄 수 있다. / 191
소외된 기억, 통합에의 갈망 / 193
초월과 비상 그리고 원천회귀 / 197

203
4. 중앙아시아 고려인의
   빛과 그늘

중앙아시아 고려인의 빛과 그늘 / 205
변화와 보존의 갈림길에서 / 209
디아스포라의 자긍심은 어디서 나오는가 / 213
종말을 앞둔 재소고려인 한글문학 / 217
사라져가는 세대들이 남기는 것 / 221
고려인 가요 백년사를 되돌아보면서 / 224
어울림, 그 아름다운 협주곡을 기다리며 / 229

233
5. 제자들을 떠나보내며

방학을 맞이하며 / 235
시베리아의 교육도시 톰스크 / 241
훈훈한 겨울 / 250
졸업은 새로운 시작 / 254
이국땅에 울린 한국의 목소리 / 257
제자들을 떠나보내며 / 260
카자흐스탄 고려인사회의 분열과 통합방안 / 264

# 1
# 이별도 아름다웠다

만남의 과정에서 서로의 가슴에 더 이상 인간적 미련의 불씨를 남기지 않았다면 이별은 아름다울 수밖에 없는 것이다. 가을이 오면 아름드리나무들이 그동안 자기의 외적 형상이 되어 고요한 내적 갈망을 그리도 부드럽게 표현해주었던 나뭇잎들을 아무런 미련도 없이 훌훌 떨어버리고 홀로 긴 겨울을 견디어가듯이…

- '이별도 아름다웠다' 중에서 -

# 삶이 그대를 속일지라도…

− 강제이주세대 선배들을 기리며 −

"사람은 나이가 들어갈수록 슬픔이 많아지고 슬픔이 많아질수록 그만큼 더 지혜로워진다."는 격언이 있다. 인생의 선배들이 시간의 흐름에 따라 기쁨보다는 슬픔이 늘어나는 것을 인간 삶의 참 모습으로 여겼던 데에는 나름대로 여러 가지 이유가 있겠으나 가장 근본적인 이유는 '삶의 유한성'을 통찰했기 때문이었을 것이다. 누구나 건강하고 젊은 모습으로 오래도록 살기를 바라겠지만 자연은 그것을 허락하질 않으니 바로 거기에서 인간의 모든 비극이 싹텄을 것이다.

그런데 왜 하필 기쁨보다는 슬픔이 많아져야만 더 지혜로워진다고 하는 것일까? 왜 지혜는 기쁨이 아니라 슬픔을 먹고 자라나야만 하는 것일까?

아마도 사람이 나이가 들어감에 따라 사랑했거나 또는 여러 가지 형태

화폭에 담긴 강제이주의 참상(1990년대 김 효도르 작)

로 인연을 맺었던 사람들과 영원히 이별하는 일이 잦아지고 또 자신의 육체적 쇠약과 죽음이 시간적으로 보다 더 가까워져 옴을 아는 까닭에 자신 또한 먼저 가버린 이들처럼 미련이나 애착을 갖고 있는 모든 사람·사물들과 헤어져야 한다는 것을 뚜렷이 인식하게 되며 따라서 점차 개인의 차원을 넘어 보편성에 바탕을 둔 삶의 의미와 본질을 자연스럽게 통찰해 나가기 때문이리라. 무릇 인간의 지혜는 수많은 불가항력적 사건과 변화의 국면을 지나온 후에 반성적 성찰을 통해 뒤늦게 나타나는 야속한 면이 있는 것 같다.

물론 나는 슬픔이 보편적이거나 영원성을 띤 것이라고 생각하지 않는다. 우리가 시간과 공간 그리고 객관적으로 지각 가능한 물질의 존재라는 3차원 세계의 근원적 가정에 겹겹이 조건 지어져 있고 그 조건 지어진 세계만을 최종적인 우주관으로 받아들이는 한에서만 슬픔이 지속적이고 정당한 가치를 갖는다고 생각한다. 당연히, 닫힌 세계관 속에 갇혀 사는 자에게는 슬픔만이 잇따라 일어날 뿐 기쁨이나 지혜는 결코 생겨나지 않을 것이나 열린 세계를 지향하는 이에게는 슬픔이 아무런 의미도, 구속력도 가질 수 없을 것이다.

따라서 이 격언의 마지막 구절인 '지혜로워진다'는 말이 의미하는 것은 '인간의 육체적인 삶 속에 밀려오는 온갖 슬픔이 본질적으로는 더 이상 슬픔이 될 수 없으며 더 높은 차원에서 삶을 더욱 가치 있고 의미 있게 만들어 주는 지극히 긍정적인 에너지의 한 부분으로 작용한다는 것을 이해하고 그러한 차원들 간의 자연스런 통일성을 깨닫는 것'이라고 생각한다.

카자흐스탄에서 적지 않은 세월을, 아니 어찌 보면 아직도 짧은 세월을 살아오고 있는 동안 나는 크고 작은 여러 가지 일들을 많이 겪었다. 좋은 일들이 있었던 만큼 궂은 일들도 있었고 기쁜 일들이 생긴 반면 반갑지 않은 일들도 일어났다. 어떤 사건은 내게서 생겨나 타인에게 영향을 미쳤고 또 어떤 사건은 다른 사람에게서 일어나 내게로 흘러 들어왔다. 그 중 어떤 일들은 이미 오래 전에 나의 마음에서 가치를 상실해버렸고 또 어떤 일들은 지금까지도 내게 지속적으로 영향을 미치고 있다. 결코 잊을 수 없는 어떤 체험은 워낙 강렬하여 나의 가치관과 내 개인사의 구조 자체를 바꿔버리기까지 했다. 그 사이 나는 이전보다 더 많은 슬픔을 맛보았고 그리하여 이전보다 조금은 더 지혜로워졌으리라고 조심스럽게 확신하고 있다.

이와 같은 여러 경험들을 체득해 오고 있는 나는 경험이 확대되고 깊어짐에 따라 개인의 나를 뛰어넘어, 가장 비인간적이고 참혹한 강제이주를 체험한 강제이주세대 카자흐스탄 고려인 선배들에게로 옮겨가고 있다. 그리고 동시에 이 나는 이제 연륜도 많거니와 어느 누구보다 슬픔도 많이 겪어 더없이 지혜로워진 우리의 강제이주세대 선배들을 하나의 상징적인 통일인격체로 묶고 그들의 삶을 의미 있는 방식으로 배열한 다음 그 의미를 가지고 진짜 나에게로 다시 돌아오고 있다. 그리하여 비록 상상적이긴 하지만 나의 체험 속에도 강제이주사건이 지울 수 없는 기억의 흔적으로 새겨지고야 마는 것이다.

강제이주 사건은 인간의 존엄과 가치라는 인류의 보편적 권리와 믿음을 송두리째 뒤흔든 사건이었다. 그로 인하여 우리의 강제이주세대 선배들이 받은 피해의식은 고려인 사회의 뇌리 속에 오래도록 짙은 그림자를 드리웠다. 지금은 65년 세월의 풍상과 함께 그 음영이 거의 알아볼 수 없게 지워져버렸지만.

이제 그들은 역사의 전면에 등장한 새로운 세대에게 말로 표현할 수 없이 값진 삶의 발자취를 남기며 역사의 뒤안길로 조금씩 사라져가고 있다. 그들은 견디기 어려운 절망을 이기고 세월의 격랑 속에서 터득한 지혜로 지금의 우리들에게 보다 나은 사회적 토대를 만들어준 장본인이기도 하다. 카자흐스탄 고려인사회는 바로 그들의 수고와 피땀 위에서 시작되었고 뿌리내렸다. 새로운 세대는 선배 세대들이 뼈를 깎아 쌓아올린 불멸의 신전 위에서 살아가고 있는 것이다.

어느덧 우리는 우리의 선배들이 체득해온 그 지혜를 물려받아 온전히 우리의 것으로 만들어야할 때가 되었다. 그런데 보이지 않는 그 보배를 어떻게 물려받아 어떻게 우리의 것으로 만들어야 하는 것일까? 지혜는 독특하고 유일한 개별적 사건 속에서 세월의 아픔과 함께 오직 직접체험을 통해서만 얻어지는 것인데.

그러나 인식의 지평을 넓히기만 하면 길은 어디로나 열리는 것이다. 인생의 선배들이 체득한 지혜들은 우리가 시간과 슬픔의 관문을 통과하지 않고서도 필요하다면 언제나 쉽게 꺼내 쓸 수 있도록 이 세상 어디에나 문을 열어 두고 있다. 그건 깊은 차원에서 서로 긴밀히 연결되어 있는 정신활동의 속성 때문이다. 비유하자면 마치 숲으로 먼저 들어간 자비로운 선배들이 처음 숲 속에 발을 들여놓을 후배들을 위해 그들이 길을 잃어버리지 않도록 필요한 곳마다 자신들의 발자국을 이정표로 남겨놓듯이, 우리의 정신 속에서도 먼저 길을 걸어간 선배들이 사랑하는 후배들을 위해 자신들이 수고하며 체득한 지혜를 일종의 정신적 표지판으로 남기는 것이다. 겸허하고 사려 깊은 후배라면 반드시 들여다볼 교훈이나 묘안 또는 영감과 같은 형태의 표지판으로.

그럼 그 연륜만큼이나 많은 슬픔을 이겨낸 우리의 강제이주세대 선배들이 우리들에게 남겨주고 있는 지혜는 무엇일까?

그건 우리 인류의 스승이나 선인들 또는 뭇 선배들이 옛날부터 수없이 외쳐온 진리와 조금도 다르지 않다. 조금만 주의 깊은 사람이라면 우리의 사라져 가는 선배들이 우리의 정신적 표지판에 새겨놓은 메시지를 곧바로 읽어낼 수 있을 것이다. "어떤 상황에 처해서도 인간에 대한 믿음과 용기를 잃지 말고, 인간과 세상을 관용과 인내로써 대하며, 평화로운 사회를 만들어 가는데 수고를 아끼지 말아.…" 비록 "삶이 그대를 속일지라도…"

비록 "삶이 그대를 속일지라도…" 왜냐하면 그건 바로 "예기치 않은 불행이 닥쳐온다 할지라도 인간에 대한 믿음과 용기를 가지고 슬픔을 넘어선다면 슬픔은 더 이상 슬픔이기를 그만두고 마는 것이기에…, 인간세상의 평화는 오직 서로에 대한 관용과 인내로써만 이룩되는 것이기에…, 삶이 그대를 속이는 것은 삶이 그대를 속이고 있다고 믿는 그대가 아직도 삶의 허상만을 바라보고 있음을 알게 하여 본질적으로 결코 그대를 속이지 않는 삶의 실상을 깨닫게 하려는, 삶의 인간에 대한 지극히 심오하고도 의미 있는 대화방식이기에…"

고려일보 2002년 8월 30일

1937년 8월 21일 전러시아공산당중앙위원회와 소비에트인민위원회는 연해주 거주 고려인을 중앙아시아로 강제이주 시키기로 결정했다. 그리고 이주가 시작되기 전, 2,500 여 명의 고려인 인텔리와 지도자들을 체포하여 일제의 첩자라는 죄목을 씌워 이듬해 처형하였다. 첫 강제이주열차는 그해 9월 11일에 연해주를 출발하여 10월 9일에 카자흐스탄 우스또베란 곳에 도착했다. 그렇게 강제이주 열차는 가을부터 초겨울까지 카자흐스탄과 우즈베키스탄에 속속 도착했다. 모두들 마소를 싣는 차량에 20명씩 짐승처럼 실려서 왔다. 이주과정에서도 다수의 희생자가 나왔음은 물론이다. 이주 직후 한 해 동안 기아와 추위와 풍토병으로 2만 여명의 아이와 노인들이 죽어갔음은 더 말할 것도 없다. 그 속에서 살아남은 강제이주 1세대들이 황무지를 일구어 후손들에게 삶의 터전을 만들어 주었다.

카자흐스탄 고려인들은 8월 15일을 강제이주기념일로 쇤다. 카자흐스탄 고려인단체와 학자들은 많은 토론을 거친 끝에 고려인강제이주기념일을 우리민족이 일제로부터 해방된 날인 8월 15일로 정했다. 그리하여 1997년 8월 15일에는 카자흐스탄 수도 알마틔에서 고려인 강제이주 60주년기념행사가 대대적으로 거행되었다. 고려인 단체들은 아예 8.15주간을 정해 각종 문화행사를 치렀다. 구소련과 한국 및 세계의 여러 한인단체와 학자들도 알마틔에 대거 참석하여 각종 행사와 학술회의 등을 성대하게 치렀다. 60년 전에 당한 그 민족적 아픔과 치욕을 가슴에 새겨 후손들에게 길이길이 전해주려는 굳은 맹세로 보여 그걸 보는 필자의 가슴이 아려왔다.

어느덧 5년이 흘러 2002년 8월 15일이 되었다. 필자는 다섯 해 전에 알마틔에서 진행된 그 감동적인 회합과 다짐을 벌써 며칠째 떠올리고 있었다. '이번에도 누군가가 나서서 강제이주의 비극을 되새기고 모진 역경 속에서도 자신들을 더없이 훌륭하게 키워준 1세대들을 위로해주겠지. 정녕 누군가가 그렇게 하겠지.'

헌데 웬일일까, 그때의 맹세는 벌써 '차디찬 티끌이 되어 한 숨의 미풍이 되어 날아가' 버린 듯 고려일보를 비롯한 어느 문화예술 단체나 언론매체에서도 65년 전 비극에 대한 누구의 회상도, 연극도, 논설도, 미래를 위한 제언도 내놓지 않았다. 필자는 갑자기 겉모습과 주위 환경은 예전과 하나도 다를 바 없지만 내용물은 완전히 다른 얼과 혼으로 채워져 버린 이상한 세계에 들어와 있음을 깨달았다. 강제이주세대들을 직계조상으로 두고 있거나 바로 이주 당사자들로 구성된 고려인단체는 물론이려니와 그동안 의식 있는 인텔리라고 믿어온 학자들조차 필자와는 전혀 다른 정신사를 걸어온 이들 같았다. 그들은 강제이주에 대한 자신들의 아픈 기억에 미리 소멸시효를 정해 놓고 벌써 그 시효가 끝나버렸음을 필자도 모르는 사이에 선언해놓았던 것일까.

필자는 고려인이 아니다. 하지만 카자흐스탄 고려인과 어울려 스무 해 가까이 살아오고 있는 만큼 그들도 오래전부터 필자를 토종고려인으로 받아들이고 있다. 그만치 필자의 삶이 그들의 삶에 깊숙이 뒤섞여졌다고 보기 때문일 것이다. 그러니 강제이주사건이 결코 남의 일이 아닌 것으로 여겨지는 필자에게 고려인 인텔리들의 무관심은 몹시도 낯설고 서운했다. 행여나 하는 심정으로 더 기다려보았지만 8월이 다 끝나가도록 어느 누가 강제이주를 되돌아보거나 1세대들을 위로해주었다는 소식은 들려오지 않았다. 외람되지만 필자라도 이렇게 엎드려 고생한 세대들을 위로해드려야했다.

## 명정을 쓰노라면

여기서 살면서 본의 아니게 내가 뭔가 제법 아는 사람으로 인정받고 존경받는 경우가 있다. 바로 명정 때문이다. 벌써 여러 해전부터 가끔씩 부탁을 받고 명정을 써 주고 있는데 적어도 한 해에 이십 여 차례 이상을 쓴다. 사실 기본적인 한자실력만 갖추고 있고 명정 쓰는 순서만 알면 누구나 쓸 수 있는 것인데 여기 사는 고려인들이 거의 대부분 한자를 모르다 보니 아는 사람들 사이에서 내가 자연스럽게 그 일을 도맡게 되었다. 그리하여 보잘 것 없는 나의 한자실력이 부끄럽게도 여기서는 빛을 발하고 있는 것이다.

명정을 쓰다보면 고인의 가족이나 친지, 지인들로부터 여러 가지 질문을 받게 된다. "명정은 무엇이고 왜 쓰는 것인지, 그리고 왜 붉은 천에 쓰는

고려인집성촌 우스또베에서 거행되고 있는 장례식장면. 영구차량에 보이는 빨간 천이 명정이다. 명정은 구소련 130여 민족 중 고려인만이 쓴다.(1993년 초 우스또베)

것인지…" 그러면 예전에도 그래왔듯이 "명정은 고인의 간단한 신상명세서이고 명정을 쓰는 이유는 여러 가지 재해로 인해 유골의 주인을 분간하기가 어려워질 때 그 신상명세서를 보고 주인을 확인하기 위함이고(물론 다른 이유도 있을지 모르나 나는 더 이상은 알지 못한다.) 붉은 천을 쓰는 이유는, 우리의 전통 민간신앙에 따르면, 시신을 탐하는 악귀들이 붉은 색을 두려워하므로 그들이 고인의 시신에 접근하여 해를 끼치는 것을 붉은 색을 이용해 원천적으로 막고자 함입니다.…"라고 대답해 준다.

부르는 집에 가서 명정을 쓰노라면 참 많은 생각들이 꼬리에 꼬리를 물고 이어진다. 명정의 주인이 세상을 떠난 이유로부터 시작하여 "과연 삶은 무엇이고 죽음은 무엇인가, 인생의 본질은 무엇인가"와 같은 형이상학적 문제들에 이르기까지.

그러다 불현듯, 과거에 나와 가까이 지냈거나 잘 알았던 사람들 또는 그냥 알고만 지냈던 사람들 중에 지금은 이 세상에 없는 이들의 모습이 마음을 스쳐 지나가곤 한다. 어떤 이들은 지극히 아름답고 그리운 모습으로, 또 어떤 이들은 그저 그런 모습으로, 게 중에 어떤 이는 떠올리는 것 자체가 별로 반갑지 않은 모습으로.

상념은 자연히, 언제가 될지는 모르지만 나도 이 세상을 떠났을 때 여기에 남아있을 사람들이 나를 어떻게 기억해줄 것인가로 옮겨간다. 물론 나를 기억해주기를 바라는 사람마저도 세월이 흘러 이 세상을 하직하고 나면 이 세상에는 나를 더 이상 기억해줄 이가 아무도 없을 것이므로 누구에겐가 기억되기를 바라는 것 자체가 부질없는 짓이라는 걸 잘 알지만.

그러나 적어도 내가 사는 동안 자주 만나고 긴밀한 관계를 가져온 사람들에게 내가 좋은 사람으로 회상되지는 못할망정 불만과 고통을 안겨준 사람으로 기억된다면, 삶 이후의 삶이 있다고 믿는 나에게 그것은, 생전에 내가 의식했거나 못했거나 간에 타인의 마음에 상처를 주고 살았다는 증거가 되므로, 말로 표현할 길 없는 슬픔과 괴로움을 안겨줄 것이다. 사람은 누구나 자기가 타인의 기억 속에서, 특히 사랑했거나 존경했거나 많은 것을 의존했던 사람들의 기억 속에서 불행한 손님으로 멸시 당하는 것을 가장 큰 슬픔으로 여길 것이다.

우리는 아직 살아있을 때 자기의 선한 내적 본성을 충분히 꽃피워야 한다. 아마 이것이 이 땅에 사는 인간으로서 완수해야할 가장 고결한 사명일 것이다. 우리가 생전이나 사후에 타인의 기억 속에서 존중받는 것은 단지 본래적 사명에 충실했을 때 자연스럽게 수반되는 하나의 결과적 부산물일 뿐이다. 비본질적인 부산물마저도 자기충족을 도모하는 인생에 이토록 소중하게 느껴지는 것이거늘 하물며 본질적인 선한 내적 본성의 체현과정이 가져다주는 기쁨의 정도는 어떠하겠는가?

명정 쓰기를 포함한 모든 장례의식은 죽은 자를 위한 것이 아니라 산 자를 위한 것이다. 이 의식들은 먼저 가버린 자와의 이별을 슬퍼하는 뒤에 남은 자의 마음을 진정시키고 산 자들로 하여금 자연스럽게 평상심으로 돌아오게 하려는 필요에서 생겨난 것이다. 좀더 신비적으로 표현하자면, 이 의식에 참여하는 모두가 마음 깊은 곳에서 존재의 근원을 체험하고 삶의 본질을 성찰할 수 있도록 하려는 이유에서 생겨난 것이다.

우리는 가끔씩 참여하는 장례의식을 통해서 상징적 죽음과 상징적 거듭남을 체험한다. 그러고 나면 일상에 찌들었던 우리의 삶은 잠시나마 더 없는 진지함과 순수함을 되찾는다. 그 진지함과 순수함을 그 뒤로도 계속 유지해나가는 것은 순전히 아직까지 살아있는 자, 우리들 스스로의 몫이다.

고려일보 2002년 9월 13일

구소련고려인들의 관혼상제를 살펴보면 혼례는 러시아식으로 많이 변질되었으나 돌, 환갑, 상례, 제례는 상당부분 옛 전통을 고수하고 있다. 고려인들이 상을 당하면 맞닥뜨리는 가장 큰 문제가 명정을 쓰는 일이다. 그들은 한자로 명정 쓸 사람을 찾는다. 주위에 그런 사람이 없으면 경험 있는 어른들 중 한 분이 서툰 한글로 쓰지만 할 수만 있다면 한문 아는 사람을 찾아 명정만은 반드시 한자로 쓰고 싶어 한다.

필자는 고려인 최초 강제이주지 우스또베에서 살던 1993년에 한자로 쓰인 명정을 딱 한번 본적이 있다. 그 명정을 쓰신 분이 아마도 우스또베에서 한문을 아는 마지막 고려인이었던 것 같다. 왜냐하면 그 이후로 그곳에서 한자로 쓰인 명정을 다시는 보지 못했고 얼마 후 거기 사는 어른들에게서 더 이상 한자로 명정 쓸 사람이 없다는 이야기를 들었기 때문이다. 그런데 대도시 알마틔로 나오면 1950년대 말에 북한에서 들어온 사람들이나 1970년대에 사할린에서 들어온 사람들 중 일부가 한자로 명정을 쓰고 있다. 필자는 카자흐스탄에 건너온 1992년부터 지금까지 아는 사람들의 부탁을 받는 대로 명정을 써주고 있다. 재미있는 건, 명정에 쓰이는 한자(漢字)나 일반 한문(漢文)을 두루 지칭할 때 고려인 인텔리들은 '한자' 또는 '한문'이라고 정확히 부르지만 일반 고려인들은 '넙덕글'이라고 부르는 것이다. 이 말을 들을 때마다 씹을수록 구수한 맛이 나는 고려인들의 언어생활에 묘한 향수를 느끼곤 한다.

# 점을 본다는 것은

점을 본다는 것은 무엇을 의미할까?

얼핏 생각하면 단순한 것 같지만 깊이 생각해 보면 그렇게 호락호락 넘어갈 일이 아닌 것 같다. 왜냐하면 삶의 본질을 파고드는 철학과 종교의 가장 근본적인 문제를 건드리기 때문이다. 다시 말하면 "우리는 과연 자유로운 존재인가, 아니면 우리가 아직 잘 알지 못하는 어떤 예정된 운명의 수순에 따라 살아가는 꼭두각시 같은 존재인가?"라는 인간실존의 문제에 직면하기 때문이다.

중앙시장(젤료늬 바자르)을 지나가노라면 적지 않은 점쟁이들이 카드

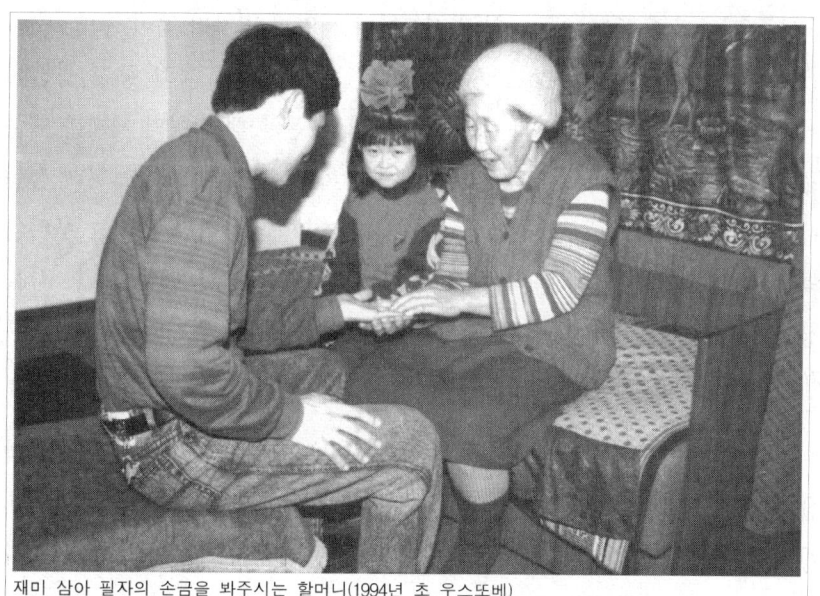

재미 삼아 필자의 손금을 봐주시는 할머니(1994년 초 우스또베)

1. 이별도 아름다웠다

점과 콩 점을 보는 것을 볼 수 있다. 사람들은 대부분 그들을 특별히 신뢰하지는 않는 것 같다. 그러나 상당수의 사람들이 자기의 미래에 대해 알고 싶은 호기심을 억누르지 못하여, 그리고 불안하게 느껴지는 자기의 신상에 대해 미리 알아 대처해야만 할 것 같은 절박감을 어쩌지 못하여 그들에게 자신의 미래를 물어보곤 한다.

시장바닥의 점쟁이들과 달리 어떤 영매들은 길거리에 나타나는 법이 없다. 하지만 그들은 소문을 듣고 집으로 찾아온 고객들에게 그들의 얼굴만 보고도 또는 그들이 가져온 다른 사람의 사진만 보고도 현재 그들이 처한 문제점과 해결책 그리고 가까운 장래에 일어날 일을 정확히 예언해 준다. 그들에게 과거를 알아 맞추는 능력은 물론, 이른바 '개인사 앞질러 엿보기'라고 부르는 미래 예언능력까지 있다는 것은 거의 확실해 보인다.('신선'이라고 불리는 우스또베의 고려인 할아버지나 알마타의 몇몇 영매들을 보고 필자는 그들의 능력을 믿게 되었다.)

보통 사주라고 부르는 동양의 명리학이나 서양의 별자리 점이 수백, 수천년 동안 생명력을 잃지 않고 존재해오고 있는 것이나, 여러 종교 경전에 거의 반드시 등장하는 예언과 예언서의 존재, 또는 근대 과학의 체계를 세운 뉴턴이 과학의 관점에서 결정론적 세계관을 확립했던 것, 그리고 현대 정신분석학에서 우리의 대부분의 행동이 우리가 미처 의식하지 못하는 무의식의 충동과 조종에 의해 움직여지고 있다고 주장하는 것 등을 보면, 각각 경우는 다르지만 결국 이 모든 것이 우리의 삶이 우리의 의지와는 달리 배후에 짜여진 모종의 각본 위에서 움직이고 있다는 걸 증명하는 것 같다.

그런데 반대로 인간의 자유의지를 증거 하는 사례들도 이에 거의 맞먹을 정도로 충분히 많다. 여러 의식 있는 사람들과 사회적·인습적 불의에 항거하는 사람들 그리고 무엇보다도 우리의 정신세계를 수준 높게 인도하는 세계 여러 고등종교들의 근본 사상들과 20세기 들어 과학계에 새로운 패러다임을 구축한 현대 물리학계의 주장에는 결정론이 끼어 들 여지가 전혀 없는 것처럼 보인다. 또한 많은 지각 있는 사람들은 결정론을 단호히 거부하고 의식적인 자기책임의 바탕 위에서 자신의 삶을 스스로 개척해 나갈 것을 주장한다.

그럼 우리는 타협의 여지가 없는 이 두 세계관 사이에서 어느 쪽으로 방향을 잡아야하는 것일까? 결정론이 맞다면 우리의 삶은 아무런 의미도 가치도 없는 꼭두각시로 전락하고 말 것이며 자유의지가 맞다면 자기책임 하에 내면의 능력을 마음껏 펼칠 수는 있으나 개인적으로 극복하기 어려운 장애나 불가항력적 사건에 부딪히면 깊은 실존적 불안을 느낄 것이다. 과연 어느 것이 맞는 것일까?

결론부터 제시하자면 나는 우리의 현재 의식수준단계에서는 애매한 결정론과 불완전한 자유의지가 서로 어색하게 맞물린 채 우리의 삶 속에서 불안하게 양쪽 날개를 형성하고 있다고 생각한다. 우리의 의식수준이 충분히 높고 깊은 단계까지 도달하여 실존적 불안을 물리칠 수 있게 된다면 그때야 비로소 진정한 자유의지가 애매한 결정론을 완전히 밀어내고 우리의 정신 속에서 무한한 창조성으로 홀로 굽이치게 되리라고 믿는다. 왜 그런가?

왜냐하면 우리는 본질적으로 자유롭지만 이 세계의 물리적 조건에 어느 정도 속박되어 있기 때문이다. 우리는 물질로 이루어진 것처럼 보이는 이 세계에서 시간과 공간의 제약을 받고 있으며 동시에 우리 스스로 이 세계를 시간과 공간에 갇힌 물질세계로 끊임없이 제한하고 있다. 바로 여기서 자유의 가능성을 묶어버리는 결정론이 생겨나는 것이다. 이 제한성은 우리 의식구조의 위장망 속에 교묘히 숨어 들어가 있어서 우리가 그 위장의 환영적 성질을 인식하기가 쉽지 않은 것 같다.

어쩌다가 뜻밖의 사건이 우리를 낯설고 비일상적인 체험 속으로 던져버리면 우리는 그때서야 드물게나마 위장망을 훌쩍 뛰어넘어 순수한 자유의 사념으로 물결치는 전체성을 직관하는 경우가 있긴 하지만 다시 시간과 공간의 한계성으로 인해 무겁고 속도가 느려진 물질세계로 곧바로 되돌아오고야 만다. 물질세계에 사는 우리는, 물리적 현상으로 결정화될 수 없는 자유의 본원적 성질 때문에 아직 완전한 자유를 누리기가 어려운 것이다.

우리는 또한 저마다 자기만의 독특한 지배적 성향을 가지고 태어난다. 이 성향은 끊임없이 변화하는 현상 속에서 다른 관념·사건·성향들과 자주 충돌하지만 상당히 완고하게 자기의 정체성을 지켜나가려고 하는 경향이 있다. 이는 우리로 하여금 어느 정도 편향된 방식으로 세계를 보게 만든다. 이 지배적 성향으로 인해 우리는 자기에게 이끌리는 방식의 세계관을 하부구조로 삼아 그 프리즘으로 다른 세계를 바라본다. 그래서 세계는 우리의 특정한 경향과 관점에 따라 우리가 보고자하는 방식대로 펼쳐진다. 세계는 지각자가 지각하고자하는 방식으로 구성되는 것이다.

바로 여기서 우리는 왜 어떤 사람은 결정론적 세계관에 이끌리는 반면 다른 어떤 사람은 그렇지 않은가를 설명할 수 있다. 즉, 결정론적 세계관에 매력을 느끼는 사람은, 의식적으로든 무의식적으로든, 물리적으로 결정화된 이 세계의 제한성에 스스로를 구속하여 자기 삶에서 실현할 수 있는 다양한 가능성들 중에서 결정론적 양태와 연관되는 가능성들만을 집중적으로 현실화하며 그것을 자기의 지배적 성향으로 만들어버리기에 그러는 것이다. 반대로 자유의지를 옹호하는 사람은 물리적 현상으로 결정화될 수 없는 순수한 사념에 고양되어 이와 똑같은 방식으로 다른 관점의 삶을 구성하는 것이다.

그런데 우리들 대부분은 진정한 자유를 누리기에는 아직 너무나 연약한 존재인 것 같다. 우리는 자유를 갈구하면서도 물리적 세계의 시공간적 제약성 때문에 미래에 대한 실존적 불안을 떨쳐버리지 못하며 바로 그 이유 때문에 결정론적 세계관에서 위안을 얻으려 하거나 아니면 반대로 심리적 한계상황을 넘어서면서까지 과도하게 자유의지를 강조하는 것인지도 모른다.

그러나 자유는 결코 멀리 있거나 실현하기 어려운 것만은 아닐 것이다. 모든 건 마음에 달린 문제이기 때문이다. 물리적 세계의 그 어떤 구속력도 본질적으로 어느 것에도 구속될 수 없는 자유로운 영혼을 묶어둘 수는 없기 때문이다.

그럼 유능한 점쟁이나 영매는 어떻게 하여 다른 사람의 심리상태 및 그들의 과거와 미래를 알아내는 것일까?

그건 아마도 그들이 시간과 공간의 위장을 걸친 3차원 세계의 현실을 떠나 순수한 사념으로만 이루어진 정신세계로 비교적 쉽게 진입할 수 있는 능력을 갖고 있기 때문인 것으로 보인다. 난 그 세계가 다소 차이는 있겠지만 꿈과 비슷한 상태의 세계, 특히 상징성과 예지적 성격이 강한 꿈에 근접한 세계일거라고 생각한다.

우리도 가끔씩은 비일상적인 꿈을 통해 평소에는 의식하지 못했던 자신의 깊은 욕망, 콤플렉스, 두려움 등을 깨닫게 되고 잃어버린 과거를 되찾거나 멀리 떨어진 곳에서 일어난 사건을 알아내며 자신에게 중요하고 의미 있는 미래를 미리 내다보는 경우가 있다. 아마도 꿈속에서는, 각성 자아가 주로 활동하는 객관적이고 물리적인 세계의 현실을 지배하는 엄격한 가정들이 통제력을 잃어버리고 전체성을 직관할 수 있는 온전한 자아의 눈이 열리기 때문일 것이다.

그런 까닭에 우리의 영혼은 깨어있는 세계로부터 여러 가지 제한을 받을지라도 꿈속에서는 다시 전체성을 회복하여 끊임없는 실재의 상태로 되돌아가고 거기서 모든 현상의 근원이 되는 실재의 본질자체를 체현하는 것인지도 모른다. 우리가 깨어있을 때 의식하지 못했던 사건들을 꿈을 통해서 알게 되는 경우가 많다는 사실은 실상은 꿈의 세계가 깨어있는 세계보다 철저히 더 의식적이며 삶의 본질에 훨씬 더 가까운 세계일지도 모른다는 생각을 갖게 만든다.

뛰어난 점쟁이나 영매들이 보는 세계가 바로 이런 세계에 근접해 있으리라 생각된다. 그들은 보통 사람들의 각성자아가 쉽게 접근하지 못하는, 예지적 꿈에 가까운 트랜스상태에 의식적으로 들어가서 우리가 일상의식으로는 알아낼 수 없는 미묘한 사실들은 알아내는 것 같다. 그들은 자기가 알아내고자 하는 사람의 의식에 파장을 맞추고 거기서 과거와 미래 또는 멀고 가까움으로 나누어질 수 없는 시간과 공간상의 사건흐름을 하나의 완전한 다발로 읽어내는 것으로 보인다.

거기는 그 세계자체의 성격상 현실과 상상간의 경계가 더 이상 존재하지 않는다. 비물질적 현실에서는 주관적 사념과 느낌의 강도가 현실화의 유일한 기준이 되기 때문이다. 그런 세계에서는 내면의 자아가 실현하고자 하는 마음속의 염원에 따라 발길 닿는 대로 세상이 창조된다. 물리적 시간 속으로 자리를 옮기면 그 시점부터 미래를 향해 조금 빠르거나 혹은 좀 더 느리게 구체화되는 것이겠지만.

영매들이 우리의 미래를 보는 것도 물리적 세계와는 전혀 다른 시공간 개념이 적용되는 꿈속 같은 근원적 세계에서는 그리 특이한 일이 아닐 것이다. 그들이 보는 '우리의 미래'란 그들이 우리 모두의 의식 깊은 곳에서 서로 긴밀히 연결되어 공명하고 있는 예지적 꿈에 가까운 근원적 세계로 들어가 '우리의 마음 깊은 곳에서 사념과 감정의 에너지로 충전되어 굽이치는 우리의 뿌리 깊은 염원'을 읽어내는 것이다.

모든 염원은 마음의 세계에서 자기만의 독특한 건축물을 짓는다. 세상의 모든 건축물들이 재료의 강도와 짓는 자의 정성에 따라 오랜 세월을 견디어 내거나 완성도 되기 전에 머릿돌부터 헐리고 말듯이 마음속에서 깊은 염원으로 지어진 생각의 건축물도 그 염원에 깃든 사념과 감정의 강도에 따라 영원히 지속되거나 한순간에 사라져버리고 만다.

만약 우리가 마음속의 뿌리 깊은 염원을 바꿀 수 있다면 거기에는 이전에는 상상할 수 없었던 전혀 새로운 건축물이 들어설 것이다. 그 건축물은 다른 건축물들과의 관계를 근본적으로 변화시키며 우리의 미래가 실재할 장소를 과거와는 완전히 다른 방식으로 구성해나갈 것이다.

미래는 하나만 있는 것이 아니라 우리가 상상할 수 있는 만큼 무한히 많이 존재하고 있다. 그 가능한 미래들 중에서 우리가 가장 강하게 염원하는 사건이 가장 가까운 장래에 가장 뚜렷이 결정화되리라는 것은 자명한 일이다. 마음속의 염원을 바꾼다면 그것은 결정화되어 가는 어떤 미래에서 다른 가능한 미래로 건너뛰는 일이 된다. 그것은 자신의 미래를 스스로 창조하는 것과 같다.

우리는 중요한 전환의 순간에 마음속의 뿌리 깊은 염원을 바꿈으로써 그동안 우리를 구속해온 불완전한 자유의 한계성을 깨뜨리고 새로운 미래를 창조해 나간다. 그러기에 우리를 결정론적으로 묶어두려는 어떠한 시도나 아무리 뛰어난 영매의 예지능력도 결국은 한계를 드러내고 부서지고야 마는 것이다. 어쩌면 우리가 살아가면서 부딪히는 여러 결정론적 제약과 유혹들도 사실은 본래적으로 자유로운 우리들 각자의 영혼이 진정한 자유에 대한 강도 높은 체험을 즐기기 위해 하나의 도전과제로서 우리들 자신에게 의도적으로 설정하는 다차원적인 위장망인지도 모른다.

고려일보 2002년 9월 27일, 10월 4일

유물론으로 철저히 무장하고 미신을 타파했다고 자랑하는 공산주의 종주국에서 점보기가 성행하는 것을 보고 적이 놀랐다. 현지인들의 이야기를 들어보면 점보기는 구소련시절에도 여기저기서 공공연히 행해졌지만 그보다는 소련해체 이후에 더욱 성행하게 되었다고 한다. 아마도 소련의 붕괴로 인한 정치·경제·사회·문화적 혼란이 주민들에게 극심한 불안과 공황상태를 야기하게 되자 점보기가 재빨리 그런 허점을 파고들어 번성했기 때문일 것이다.

필자는 시장바닥에 널린 점쟁이들을 보면서 한편으로는 공산주의 사회에 대해 잘못된 교육을 받고 생겨난 필자의 고정관념이 깨어져 당황스럽기도 했지만 다른 한편으로는 어떤 이념이라도 인간생활의 원초적인 부분을 절대로 말소할 수 없다는 것을 느꼈다. 그리고 필자가 교육받고 머릿속에 그려온 공산주의사회가 생각보다 훨씬 느슨하고 인간적이었다는 것을 깨달았다. 이념은 언제나 껍데기였던가 보다.

이 글을 쓰는 데에는 한때 애독했던 몇 가지 책들이 도움이 되었다. 특히 '위장망', '사념과 느낌의 강도', '물리적 세계의 현실을 지배하는 엄격한 가정'과 같은 개념들은 책『육체가 없지만 나는 이 책을 쓴다』(제인 로버츠 지음 / 서민수 옮김, 도솔 : 서울 2000)에서, '결정화되어가는 미래에서 다른 가능한 미래로 건너뛴다.'라는 개념은 책 『홀로그램 우주』(마이클 텔보트 지음 / 이균형 옮김, 정신세계사 : 서울 1999)에서 직접 빌려왔다. 그 외에도 이 두 책에서 영향을 받은 부분들이 내용 중간 중간에 은유적으로 녹아들어 있다.

당시 고려일보는 에세이성 기사나 학술논문 등을 실을 때 글쓴이가 자기 글에 인용한 출처를 따로 밝히거나 주를 달아놓아도 지면의 제약으로 인해 일반적으로 모두 생략하고 내용도 되도록 축약해서 실었다. 그런 관계로 이 글도 참고한 책 이름이 생략되고 내용도 일부 축소되어 나왔다.

## 코스모스 길

운이 좋아 천국을 방문할 기회가 있다면 나는 거기서 반드시 꽃들이 만발한 벌판을 발견할 것이고 그 꽃들 중에서도 눈이 부시도록 아름답게 흔들리는 코스모스를 곧바로 찾아낼 수 있으리라고 생각한다. 세상에 아름답지 않은 꽃이 어디 있을까마는 내게는 아직 코스모스만한 꽃이 없다.

나는 가을만 오면 길가에 가득 피어 바람에 흔들리는 코스모스를 떠올린다. 도심에 살고 있는지라 가을이 와도 보고 싶은 그 꽃을 쉽게 찾아낼 수 없긴 하지만 그래도 가끔씩은 메데오\*나 시 외곽에 나들이 갔다가 내게 손짓하는 코스모스와 우연히 마주치곤 한다. 그러면 나는 느림보 거북이걸음으로 그 주위를 거닐면서 뭐라 표현할 길 없는 아름다움에 흠뻑 빠져든다.

'코스모스'하면 뭐니 뭐니 해도 그 이름에서 '조화로운 우주'가 연상되는 것을 어찌할 수 없다. 그리고 어쩌면 코스모스는 그 이름에 걸맞게 길가 양쪽에 뭇별처럼 피어나 긴 은하수를 만들어내는 것인지…

누군가가 그랬다. 별들은 하늘에 핀 꽃이고 꽃들은 땅에서 반짝이는 별이라고. 코스모스 길을 걷기만 하면 나는 어느새 나도 모르게 뭇 별들이 촘촘이 박혀 눈이 부시도록 빛나는 밤하늘을 지나가는 듯한 착각에 빠지곤 한다. 선녀와 나무꾼도 견우와 직녀도 어딘가 가까운 곳에서 설레는 기쁨으로 서로를 찾아 헤매고 있을 것만 같다.

---

\* 메데오 : 카자흐스탄의 구수도 알마틔시 외곽 천산자락에 위치한 지명.

코스모스는 여덟 개의 꽃잎이 안에서 밖으로 퍼져나가며 동그라미를 그리고 있다. 뿌리는 밑으로, 꽃 자체는 하늘을 향해 자라고 있으니 코스모스는 이름 그대로 상하팔방 즉, 공간상의 완전함을 이루고 있다. 그래서 내 마음의 공간도 이 꽃이 완전히 다 채워버린 것일까!

나는 작년 여름에, 건강이 나빠져 북부 카자흐스탄의 국립공원 바라보예로 요양을 간 적이 있었다. 거기는 한여름이었는데도 저녁부터 아침까지는 가을바람이 불었다. 난 어느 날 온통 소나무와 자작나무로 우거진 바라보예의 숲 속에서 자그마한 코스모스 더미를 발견했다. 그 때의 기쁨이란 낯선 얼굴들 사이에서 사랑하는 이의 눈동자를 찾아낸 것 같은 그런 기쁨이었다.

한국에서는 코스모스가 완전한 가을이 되어야 피어나는데 카자흐스탄과 러시아에서는 여름부터 좀 이른 가을까지 피었다가 져버린다. 그래서 카자흐스탄에서 살고 있는 나로서는 어느덧 가을이 무르익으면 좋아하는 꽃을 더 이상 볼 수 없어 좀 아쉽기도 하다. 허나 고국을 떠나서도 볼 수 있음이 너무나 감사하다.

나의 가을은 코스모스가 있기에 더욱 아름답고 더욱 설레고 더욱 눈부신 계절이다.

고려일보 2002년 10월 11일

구소련에서 코스모스를 처음 본 건 1992년 8월 중부 시베리아에 있는 바이칼 호수에 갔을 때였다. 바이칼 호수 인근에 이르쿠츠크라는 아름다운 도시가 있는데 어느 날 그 도시 주변을 걷다가 어느 집 뜰 안에 코스모스가 활짝 피어있는 것을 발견했다. 그 안에는 친절하게 보이는 안주인이 딸과 함께 꽃밭을 돌보고 있었다. 당시 말이 서툴러 손짓, 몸짓을 섞어가며 주인에게 코스모스 꽃이 참 아름답다고 했더니 그분은 환한 미소를 지으면서 꽃을 한 아름 꺾어주었다. 안주인의 친절과 미소 때문이었을까, 두 손에 받아든 코스모스가 더욱 눈부시게 빛나는 것 같았다.

특이한 것은 그곳이 내륙인데도 해당화가 피어있었던 것이다. 해마다 봄이면 해당화가 가득히 피어나던 필자의 고향 바닷가와 가을마다 코스모스가 만발하던 고향 중학교 교정이 눈앞에 선했다. 고국을 떠나온 지 채 석 달이 안 되었을 때였지만 코스모스와 해당화를 보는 순간 고향이 몹시도 그리웠다.

카자흐스탄 북부 바라보예국립공원 요양소에서 머물던 시절의 필자(2001년)

# 슬픔에 대하여

며칠 전 어느 즐거운 잔치에 초대받아 갔다. 그리고 거기서 오래 전부터 알고 지내는 한 사람을 만났다. 그 사람은 슬픈 마음을 지닌 채 다른 사람들과 어울려 함께 기뻐하려고 애쓰고 있었다. 그는 겉으로는 웃고 떠들었지만 속으로는 슬픔과 고통으로 조금씩 무너져 내리고 있다는 것을 얼마 후 내게 조용히 고백하였다. 아직도 젊은 나이에 배우자와 사별한 그 사람의 슬픔을 어떻게 위로해줄 방법이 없어서 안타까웠다.

고려인 사회에서 어느 정도 알려져 있는 그 사람이 몇 해 전에 맞이했던 배우자와의 사별은 너무나도 뜻밖에 찾아왔었다. 그 사건은 당연히 그 사람이 그 때까지 별 의심 없이 받아들였던 세상과 인생에 대한 긍정적 견해와 가치관을 밑바닥에서부터 통째로 뒤흔들어 버렸고 전혀 예상치 못했던 삶의 어두운 단면이 지금까지도 그에게 짙은 그늘을 드리우고 있었다. 그 사람은 이제 자기가 예전의 행복을 되찾을 수 있는 길은 근원적으로 불가능하다고 믿고 있었다.

쇠락해가는 농장을 바라보는 고려인 노인의 뒷모습이 쓸쓸하기 그지없다.(1992년) ＊사진 안 윅또르

뜻하지 않은 이별, 특히 영원히 함께 있을 것만 같았던 사람과의 사별 그리고 이로 인한 기나긴 마음의 고통… 이것은 그 사람과 우리의 삶에서 무슨 의미를 갖는 것일까? 며칠 전 '기쁨'의 잔치 속에 깊숙이 끼어 든 '슬픔'이라는 지극히 대조적인 현상을 보면서 내 마음속에는 슬픔과 그 의미에 대한 상념이 끝없이 꼬리를 물고 일어났다.

슬픔은 사랑하는 사람을 잃어버리거나 이루고자 하는 마음속의 소원을 이루지 못할 때 찾아온다. 우리는 우리의 영혼에 빛이 되는 사람과 뜻하지 않게 이별하거나 마음속의 깊은 소망이 좌절되면 커다란 슬픔을 느낀다. 이러한 슬픔은 우리의 마음에 오래도록 지워지지 않을 상처를 남긴다. 기쁨과 마찬가지로 슬픔은 세상을 보는 우리의 관점과 태도를 근본적으로 변화시켜버린다.

한편으로 슬픔은 근거 없이 치우친 낙관론을 보정시켜 주며 우리가 인생을 좀더 깊은 차원에서 이해할 수 있도록 우리의 가치관과 세상을 보는 눈을 전혀 다른 측면에서 재정립시켜 준다. 또한 슬픔은 우리의 영혼을 더없이 맑고 순수하게 정화해 주는 기능을 가지고 있다. 슬픔을 많이 겪은 사람이 그렇지 않은 사람보다 대체적으로 더 지혜로우며 삶에 대해 더 폭넓은 통찰력을 보여주는 경우가 많은 이유가 바로 여기에 있을 것이다.

그러나 슬픔은 궁극적인 인간성의 완성에 합목적적으로 융화되지 않으면 인간을 파멸로 몰아넣고 만다. 슬픔은 일단 우리가 그 힘이 미치는 영역 안으로 들어가 버리기만 하면 우리를 좀처럼 조화로운 감정의 영역으로 놓아주려고 하지 않으며 우리의 의식적인 극복 의지가 개입하지 않는 한 끊임없이 우리의 삶을 잠식해 들어간다. 우리의 통제력을 벗어난 슬픔은 스스로 자기의 영역을 확장해 나가며 모든 가능한 심리영역에 침투해 들어가 우리를 슬픔 그 자체로 만들어 버리려는 경향을 가지고 있다.

그런데 어떤 극심한 슬픔들은 우리의 극복의지와 관계없이 우리가 그것을 처음 맞이하는 순간에 신기하게 멈춰버리는 경우가 있다. 그러나 그건 매우 위험하고 예외적인 경우로서 우리의 배후에 존재하는 차원 높은 전체적 의식이, 우리의 일상자아가 견뎌낼 수 있는 슬픔의 한계를 넘어버렸을 때, 우리를 파멸의 위험으로부터 보호하기 위해 일시적으로 빠뜨리는 일종의 정신적 기절상태인 것이다. 그러기에 그것은 어디까지나 우리의 정상적인 심리반응을 희생하여 얻은 대가로서 잠시 슬픔이 유예되는 것뿐이며 결국 나중에 그로 인한 정서적 불안정과 여러 심리적 장애를 고스란히 되돌려 받아야 하는 것이다.

우리가 의식적으로 슬픔을 멈출 수 있도록 노력해야 하는 이유가 여기에 있다. 우리가 그것을 멈추려는 의식적인 노력을 기울이지 않는다면 슬픔은 끈질긴 빚쟁이처럼 세세무궁토록 우리를 찾아다니며 괴롭힐 것이다. 정도를 넘는 슬픔은 우리의 삶에 아무런 유익을 주지 못한다. 우리는 슬픔을 멈추는 법을 스스로 터득해야 한다.

우리에게 예고도 없이 다가오는 슬픔의 의미와 목적이 바로 여기에 있을 것이다. 스스로 슬픔을 멈추는 법을 터득하라는 것, 그러려면 세상사의 만남과 이별을 넘어서 삶의 궁극적 의미와 근원을 이해하고 지금 여기에 완전히 존재하도록 힘쓰며 모든 것들을 무한히 사랑하는 법을 배워야 한다는 것, 그러면 슬픔은 어느 순간에 홀연히 사라져 버림으로써 그것은 한낱 우리의 전체적 자아가 자기완성을 위해 하나의 극복과제로서 필요한 단계 속에 은밀히 설정해 놓은 환영적 개념에 지나지 않았음을 증명하리라는 것, 바로 이것이 우리에게 모순처럼 다가오는 슬픔의 참된 의미요 목적일 것이다.

슬픔을 멈추는 법을 터득해 가는 과정은 우리들 각자의 삶에 대한 태도나 슬픔의 종류와 강도 또는 우리가 잘 알지 못하는 더 높은 차원의 필요성에 따라 짧은 순간에 이루어질 수도 있고 매우 고통스럽고 긴 세월에 걸쳐 아주 느리게 이루어질 수도 있다. 그러나 한 가지 확실한 사실은 어느 누구라도 언젠가는 슬픔을 멈추는 법을 반드시 알아야 한다는 것이다.

우리는 이러한 방법들을 여러 종교적 문헌과 참된 이야기꾼들의 전승을 통하여 오래 전부터 배워왔다. 그럼에도 불구하고 우리들 대부분은 직접 슬픔에 부딪히면 지도를 잃어버린 나그네처럼 멀고 먼 길을 돌고 돌아 오래도록 방황하는 경우가 너무나 많다. 허나 이러한 지루하고 고통스런 과정을 통해서도 결국 우리는 슬픔을 멈추는 법을 하나하나 배워 나가는 것이다.

그건 여러 전승을 통해 알려진 '슬픔을 멈추는 법'을 스스로의 체험으로 증명하는 일임과 동시에 앞으로 이와 유사한 슬픔을 겪을 다른 사람들을 위해 그들이 좀더 쉽게 그 어려운 길을 지나갈 수 있도록 새로운 길을 열어주는 매우 보람된 일이기도 한 것이다.

  꿈꾸는 자마다
  좌절의 아픔을 겪어야 한다면
  자기를 상실한 그 어디엔가는
  이름 모를 치유의 샘물이 넘쳐나겠고
  더구나 두 눈 들어 바라보는 하늘이
  그 마음속 깊은 곳을
  푸르고 푸르게 물들여 준다면
  코스모스 피어난 들녘 어디 메서
  잃어버렸던 황금빛 노래를 되찾을 수 있으리라.
  깨어나는 삶을 위해, 날개 치는 영혼을 위해

발아래서 들려오는 메시지에
귀를 기울일 수만 있다면
이 곳 어디에선가 자라나고 있을
푸른 꽃씨의 거처를 찾아낼 수 있으리라.

-김병학, 시「시베리아의 달밤」중에서-

고려일보 2002년 12월 13일

우리의 인생사 자체가 그런 것일까, 아니면 카자흐스탄 고려인의 역사가 강제이주라는 비극으로 시작되어서 그런 것일까, 그게 아니면 구소련의 해체와 그로 인한 혼란과 정신적 충격 때문에 생겨난 절망적 상황이 사회적 분위기를 그렇게 몰고 가서 그런 것일까, 그것도 아니라면 필자의 심리상태와 감수성이 슬픔에 훨씬 더 민감하게 열려있어서 그랬었을까. 주위를 둘러보면 당시 필자의 눈에는 슬픔을 겪는 사람들이 참 더 많아보였다. 특히 그날 지인의 50회 생일잔치에 하객으로 초대받아온 한 사람이 필자에게 고백한 그 슬픈 사연은 극적이고도 통렬한 아픔으로 다가왔다.

어느 경우에나 위로의 빛이 비치기는 할 것이다. 아무리 힘든 상황에 처한 사람에게라도 다른 사람의 따스한 위로가 얼마간 도움을 줄 수는 있을 것이다. 허나 자기가 스스로를 위로할 수 없다면 어느 누가 무엇으로 슬픔을 치료해줄 수 있을까.

이 글에 나오는 '끈질긴 빚쟁이', '이야기꾼'의 개념은 책『육체가 없지만 나는 이 책을 쓴다』(제인 로버츠 지음 / 서민수 옮김, 도솔 : 서울 2000)에서 가져온 것이다.

# 이별도 아름다웠다

- 이방인과 자유인의 삶 -

　작년 가을, 10년을 한 가족처럼 지냈던 분들이 먼 나라로 떠나는 것을 배웅해 주었다.

　난 여태껏 언젠가 머지않은 장래에 내가 나의 고국으로 돌아갈 것이고 그 때 우스또베에서 사시던 그분들이 한국으로 떠나는 나를 배웅해 주리라고 생각하고 있었다. 그런데 한 해 두 해 세월이 흐르다 보니 어느새, 카자흐스탄에서 지금까지 법적으로나 정서적으로나 여전히 이방인으로 남아 있는 내가 마치 주인이 손님을 떠나보내듯 이 나라에서 태어나 살아온 토박이 분들을 너무나도 자연스럽게 떠나보냈다.

　어느덧 나에게도 고향은 타향이 되고 타향은 고향이 되어 가는가 보다.

　그런데 정든 사람을 멀리 떠나보내는 일이 그토록 아름다울 수가 있다는 것을 그때서야 알았다. 보내는 나의 마음에 아무런 미련이나 아쉬움 없이

우스또베에 사는 한 지인 가족과 나들이를 나와서. 뒤에 보이는 입간판은 우스또베 어귀에 서 있으며 거기에는 '우스또베'라고 씌어 있다.(1993년)

오직 무한한 평화만이 넘쳐흘렀다. 그건, 쉽지는 않겠지만 먼 훗날 우리가 다시 만날 수 있으리라는 믿음이 우리에게 있기에 그렇기도 했지만 그보다는 나와 그분들 사이에 지속되어 온 서로에 대한 존경과 무한한 신뢰가 세상사의 만남과 이별로부터 나를 자유롭게 했기 때문이라고 믿고 있다.

아름다운 이별은 아름다운 만남만큼이나 설레는 것이다.

만남의 과정에서 서로의 가슴에 더 이상 인간적 미련의 불씨를 남기지 않았다면 이별은 아름다울 수밖에 없는 것이다. 가을이 오면 아름드리나무들이 그동안 자기의 외적 형상이 되어 고요한 내적 갈망을 그리도 부드럽게 표현해주었던 나뭇잎들을 아무런 미련도 없이 훌훌 떨어버리고 홀로 긴 겨울을 견디어가듯이… 그리고 때가 되면 나뭇잎들이 자기의 존재근거와 생명이 되어주었던 나무에게 새로운 내적 갈망이 싹틀 수 있도록 역시 아무런 여한도 없이 이별의 실재 속으로 홀연히 몸을 던져버리듯이…

난 여기서 자유인과 이방인의 모습을 본다.

나는 지금, 타국생활에서 겪은 주관적 체험의 그 끝 모를 깊이에 따라 고향과 타향 모두의 얽매임으로부터 거침없이 해방되고 있는 자유인과, 외국에서 타인으로부터 항상 주변인으로 타자화됨으로써 그 현실을 자기 자신에게 끊임없이 내면화하는 이방인이 내 가슴속에 함께 살아 숨쉬고 있음을 느낀다. 이들은 수많은 만남과 이별의 갈림길에서 각자 제 갈 길을 가느라 서로 알력과 갈등을 일으키기도 했지만 언제부턴가 만남과 이별의 무상함을 관조하는 나의 마음 안에서 고요한 평화의 경지를 함께 거닐고 있다.

이 자유인과 이방인은 내 전체성의 일부가 카자흐스탄 사회에 전체성의 일부로 짜여 들어가면서부터 나타나기 시작했다. 이들은 내가 고국을 떠나 처음으로 발을 들여놓은 다민족국가 카자흐스탄의 독특한 사회적·역사적·문화적 영역 속에 자기의 모습을 처음 드러냈고 그 영역들이 역동적으로 굽이치며 만들어내는 다양한 심리적 색조를 흡수해가면서 점차 뚜렷한 독자성을 갖추어나갔다.

이들은 본디 서로가 서로를 배척하는 개념적 범주에 속해있어 항상 솥발처럼 맞서 대립해야 했었다. 그리고 초기에는 실타래처럼 얽혀 들어가는 일상사의 현실 속에서 실재로 뚜렷한 긴장관계를 형성하기도 했다. 그런데 얼마 전에 나와 이별했던 우스또베 그분들과의 만남이 시작되면서부터 그들은 대립을 그만두고 신비로운 방식으로 합일을 이루어나갔다. 그분들의 인간적 기쁨과 고뇌의 삶이 내게 더해지고 나의 삶과 사랑과 희망이 그분들의 삶에 부드럽게 뒤섞이면서 내 안에 있는 이방인과 자유인은 서로에게 가까이 다가서며 근본적인 변화를 겪기 시작했던 것이다.

그건 뭐라 설명하기 어려운 체험이었다. 굳이 언어로 표현하자면 그것은 아주 느린 듯하면서도 한 순간에 근본적인 변화의 세계로 빠져 들어가는 듯한 체험이었고 또한 그것은 내 안 어딘가에 깊숙이 감춰져 있던 본래적인 앎과 느낌의 문이 소리 없이 열리는 듯한 그런 낯선 듯하면서도 낯익은 세계의 경험이었다.

그분들은 맨 처음 만났을 때부터 마지막 이별하던 순간까지 항상 낯선 듯하면서도 낯익은 모습으로, 이방인 같으면서도 자유인 같은 모습으로 내게 다가왔다. 만남이 끝나가면서 나는, 그동안 나 스스로도 뚜렷이 의식하지 못하고 있었던, 몹시도 표현되기를 기다리는 내 마음속의 기나긴 통일성에의 갈망이 그분들을 통하여 자유인과 이방인이 신비적으로 합일하는 모습으로 나타났다는 것을 알았다. 그분들은 마치, 인연의 때가 무르익으면 어떤 한 나무의 외부 형상으로 나타나 그 나무가 완전의 세계에서 한 알의 씨앗으로 분리되어 땅에 떨어졌을 때부터 품어왔을 오래고 오랜 완전성 회복에의 갈망을 전체성의 일부로 온전히 표현해 줌으로써 그 나무의 끝없는 성장을 돕고 사라지는 나뭇잎과 같았다.

그리하여 나의 자유인과 이방인은 지금 내 안에서 함께 더불어 평화롭게 살고 있다. 자유인은 이방인처럼 주변인으로 타자화됨으로써 자유에 대한 기존의 완고한 주류고정관념으로부터 자유로워졌고 이방인은 자유인처럼 고향과 타향의 모든 얽매임으로부터 자유로워짐으로써 항상 바람직한 주변인으로 남게 되었다. 그들은 내 안에서 고요한 평화로움으로 어울리며 서로의 영역을 넘나들고 있다.

나와 그분들 사이에 만남과 이별 모두가 아름답고 평화로웠던 이유가 여기에 있었다. 갈등했어야 할 마음속의 자유인과 이방인이 서로 화해하고 서로의 고유성들이 뒤섞이면서 합일을 이루었으며 나아가 분리될 수 없는 전체성 속에서 서로가 서로에 대한 존재의 근거가 되어주었기 때문이다. 그리하여 우리들 사이에서는 만남과 이별이 인간적 정리의 구속으로부터 자유로워지고 순수한 신뢰와 존경을 바탕으로 한 삶의 창조적 자기표현만이 홀로 우리의 만남과 이별의 공간을 채웠던 것이다.

우리는 누구나 어느 정도는 자유인이면서 매인 자이고 또한 어느 정도는 이방인이면서 주류인이다. 이러한 모호성 때문에 우리는 대개 이방인이라는 실존성과 자유인이라는 가능성 사이에서 애매하게 서성거리는 경우가 많다. 그러나 이 자유인과 이방인이 마음 안에서 서로 모순 없이 공존할 수만 있다면, 그리고 이들이 서로를 조화롭게 떠받쳐줄 수만 있다면 삶은 정녕 기쁨으로 빛나며 더욱 평화롭고 넉넉한 세계를 거닐 수 있으리라 믿는다.

고려일보 2003년 4월 11일

살다보니 아름다운 이별이 있다는 것도 알았다. 세상 삶과 이별할 때에도 더없는 기쁨과 행복으로 맞이해야 하리라고 다짐해 본다. 필자와 긴 인연을 맺었다가 이별한 그분들과는 지금도 가끔씩 전화로 안부를 주고받는다. 그분들은 우리가 못 만난지가 벌써 여러 해가 되었다며 한번 놀러 오라고 하는데 거리도 멀고 다른 사정도 있어서 아직 갈 엄두를 못 내고 있다.

# 진정한 사랑을 위하여

나이팅게일이 사랑의 노래를 부를 때에는 가시로 제 가슴을 찌른다고 한다.

언젠가 누군가를 몹시도 그리워해 본 적이 있는 사람이라면, 이별의 시간이 찾아온 후에야 비로소 사무치도록 사랑했음을 깨달아본 적이 있는 사람이라면, 수많은 세월이 흐른 뒤에도 영혼에 빛을 남겨주고 가버린 사람을 차마 못 잊어 긴 날들을 가슴속으로만 울어본 적이 있는 사람이라면 왜 나이팅게일 새가 그토록 처절하게 사랑노래를 부르는지를 이해할 수 있을 것이다.

사랑이 깊어지면 깊어질수록 슬픔도 그만큼 깊어지는 것 같다. 오직 기쁨과 행복으로만 이루어진 사랑이 있다면야 어느 누가 가슴 아픈 사랑을

이별한지 50여 년이 흐른 1998년 유대인 스승이 기거했던 폐가를 찾아 그를 회상하며 바이올린을 연주하는 고려인 제자. 유대인 음악가 일리야 뗀뗄바움은 1940년대 초 우즈베키스탄으로 보내져 유형살이를 하다가 고려인 집단농장회장 김광택의 도움으로 그의 집에 기거하면서 다수의 고려인 제자들을 길러냈다. ✱사진 안 윅또르

1. 이별도 아름다웠다  **49**

바랄까마는 슬픔 없는 사랑은 아예 존재하지 않는 듯, 우리는 누군가를 사랑하게 됨으로써 떨리는 기쁨으로 이 세상 모든 것들을 눈부신 생명의 존재로 변화시켜버리기도 하지만 또한 깊이를 알 수 없는 슬픔의 소용돌이에 밑도 끝도 없이 빠져들기도 해야 한다. 사랑한다는 것은 정말 너무나 가슴 설레는 것이기도 하지만 또한 너무나 가혹한 것이기도 한 것 같다.

우리는 누군가를 사랑하게 되면 나의 모든 것을 아낌없이 내어 준다. 나의 모든 기쁨과 행복과 삶을 사랑하는 이에게 남김없이 다 내어 준다. 혹시 그녀(그)에게 슬픔이나 불행이 닥쳐온다면 그것은 내가 대신하여 모조리 감당하기를 원한다. 그리고 그런 짐을 내가 나누어지는 것이 나에게는 더할 나위 없는 행복과 보람이 된다. 또한 나의 영혼과 나의 모든 것이 그녀(그)에게 녹아 들어가 그녀(그)와 완전히 하나가 되어질 것을 갈망한다.

사랑하지 않는 사람들끼리는 무언가를 받아야 할 사람이 받을 것을 혹시 받지 못할까봐 걱정하지만 사랑하는 사람들 사이에서는 반대로 서로가 서로에게 주고자 하는 것을 충분히 줄 수 없을까봐 가슴 졸이며 애를 태운다.

그러나 영원한 사랑은 처음부터 존재하지 않는 것일까? 아니면 사랑도 어느 순간에 이르면 자신의 숭고한 이름을 더 이상 지켜내지 못하고 지쳐 버리고 마는 것일까?

영원히 변치 않을 것 같은 나의 사랑이 어느 순간 너무나도 쉽게 식어버리는 때가 온다. 또한 나의 사랑만 받고도 더없이 행복해하던 그녀(그)가 어느덧 다른 사람을 사랑하게 되고 또 그녀(그)가 다른 사람으로부터 사랑을 받음으로써 나에게서 사랑을 받았을 때보다도 더욱 행복해지는 때가 온다. 아직도 한쪽에서는 사랑이 뜨겁게 타오르고 있는데 다른 쪽에서는 이미 차갑게 식어 완전히 다른 사람이 되어 버리는 때가 봄날의 가을바람처럼 찾아온다.

사랑이 기쁨과 행복으로만 지속될 수 없는 이유가 바로 여기에 있다. 비록 모든 사랑이 그것을 주는 이나 받는 이의 영혼을 완전히 변화시켜버린다 할지라도 그렇다.

영원한 사랑에 대한 믿음은 너무나도 부서지기 쉬운 지반 위에 서 있다. 그 지반이 그토록 허약한 이유는 자유를 본질로 하여 끊임없는 변화와 성장을 추구하는 사랑의 본성을 그럴듯한 이름으로 얽매어 가두어두려는 대단히 미묘하고도 집요한 성향이 바로 그 안에 용암처럼 꿈틀거리고 있기 때문이다. 그것은 소유를 갈망하고 있다.

대부분의 사랑에는 지극히 헌신적인 측면과 함께 매우 위험한 배타적 소유욕구가 숨어 있다. 우리는 누군가를 사랑하면 나의 모든 것을 아낌없이 주는 반면에 상대방도 오직 나만을 사랑하고 언제까지나 나의 편에 서 줄 것을 기대하게 된다. 궁극적으로는 상대방이 나의 것이 되어주기를 갈망한다. 소유욕구는 마치 사랑의 쌍둥이처럼 사랑과 함께 동시에 자라나는 것이다.

남녀간의 사랑에 특히 두드러지지만 더 깊이 들여다보면 다른 종류의 사랑, 심지어는 헌신적이라는 이름을 가진 사랑조차도 은밀한 소유 욕구를 쉽게 떨쳐버리지 못하는 경우가 많다. 우리들이 헌신적이라고 이름 붙인 사랑 안에 거할 때나 너무나 지고지순한 사랑의 순간에도 불현듯 그 사랑이 어디론가 사라져버리지 않을까 하는 불안이 느껴지는 경우가 있다면 그 이유가 바로 여기에 있을 것이다. 소유에 대한 욕망은 소멸에 대한 불안을 전제로 하여 성립하는 것이다.

그래서 우리가 사랑이라고 이름 붙이고 있는 무수한 체험들이 엄밀한 의미에서 보면 결코 사랑이라는 이름을 가져다 쓸 수 없음을 알 수 있다. 굳이 사랑이라고 이름 하자면 그것들은 '미완성의 사랑'이라고 불러야 할 것이다.

그것들은 아직 '진정한 사랑' 또는 '완성된 사랑'이라는 이름을 가질 자격이 없다. 사랑은 소유에 대한 욕망을 조금도 허용할 수 없기 때문이다.

미완성의 사랑에는 반드시 슬픔과 고통이 뒤따른다. 거기에는, 오직 마음활동의 과정으로서만 존재할 뿐인 사랑을 어떤 형태로든 정형화하여 소유하려는, 결코 이루어질 수 없는 뿌리 깊은 욕구가 잠재되어 있기 때문이다. 소유에 대한 욕구는 근원적으로 실현될 수 없는 허무한 시도일 뿐이며 이는 모든 고통의 근원이 된다. 사랑은 오직 소유를 모르는 과정의 삶에서만 순수하게, 완전하게 존재해 나갈 뿐이다.

그럼 사랑을 하는데 있어서 소유의 갈망을 완전히 떨쳐버리지 못해 불합리하고 부조리하고 때로는 무모하기도 하며 수많은 시간을 망설임과 방황으로 낭비해버리고 마는 많은 이들은 진정한 사랑을 할 능력과 자격이 없다는 말일까? 진정한 사랑은 우리가 결코 이룰 수 없는 하나의 관념적, 허상적 개념에 불과하고 마는 것일까?

절대로 그렇지 않다. 왜냐하면 모든 사랑에는 끊임없이 자라나는 희망이 있기 때문이다. 어떤 미완성의 사랑이라도 거듭되는 실패와 좌절을 통하여 새로운 차원으로 진입해 들어감으로써 순간순간 완성되고 있기 때문이다. 비록 소유에 대한 애착이 강하게 남아있는 사랑이라 할지라도 사랑 그 자체는 결코 자기의 순수성을 훼손당하는 일이 없으며 그러기에 사랑은 그 어떤 불순한 갈망의 껍데기에 둘러싸일지라도 그것들을 끊임없이 깨뜨려나가며 자기의 순수한 본성을 드러내는 것을 존재의 원천으로 삼고 있기 때문이다.

그러나 거기에는 조건이 있다. 인내와 절제라는 고결한 미덕이 함께 자라나야만 하는 것이다. 비록 사랑 그 자체는 영원히 순수하다 할지라도 어디까지나 본질로서, 내재된 힘으로서만 그러할 뿐, 변화무쌍한 현실 속에 자신의 존재를 드러내는 과정에서 필연적으로 소유에 대한 갈망의 침입을 받고 마는데 그 침입은 인내와 절제라는 괴롭고도 긴 과정의 미덕 앞에서는 결국 부서져버리기 때문이다. 그것은 때때로 견디기 힘든 희생과 너무나 무모한 순간적인 포기까지도 요구한다. 이를 통하여 사랑은 정금 같이 나오는 것이다.

그래서 사랑으로 가슴아파하는 자마다 사랑하는 이를 그토록 그리워하고 못 잊어하는 것은, 비록 그가 지금까지 헌신해 온 사랑이 소유에 대한 갈망을 여전히 떨쳐버리지 못한 것이라 할지라도, 인내하고 절제하는 진실함과 순수함으로 인하여 어디까지나 본래 그대로의 사랑으로 남는 것이다. 사랑하는 이에 대한 지극한 헌신과 뜨거운 열정을 품고 있는 사람이라면, 그래서 오래 참고 그래서 그 사랑을 소유하고 싶은 갈망을 제어하고 있는 사람이라면 비록 그가 보여주는 사랑의 겉모습은 때때로 세파에 부침을 거듭할지라도 그는 본질적으로 완성된 사랑 안에 거하고 있는 것이다.

진정한 사랑과 아직도 더 완성되어야 할 사랑 사이에는 보이지 않는 장벽이 가로놓여 있다. 그 장벽은 대단히 미묘하여 뛰어넘기가 쉽지는 않지만 또 그렇게 어려운 것만도 아닐 것이다. 자신의 존재마저 잊어버릴 정도로 누군가를 그렇게 깊이 사랑하고자 하는 뜨거운 열망을 품고 있는 사람에게는. 그리고 그 열망이 정화된 불꽃으로 고요히 타오를 수 있도록, 분출하려는 열정의 활화산에 재갈을 물릴 수 있는 사람에게는.

고려일보 2005년 10월 28일

# 2
# 이름 없이 빛도 없이

어떤 한 민족의 생활양식과 사고방식을 다른 민족과 뚜렷하게 구별시켜주는 기준은 언어다. 언어가 없으면 민족도 없다. 자기의 언어를 잃어버린 민족은 껍데기만 남는다. 이것은 역사가 증명하는 사실이다.

— '과연 고려일보에 장래가 있는가?' 중에서 —

# 과연 고려일보에 장래가 있는가?

3월 1일이면 고려일보는 창간 80주년을 맞는다. 그동안 고려일보에 몸담았거나 고려일보를 극진히도 아껴주시던 몇 분들이 회상기와 애정 어린 희망을 담은 글들을 투고하셨다. 나는 그분들이 쓰신 글을 읽으면서 고려일보에 대한 그분들의 무한한 애정과 희망을 느낄 수 있었다.

나도 그분들이 바라듯이 고려일보의 장래에 밝은 전망이 드리워지기를 바라고 있다. 그러나 나이가 여든 살이나 되는 고려일보의 장래는 매우 불투명할 뿐만 아니라 아직까지 밝은 전망을 찾을 수 없다는 것이 나의 판단이다.

고려일보 창간 80주년을 맞아 찍은 기념사진. 앞줄 왼쪽부터 양원식 고문, 채 유리 주필, 남 이르마 컴퓨터 입력담당, 뒷줄 왼쪽 안 윅또르 사진기자, 네 번째부터 김성조 편집국장, 필자, 김 보리쓰 러시아어판 기자 등이다.(2003년 3월)

여러 사람들의 희망에 찬물을 끼얹고 싶은 생각은 조금도 없다. 단지 현실을 냉철히 바라보자는 것이다. 그리고 거기서 단 일 퍼센트의 희망이라도 있는가 찾아보고 만약 있다면 그 희망을 근거로 하여 가능성 있는 발걸음을 내딛어 보자는 것이다. 희망은 마지막에 죽는다는 격언이 있지만 그것도 합리적인 근거 위에서 성립할 때만이 진정한 의미와 가치를 갖는다. 근거 없는 희망은 모래 위에 지은 집과 같다.

한번 고려일보의 현황을 살펴보자. 현재 고려일보 한글판을 만드는 사람은 두 사람뿐이다. 한 사람은 연세가 일흔이 넘었고 다른 한 사람은 두 해만 지나면 환갑을 맞는다. 고려일보 한글판은 전적으로 이 두 사람의 힘으로 유지되고 있다. 본인도 여기에 일부 기여를 하고 있지만 그 기여란 것이 아주 미미한데다 본인이 한국인이기 때문에 이 글에서 의도하는 신문발간의 주체가 될 수 없다고 생각한다. 이 분들 말고도 한글로 기사를 쓸 수 있는 사람이 몇 명 더 있기는 하지만 거의 모두 연배가 예순이 넘었다.

선배들이 쌓아놓은 유산을 창조적으로 계승할 후배들이 나타나지 않는다면 그 업적은 자연수명이 다한 뒤에 사멸하게 되어있다. 젊은 세대가 고려일보에서 일하고자 할 때 부딪히는 어려움과 재정적 문제의 불확실성에 대해서 내가 모르는 바는 아니다. 그래도 그렇지, 이 두 사람의 뒤를 이어 한글로 신문을 만들 의지가 있는 젊은 사람이 십만 명이 넘는 카자흐스탄 고려인 중에 한 사람도 없다는 것이 내게는 몹시도 서운하고 실망스럽다. 작금의 현실이 이 두 분을 최후의 모히칸족으로 남겨둘 수밖에 없는 것일까?

카자흐스탄에 사는 대부분의 고려인들은 민족적 정체성을 유지하고 싶어 한다. 그것도 뚜렷이 유지하고 싶어 한다. 신문사나 학자들이 실시한 설문조사통계나 연구결과를 보면 지금까지 대부분의 고려인들은 민족적 정체성을 비교적 뚜렷하게 유지하고 있었고 앞으로도 카자흐스탄에서 자랑스러운 소수민족으로 남고 싶어 한다.

그렇다면 언어의 중요성과 고려일보가 갖는 민족사적 가치를 제대로 평가할 줄 알아야 한다. 사실 지금까지 고려인이 여러 가지 어려운 여건 속에서도 모범적인 소수민족으로 남을 수 있었고 역사적 조국과 다른 민족들로부터 그에 상응하는 평가를 받을 수 있었던 것은 근면성과 같은 다른 요인들도 있었지만 무엇보다도 모국어로 발행되는 신문과 서적, 그리고 모국어로 연극하는 극장이 있었기에 가능했다.

어떤 한 민족의 생활양식과 사고방식을 다른 민족과 뚜렷하게 구별시켜 주는 기준은 언어다. 공통된 의례나 습속 등도 민족을 규정하는 중요한 요소들 중의 하나이긴 하지만 그것은 언어에 비하면 부차적이고 하위적인 요소일 뿐이다. 언어가 없으면 민족도 없다. 자기의 언어를 잃어버린 민족은 껍데기만 남는다. 이것은 역사가 증명하는 사실이다.

그래서 카자흐스탄 고려인들에게 고려일보가 갖는 존재의의는 더 이상 말로 표현할 수 없을 정도로 중요하다. 고려일보의 존재는 지금까지 카자흐스탄 고려인들이 유구한 한민족문화를 창조하고 그 저변을 확대하는데 중요한 한 축을 형성해오고 있었다는 것을 의미한다. 그런데 애석하게도 지금은 그 축이 너무나도 허약하다. 그걸 떠받쳐줄 수 있는 젊은 사람이 몇 명 있을 법도 하건만 어디를 둘러봐도 아직 그런 사람은 나타나지 않고 있다.

누구는 이렇게 말할 수도 있을 것이다. "혹 이 신문이 폐간된들 우리에게 무슨 변화가 일어나겠는가? 신문을 보는 것과 보지 않는 것에 무슨 큰 차이가 있겠는가?" 그렇다. 설령 이 신문이 폐간되는 일이 생긴다 해도 당장 겉으로는 아무런 문제도 일어나지 않을 것이다. 고려일보를 대신해줄 한국 신문도 있고 인터넷 망을 통해 얻고자하는 정보도 얼마든지 얻을 수 있으니까 말이다. 더욱이 한국과의 교류는 얼마나 긴밀해졌는가!

그러나 민족의 장래를 생각한다면 그게 그렇게 간단한 문제가 아니다. 고려인 스스로 만드는 모국어 활자매체가 사라진다는 것은 바야흐로 카자흐스탄 고려인들이 민족문화창달의 주체에서, 소외된 문화의 주변인으로 후퇴한다는 것을 의미한다. 민족문화의 창조자, 생산자에서 동일한 민족 내의 주류집단이 만들어낸 문화의 수동적인 소비자로 전락하고 마는 것이다. 다시 말하면 민족의 껍데기가 되는 것이다. 어찌 이것이 슬픈 일이 아니겠는가?

존재는 존재에 의해서 구성되는 것이 아니라 생성에 의해서 구성된다.\* 어떤 한 민족의 됨됨이도 그 민족에 대한 과거의 죽어버린 기록이나 유산에 의해서 평가되는 것이 아니고 그 민족이 지금 그 자리서 꽃피우고 있는 창조성과 그걸 다른 민족들에게 현재진행형으로 베풀어주는 문화적 힘에 의해서 평가된다. 카자흐스탄 고려인도 고려일보라는 창조적 언론매체를 통해 문화적 힘을 능동적으로 보여주고 있기에 역사적 조국과 다른 민족들로부터 민족적 가치를 그만큼 더 인정받고 있다는 사실을 알아야 한다.

과거의 유산도 객관적으로 불멸하기는 하지만 그것은 누군가가 깨워주기를 기다리며 가사상태로 잠들어 있는 백설공주와 같다. 그것이 현재를 살고 있는 민족의 의식 안에서 일정한 사념의 구조물을 형성해주지 못한다면 그것은 말 그대로 잠들어 있는 것이다. 카자흐스탄 고려인의 자랑스러운 창조적 유산인 고려일보도 머지않아 누군가가 깨워주기를 기다리며 잠들어버릴 백설공주와 같은 운명에 처할까 두렵다.

"고려일보의 장래는 어찌될 것인가?" 아니, "고려일보의 장래를 어찌할

---

\* 김상일의 『화이트헤드와 동양철학』 (서광사, 1993) 93쪽

것인가?" 이 문제는 앞으로 카자흐스탄 고려인들의 정체성과 관련하여 항상 그림자처럼 따라다닐 것이다. 민족적 정체성을 스스로 포기하지 않는 이상 이 문제는 고려인 누구에게나, 특히 양심 있는 유능한 젊은이들의 마음을 괴롭히는 리트머스 시험지가 될 것이다. 나는 그들이, 누구보다도 카자흐스탄 고려인의 장래를 이끌어갈 사명감 있는 젊은이들이 고려일보에 대한 희망의 근거를 세워줄 것을 간절히 희망한다.

고려일보 2003년 2월 28일

고려일보사는 2003년 들어 본지 창간 80주년기념 특집으로 고려일보 전현직 기자들로부터 회상기를 투고 받아 연재했다. 몇몇 선배기자들이 고려일보에 몸담았던 동료들과 고려일보에 대한 따뜻한 회상기를 써주셨다. 필자는 그분들이 쓰신 글을 읽으면서 고마움도 느꼈지만 섭섭함도 함께 느꼈다. 모두들 아름다웠던 추억만 이야기할 뿐 고려일보가 당면한 어려움에 대해서는 침묵내지 근거 없는 낙관론으로 글을 마무리했던 탓이다. 신문사의 열악한 상황을 누구보다 잘 아시는 분들이 고려일보의 당면 현실에 대한 진지한 고민 없이 지나간 추억만 나열한 것은 필자에게 적잖은 실망을 안겨주었다.

지금 생각해보니 당시 필자가 선배기자들께 너무 무리한 기대를 했던 것 같다. 신문사를 떠난 마당에 그분들이 회상기를 써주신 것만 해도 얼마나 고마운 일인데 내가 그분들께 무엇을 더 바랐던 것일까? 고려일보를 떠난 지 여러 해를 넘겨 당시 선배기자들과 똑같은 상황에 처해있는 필자가 지금 후배기자들로부터 회상기를 써달라는 요청을 받는다면 나는 거기에 어떻게 대응할까? 마치 지금도 고려일보를 양어깨에 짊어지고 가파른 언덕을 넘어가는 현직기자처럼 무겁고 절박한 글을 써야 하는 것일까? 선뜻 시원한 대답이 튀어나오지 않는다.

고려일보는 2003년 3월 1일에 창간 80주년을 맞았지만 기념행사는 여러 가지 사정 때문에 연기되어 기자의 날인 6월 28일에 거행되었다.

# 이름 없이 빛도 없이

- 고려일보를 위해 살다간 강춘성 선배를 추억하며 -

고려일보를 이야기할 때 빼 놓을 수 없는 사람이 있다. 바로 작년 여름에 여기서 유명을 달리한 강춘성 선배가 그 사람이다. 그는 한국인으로서 매우 특이하게도 고려일보를 위해 산 사람이다. 그는 지난 1991년 말 고려일보를 돕기 위해 한국에서 여기로 건너왔다. 그리고 2000년 초까지 거의 10년을 고려일보를 위해 헌신하다가 작년 여름 어느 무덥던 날 이름 없이 빛도 없이 쓸쓸히 세상을 떠났다. 마흔 여덟이라는 아직도 한창의 나이로.

나는 고려일보를 펼쳐들 때마다 지면 곳곳에 배어있는 강 선배의 숨결을 느낀다. 벌써 누렇게 빛이 바래버린 90년대 초기의 신문에서부터 아직도 새하얗고 깨끗한 새 천년 초기의 신문에 이르기까지. 그가 고려일보에 바

재소고려인 모국어신문 고려일보에서 10여 년을 헌신한 강춘성 기자(1994년 우스또베)＊사진 안 윅또르

친 수고와 정성이 강산이 한 번 변할 만큼 그렇게 장구하고 깊었던 까닭이다. 비록 그는 이미 고인이 되었고 또 그 이전에 고려일보사를 떠났지만 고려일보 지면 안에서 격동의 한 시기를 지금도 증거하고 있는 까닭이다. 나는 그 선배를 특별히 잊지 못한다.

내가 강춘성 선배를 처음 만난 건 1992년 초여름 고려일보사 건물 안에서였다. 그리고 며칠 뒤 나는 그 선배가 재정난·인재난으로 어려움을 겪기 시작하던 고려일보를 돕기 위해 한국의 어떤 기관이나 단체의 후원도 없이 자원해서 왔다는 사실을 알고 매우 놀랐다. 난 그 때 처음으로 종교적 사역과 관련이 없는 일에 외국에까지 건너와 자기 자신을 한 알의 밀알처럼 바치는 사람이 있다는 것을 알았다. 그는 나에게 있어서 인생의 선배이자 친구였으며 초기에는 정신적 지주가 되기까지 했었다.

알마타에 거주하는 대부분의 한국 사람들은 그를 이해하지 못했다. 그가 알마타에 와서 사는 동기와 하는 일이 보통 사람으로서는 이해하기 어려운 것이었고 또 그가 생명과 같이 여겼던 정직성은 적당한 수사와 악의 없는 거짓말로 매끄러운 인간관계를 유지하는 데 익숙해진 보통 사람들의 일반화된 관행과 한 치도 타협하지 않았기 때문이었다.

강 선배는 워낙 파격적인 데다 인습의 굴레에 전혀 얽매이지 않는 사람이었다. 그래서 체면과 겉치레를 구하는 많은 사람들로부터 자신의 참다운 인간성을 제대로 인정받을 수가 없었다. 그는 그것이 원만한 사회생활을 유지하는데 불리한 요소로 작용한다는 것을 잘 알고 있었지만 거기에 괘념치 않았다. 그가 생각하는 합리적 이성에 비추어 잘못됐다고 판단되는 사회적 통념이나 인습을 거부하는 것이 옳다는 것은 그에게 굽힐 수 없는 진리였기 때문이었다. 그래서 강 선배는 한편으로 매우 고독한 삶을 살았다.

나는 강 선배의 그 점이 몹시도 아쉬웠고 안타까웠다. 그는 누구보다도 정이 많고 베풀기를 좋아했으며 속은 깊으면서도 전혀 꾸밈이 없는 사람이었기에 그의 인간적 매력에 반한 사람들이 결코 적지 않았음에도 불구하고 그가 지닌 장점은 동시에 약점으로 작용하여 자신과 타인 사이에 단절의 벽을 쌓음으로써 원하지 않았던 고독을 숙명적으로 안고 살수밖에 없었다. 그랬기에 그의 삶은 어찌 보면 그지없이 수고로웠던 것이다.

그에게서는 때때로 정직성에 대한 추상같은 신념이나 낭인다운 호방함이 걷잡을 수 없이 넘쳐흐르곤 했었다. 그때마다 나는 그에게서 불안한 열정의 그림자가 드리우는 고뇌하는 인간의 서글픈 고독을 발견하곤 했었다. 더욱이 강 선배는 내가 여태껏 만나본 사람들 중에서 몇 안 되는, 대단히 총명한 두뇌와 아주 탁월한 식견을 지닌 사람이었다. 그랬기에 강 선배에 대한 나의 안타까움은 유독 남다를 수밖에 없었던가 보다.

세상의 어떤 사람들은 보통 사람들이 기대하는 것과는 전혀 다른 인생의 음률에 발맞추어 살아간다. 그런 사람들은 대개 자신의 능력을 궁극적으로 더 보람되고 가치 있는 일에 쓰느라 부드러운 사회적 관계를 맺는 일을 본의 아니게 또는 의도적으로 소홀히 하는 경우가 많다. 강 선배가 바로 그런 사람이었다. 그는 세련된 사교보다는 투박한 만남을 즐겼고 고집스럽게 고려일보를 위해서만 일했다. 그것이 강 선배 개인적으로는 '더 큰 나'를 위해 '작은 나'를 희생하는 더없이 값진 일이었으며 고려일보를 위해서도 아주 다행스러운 일이었다.

강춘성 선배가 없었더라면 아마도 고려일보의 문체와 편집방향은 상당히 많이 달라져 있었을 것이다. 초기의 고려일보 편집진이 장래의 전망을 숙고해 보고 신문의 문체를 점진적으로 한국 표준어에 일치시켜나가기로 결정했을 때 강 선배는 고려일보의 다른 한글기자분들과 함께 그 결정을

8년간이나 실행에 옮겼다. 그 과정은 대단한 인내를 요하는 지난한 작업이었다. 고려일보가 과거의 레닌기치와 눈에 띄게 다른 문체로 옷 입고 독자와 대면하게 된 것은 결코 한 순간에 이루어진 일이 아니었다. 지금의 고려일보는 강 선배에게 정말로 많은 것을 빚지고 있다.

글쟁이는 글로써 자신을 드러내는 법이다. 강 선배 역시 직업이 직업인 만큼 보도기사 외에도 자신의 글을 드물지 않게 신문에 실었다. 그는 글을 실으면서 나름대로 생각할 문제들을 많이 던졌다. 강 선배 자신이 끊임없이 나은 가치를 추구하는 사람이었기에 그가 쓴 글에는 알게 모르게 가치 추구의 흔적이 짙게 남곤 했다. 그래서 난 강 선배의 글을 언제나 유익하게 읽었다.

누구보다도 정이 많고 베풀기를 좋아했으며 누구보다도 정직했고 또 대단히 총명한 두뇌와 뛰어난 식견을 갖추고 있었던 강 선배… 그는 고려일보를 위해 태어난 사람이었다고 단언할 수 있다. 그는 고려일보를 위해 한국에서 이곳으로 건너왔으며 오직 고려일보사만을 평생직장으로 삼았다. 그리고 고려일보가 있는 이국 땅 알마타에서 육신의 병을 얻어 생을 마감했고 또 이곳에 묻혀 안식하고 있다. 그가 여기에 남긴 한 점 혈육 대한이가 조금만 더 자라서 철이 들면 그는 이렇게 고려일보를 위해 살다 간 아빠를 두고두고 자랑스러워할 것이다.

나는 강 선배가 남들보다 짧은 삶을 산 것은, 보람되지만 수고로운 삶을 살아온 그의 인생여정을 잘 아시는 하느님께서 자비를 베풀어 남들보다 조금 일찍 휴식을 취하게 하신 것이라고 믿는다. 그는 비록 짧은 삶을 살았지만 고려일보와 그를 잘 아는 사람들에게 참으로 많은 것을 남겨주었다. 빈들에 피어난 풀잎처럼, 그는 자칫 황무지가 되어버릴 수도 있었던 고려일보를 몇몇 선구자와 함께 알찬 모국어로 푸르고 푸르게 가꾸었다.

그는 이름 없이 빛도 없이 바로 그렇게 헌신하며 살았다.

고려일보 2003년 5월 9일

앞의 글('과연 고려일보에 장래가 있는가')에서 언급했듯이 2003년 고려일보는 창간 80주년을 맞아 연초부터 전현직 기자들로부터 고려일보에 대한 회상기를 투고받아 연재했다. 한국인기자에 대한 회상기는 당연히 한국에서 온 필자의 몫이었다. 강춘성 기자는 1991년 12월에 카자흐스탄 알마틔에 들어온 뒤 이듬해 초부터 1999년 말까지 고려일보사에서 일했다. 그리고 2001년 가을, 당시 필자와 함께 한글판 신문을 만들던 현지인 원로기자 두 분이 동시에 3주간 자리를 비웠을 적에 신문사에 나와 필자를 도와서 신문을 만든 적도 있다. 강춘성 기자에 대한 자세한 이야기는 뒤에 나오는 글 '그리운 두 선배님의 향기'에 나와 있다.

# 조선인, 고려인, 한국인…

– 카자흐스탄 고려인의 정체성 변화 –

구소련에 거주하는 한인들은 스스로를 '고려인'이라고 부른다. 그런데 이 단어는 불과 10여 년 전에야 등장했다. 물론 구소련 시기에도 일반인들 사이에서는 우리민족을 지칭하는 러시아어 КОРЕЙЦ(꼬레이쯔)의 원래 의미인 '고려인'이란 말이 드물지 않게 사용되긴 했지만 공식적으로는 언제나 '조선인'이라고 불렸다. 그런데 구소련이 붕괴되고 한국과 교류가 시작되면서부터, 그리고 한국과의 관계가 중요성을 띠게 되면서부터 같은 민족을 지칭하는 두 개의 다른 이름, 즉 '한국인'과 '조선인' 사이에서 어떻게 대응해야 할지 고민하다가 고육지책으로 선택한 것이 '고려인'이란 이름이었다. 이렇듯 재소 한인의 정체성은 한반도와 복잡하게 얽힌 고민스런 현실을 반영하고 있다.

이미 널리 알려진 바대로 카자흐스탄 고려인사회는 1937년 스탈린의 강

집 마당에서 줄넘기 놀이에 여념이 없는 아이들(1993년)＊사진 안 웍또르

제이주정책에 의해 연해주에 살던 고려인이 대거 이주됨으로써 시작되었다. 그러나 진정한 의미의 카자흐스탄 고려인사회는 그로부터 50여 년이 지난 1991년 소련 연방의 붕괴와 카자흐스탄의 독립을 기점으로 하여 비로소 시작되었다고 할 수 있다. 카자흐스탄이 독립을 선언하기 전까지는, 그리고 독립을 선언한 이후로도 한동안은 고려인을 포함하여 카자흐스탄에 거주하는 모든 민족들의 의식 속에는 자신의 정체성이 '소련인' 즉, 볼세비키 혁명 이후 '역사적으로 새롭게 태어난 공동적 인간'으로 남아 있었기 때문이다.

지금은 카자흐스탄 고려인은 카자흐스탄이라는 일정한 공간 안에서 함께 거주하는 다른 민족들과 더불어 새로운 역사와 문화를 공유해가고 있다는 의식이 마음속에 자리해 감에 따라 과거에 공통된 정체성을 가졌던 인근 다른 나라 재소 고려인들과는 조금씩 다른 정체성을 형성해 가고 있다.

현재 카자흐스탄 고려인의 인구는 99,665명(1999년도 인구조사 통계)으로 카자흐스탄에서 9번째 자리를 차지하고 있다. 이들 대부분은 강제이주 세대 후손들로 이루어져 있지만 일부는 1960-1970년대에 사할린에서 건너왔다. 그리고 1950년대 북한유학생으로서 귀국을 거부하고 남은 사람들도 카자흐스탄 고려인의 극히 일부분을 구성하고 있다. 후자의 두 집단은 비록 수는 적지만 모국어를 완벽하게 구사할 수 있는 능력이 있었기에 이미 1960년대 후반부터 조금씩 고갈되어가던 모국어신문사 '레닌기치'(고려일보의 전신)의 기자와 고려극장의 극작가 등으로 활약함으로써 민족문화 계승에 이바지했으며 한국과 교류가 시작되면서부터는 통역으로 활동하여 한국과 카자흐스탄을 잇는 가교역할을 하였다.

그리고 독립 이후 오랫동안 내전에 휩싸였던 타직키스탄 고려인과 소련 붕괴 이후 지금까지 경제적 어려움을 벗어나지 못하고 있는 키르기즈스탄 및 우즈베키스탄 고려인들이 카자흐스탄으로 끊임없이 유입되고 있기 때문에 전체 카자흐스탄 거주 고려인은 10만을 훨씬 웃돌 것으로 추산된다.

이들은 나름대로 민족적 전통과 가치를 지켜오고 있다. 이곳의 고려인 3세 시인 리 스타니슬라브씨가 자신의 시에서 "…이력서를 작성하다 뜻밖에 마주친 모국어 표기란에 뭐라고 써야 할지 심히 고민되었다"라고 표현했듯이 이들은 성(姓)과 음식 외에는 민족적 요소가 거의 사라져 모국어마저 잃어버렸다고 자조하기도 하지만 각종 세시풍속과 통과의례 등에서 아직까지도 전통을 풍부하게 간직하고 있다. 돌, 환갑, 상례, 제례에는 옛 전통이 거의 그대로 지켜지고 있으며 혼례에도 일부 남아있다.

카자흐스탄 고려인은 중앙아시아에서 정치, 경제, 사회, 문화적으로 가장 안정되고 수준 높은 생활을 누리고 있다. 이는 카자흐스탄 정부의 관대한 소수민족정책과 최근의 안정적인 경제성장에 기인하는 것이기도 하지

카자흐스탄에서 고려인 노인들이 결성한 노인회 회원들. 앞줄 가운데 앉은이가 소비에트 시대 카자흐공화국 재정성 장관을 역임했던 김 일리야 루끼츠, 그 오른편은 독립운동가 최재형의 딸 최 예까쩨리나, 뒷줄 왼쪽은 독립운동가 이동휘의 손녀 이 류드밀라, 다섯 번째는 고려인 관련 유물 수집가이자 노인회 모임 결성을 주도한 최 아리따씨이다.(1994년 알마틔)＊사진 최 아리따

2. 이름 없이 빛도 없이   **69**

만 카자흐스탄 거주 고려인의 특수한 상황이 빚어낸 작품이기도 하다. 즉, 강제이주의 와중에도 살아남아 재소 고려인의 말과 얼을 지키는 최후의 보루가 되어주었던 고려일보 신문사와 고려극장이 바로 카자흐스탄에서 존재하며 활동하고 있었기 때문이다.

카자흐스탄 고려인은 고려일보를 통하여, 특히 고려일보 문예페이지를 통하여 다수의 문인들을 배출함으로써 구소련의 다른 지역 고려인들보다 수준 높은 민족문화를 재생산할 수 있었다. 그리고 고려극장을 통하여 풍부한 모국어 예술을 향유할 수 있었다. 카자흐스탄 고려인은 카자흐스탄 130여 민족 중에서 위구르민족과 더불어 모국어신문과 모국어로 공연하는 극장을 갖고 있는 유일한 소수민족이라는 자부심을 갖고 있다. 지난 6월 28일에는 고려일보창간 80주년 기념식이, 작년 9월에는 고려극장창립 70주년 기념식이 성대하게 열린 바 있다.

신문사와 극장은 지난 60-80년대에 황금기를 구가했었다. 당시 신문은 2만 부 가까이 발행되었고 여러 곳에 지부와 특파기자를 두고 있었다. 극장은 모스크바와 발틱해, 그리고 사할린에까지 순회공연을 나갔었다. 그런데 90년대에 들어와서 재정난과 인재난이 겹쳐 여러 차례의 존폐 위기를 겪어야 했다. 다행히 고려일보는 2000년, 국가로부터 5년 간 운영권을 위임받은 고려인협회에 소속됨으로써 폐간위기는 넘겼으나 여전히 고려인협회로부터 재정적으로 독립해야 할 부담을 안고 있다. 고려극장은 이와 반대로 고려인협회에 소속됨으로써 안정을 되찾고 있다. 신문사는 이번 창간 기념식을 계기로 새로운 출발을 다짐하며 여러 가지 활로를 모색하고 있다.

현재 대부분의 고려인은 도시에 거주하고 있다. 적성민족으로 분류되어 오랫동안 거주이전의 자유를 제한 받았던 고려인은 스탈린 사후 1954-57

년 사이에 거주이전의 제한이 풀리자 능력 있는 사람들이 더 많은 교육의 기회와 더 나은 삶을 찾아 도시로 이주했다. 소련해체 이후에는 소련 내 국가 간 유통망의 붕괴와 인플레로 인해 고려인 경제활동의 보루였던 협동농장이 무너지기 시작하자 평생 농업에만 종사하던 고려인들이 도시로 나가 살길을 모색했다. 현재 70%이상의 고려인이 도시에 거주하고 있는 것으로 보인다.

강제이주 세대 선배들은 연해주에서 기차에 실려와 척박한 중앙아시아 땅에 버려졌을 때 집보다도 학교를 먼저 지었다. 그들은 강제이주 첫 해 겨울을 토굴에서 지낸 다음 이른 봄이 되자 자식들을 가르치려는 일념으로 가장 먼저 학교를 지었다. 그리고 그 다음에야 자신들의 생존을 위한 집을 지었다. 그래서 한 세대가 흐른 뒤에는 사회 전반에 다수의 고려인 인텔리들이 등장할 수 있었다. 지금 카자흐스탄 사회문화계 전반에 어느 민족 못지않게 고려인 인텔리와 학자, 작가들이 풍부한 건 바로 이 때문이다. 1999년 현재 민족별 교육수준 통계를 보아도 고려인 대졸자 비율이 1000명당 262명(알마틔시는 1000명당 400명)으로 130여 민족 중 유대인에 이어 2위를 차지하고 있다.

그런데 이는 한편으로 민족 정체성 상실을 가속화시키는 주 요인이 되었다. 주류사회에 편입하려는 열망은 당시 주류문화로 자리 잡고 있던 러시아문화에 대한 예속정도를 높여 80년대 후반에 들어서서는 곳곳에서 민족성 상실의 징후들이 나타나기 시작했다. 특히 고려일보는 모국어로 글을 쓸 후계자가 없어 심각한 고민에 빠지게 되었다. 교육열은 개인적 성공을 보장해준 반면에 민족공동체를 어느 정도 약화시켰다.

가장 주목해야 할 것은 카자흐스탄 고려인협회(이하 카고협)다. 카고협은 카자흐스탄 고려인의 최근 10년사를 모두 망라하고 있으며 앞으로 고려인의 장래에도 상당부분 영향을 미칠 것이기 때문이다. 카고협의 전신인 카자흐스탄 고려문화중앙은 1989년 재소고려문화중앙 결성과 함께 조직되어 오래 전부터 카자흐스탄 고려인을 대표하는 유일한 기관으로 자리 잡았다. 카고협에는 카자흐스탄 정계·관계·재계 등에 종사하는 성공한 고려인들이 모두 망라되어 있고 고려인을 대표하여 국가를 상대하는 기관도 카고협이 유일하다.

카고협은 출범 초기에 모국어와 민족문화의 부흥이라는 기치를 내걸고 출발하였다. 그리하여 당시 알마틔에 개원되었던 한국교육부산하 한국교육원과 협력하여 카자흐스탄 전역에 모국어 부흥운동을 일으켰다. 고려인 카자흐스탄이주 60주년을 맞은 1997년에 들어서자 카고협은 이 목적이 어느 정도 달성되었다고 판단하고 이제는 '민족사회의 큰 문제해결'에 힘을 집중하고 있다. 카고협은 2000년 11월에 총회를 열어 당면과업으로 '고려인회관 건립'과 '젊은 인재양성'을 내세웠다. 그리고 해마다 비즈니스 플랜을 작성하여 집중적으로 활동하고 있다. 회관건립은 아직 요원하지만 인재양성은 결실을 봐 올 5월에 카자흐스탄에서 카고협산하 고려인청년회 주최로 첫 국제청년포럼이 개최되었다.

카고협 외 기관으로 알마타고려민족문화중앙이 독자적으로 활동하고 있다. 이 기관은 해마다 설날맞이 민속놀이 축제를 개최하고 모국어교육 등에 힘을 쏟고 있다.

누군가는 디아스포라를 정의하기를 근원으로부터 새로운 물이 유입되지 않으면 정체되어 없어져 버리고 마는 고인 물과 같다고 한 바 있다. 이런 의미에서 카자흐스탄 고려인의 정체성은 한국인의 끊임없는 유입으로 유지, 재구성되는 측면이 있으며 사실 최근 10년 동안의 고려인 역사는 한국과 한국인을 빼놓고는 이야기할 수 없다고 해도 과언이 아니다.

한국인이 카자흐스탄으로 처음 진출한 건 1990년에 들어서면서부터다. 물론 그 이전에도 진출한 사람들이 있었지만 고려인들이 한국인과 본격적으로 긴밀한 접촉을 갖기 시작한 것은 1991년 여름 알마틔에 한국교육원이 개원되면서부터라고 할 수 있다. 역시 그 해 여름에 알마틔대학에 최초로 한국어학과가 개설되었다.

구소련에서 최초로 설립된 알마틔한국교육원은 초기에 카자흐스탄뿐만 아니라 구소련 전체의 모국어와 문화전통의 부흥에 크게 이바지했고 소련 붕괴와 함께 지속된 경제적 어려움과 정체성의 혼란 등으로 많은 시련을 겪어야 했던 카자흐스탄 고려인의 정신적 안식처가 되기도 했다. 여기에는 이미 고인이 된 신계철 초대 교육원장의 헌신과 노고가 큰 역할을 했다. 그리고 심영섭 2대 원장 시절에는 교육원 건물을 신축하여 카자흐스탄 고려인협회와 고려극장을 입주시킴으로써 명실상부한 고려인 사회의 구심점이 되었다. 2003년 3월 현재 알마틔한국교육원이 관할하고 있는 한글학교는 카자흐스탄 전역에 분포되어 있는 19개 대학을 포함한 168개 학교이며 여기서 245명의 교사에게서 5,424명의 학생이 한국어를 배우고 있다.

1995년에는 외교통상부산하 한국국제협력단(KOICA)이 카자흐스탄에서 봉사활동을 시작했다. 120만 달러를 들여 설립한 한국·카자흐스탄 우정병원에 6명의 의사가, 한국어교육에 14명의 단원, 태권도 등 기타 분야에 10명의 단원 등 총 30 여명이 파견되어 활동하고 있다.

초기에는 개신교선교사와 사업가와 유학생이 카자흐스탄 진출 한국인의 주류를 이루었지만 지금은 개인사업가가 수적으로 주류를 이루고 선교사 역시 왕성한 활동을 하고 있다. 한국에서 상사주재원으로 파견된 기업인들 사이에 '한국상사협의회', 개인사업가들 사이에 '한인회'가 결성되었으며 상사협의회와 한인회는 한국대사관의 후원으로 교민을 위한 추석맞이 한인체육대회를 4년째 공동개최 해오고 있다. 현재 카자흐스탄 거주 한국인은 1,000명 정도로 추산되고 있다.

카자흐스탄 고려인과 카자흐스탄 거주 한국인은 100여 년의 단절을 넘어 벌써 10년 째 교류를 지속하고 있다. 어쩌면 뒤섞이면서 서로 닮아가고 있다는 것이 옳은 표현일 것이다. 카자흐스탄 정착을 기정사실화하고 있는 한국인이 늘어나면서 그들은 고려인의 일부로 편입되고 또 많은 고려인들이 한국문화의 주변에서 중심으로 더 가까이 다가옴에 따라 문화적·경제적·심리적 차이에서 오는 초기의 외인적 관계를 넘어 서로가 서로를 이해하고 필요로 하는 진정한 내인적 관계로 진입하고 있다.

재외동포신문 2003년 7월호

재외동포신문(www.dongponews.net)은 2003년 4월 1일 재외동포의 뜻을 대변하고 권익을 향상시키려는 목적으로 창간되어 오늘에 이르고 있다. 이 신문은 2003년 7월호 4-5면을 고려일보 창간 80주년기념 특별 호로 제작하였다. 이 신문의 요청을 받고 쓴 글이다. 지면관계로 원래의 글보다 조금 축약되어 실렸다.

고려일보 창간 80주년 기념식은 2003년 6월 27-28일 알마틔 한국교육원 대강당에서 거행되었다. 이 행사에는 한국에서 언론재단이사장, 재외동포신문 편집국장을 비롯하여 15명의 한국기자협회(당시 회장 이상기)회원들, 한국의 4대 일간지 모스크바특파원 등 많은 언론인들이 참석해 고려일보의 번영을 기원했다.

# 한글날과 자랑스러운 고려인

오늘로 한글 반포 557돌(창제 560돌)을 맞았다. "우리나라의 말이 중국말과 달라서… 어리석은 백성이 (문자로)알리고 싶은 바가 있어도… 내가 이를 불쌍히 여겨 새로 스물여덟 자를 만드노니…" 백성을 유난히도 사랑했고 학문에 조예가 깊었던 세종 큰 임금께서 한글을 친히 창제하신 다음 557년 전에 그것을 반포하면서 하신 말씀이다.

우리는 우리의 글, 한글로 인하여 세계에서 가장 과학적이고 우수한 문자생활을 하는 민족으로 다른 민족들의 존경과 부러움을 받고 있다. 유럽의 한 유명한 언어학자는 "한글이 창제되었던 조선시대의 국력이 조금만 더 강했더라면 단언하건대 전 세계의 문자가 한글 알파벳으로 통일되었을

기자대학교 한국어과 학생들에게 한국문화를 강의하는 철학자 박일 원로교수(1991년 고려일보사)＊사진 안 웍또르

것이다."라고 말한 바 있다. 한글은 그만큼 과학적이고 체계적이며 뛰어난 문자라는 뜻이다.

카자흐스탄 고려인, 더 넓게는 구소련 고려인인 우리들은 그동안 크고 작은 여러 시련들과 시대의 변화를 겪으면서 '적응이라는 이름으로' 우리의 소중한 보배 '한글'을 멀리해왔었다. 말과 글은 한 민족의 정체성을 이루는 하부구조, 아니 민족성 그 자체라는 사실을 희미하게나마 인식은 했지만 우리는 실생활에서 시대의 흐름에 따라 '소련인'으로 살아가려 했던 것이 사실이다.

다행히 개방 이후 우리는 모국어 부흥의 기치를 내걸고 우리의 정체성과 가치를 재정립할 수 있는 계기를 맞이했다. 90년대 초부터 고국에서 뜻있는 분들이 카자흐스탄으로 들어오기 시작했고 곳곳에 한글학교가 세워졌으며 한국정부는 동포의 언어와 문화부흥을 돕고자 알마틔에 교육원을 설립했고 대학들에서는 한국어학과가 생겨났다. 그리하여 우리는 여러 뜻있는 선구자들의 헌신과 도움으로 잊혀져가던 모국어를 어느 정도 되살려나가고 있다. 우리의 모국어 사용비율이 10년 전에 비해 조금은 올라간 것이 이를 증명한다.

그러나 갈 길은 아직도 멀다. 이제 겨우 첫걸음을 내디뎠을 뿐이다. 우리의 손위 세대가 살았던 시절처럼 고려인이라면 누구나 고려일보를 읽고 고려극장의 연극을 손꼽아 기다리던 정도의 상태까지 이르러야 한다. 참된 의미의 모국어 부흥이라는 것은 모국어로 발행되거나 행해지는 모든 사건들이 우리의 문화중심으로 자리 잡는다는 것을 뜻한다. 우리 정체성의 뿌리가 되는 모국어를 우리가 온전히 사랑할 때라야 민족문화가 부흥됐다고 말하는 것이다.

그동안 모국어 부흥을 위해 수고하고 헌신해온 모든 선배들과 교사들,

이를 위해 보이는데서 보이지 않는데서 도움을 베풀어온 모든 분들께 감사하자. 우리의 말과 글을 더욱 아끼고 사랑하자. 그들의 은혜에 보답하는 길은 우리의 말과 글과 문화를 더욱 사랑하고 발전시키는 것이다. 우리들도 후세들에게 무언가를 베풀 수 있는 떳떳하고 자랑스러운 고려인이 되도록 노력하자.

고려일보 2003년 10월 10일

　러시아어가 모국어인 학생들에게 오랫동안 한국어를 가르쳐본 경험과 한국어-러시아어 이중 언어로 발간되는 신문 고려일보 기자로 일하면서 느낀 필자의 체험을 들먹이지 않더라도 우리 한글의 우수성은 어디에 내놓아도 손색이 없는 자랑거리임에 틀림없다. 필자는 우리의 문자체계를 접해본 외국인들이 우리 문자의 과학적이고도 조직적인 구조에 감탄을 금치 못하는 것을 수없이 보아왔다. 그런데 정작 우리의 조국에서는 이렇게 뛰어난 우리글을 툇마루에 던져둔 꽁보리밥 대하듯 하는 것 같아 서글프고 안타깝고 심히 부끄러울 뿐이다.

　이 글은 필자가 고려일보에 근무하면서 마지막으로 쓴 사설이다. 이 글이 나가고 2주 후 필자는 고려인협회가 신문사에 대한 관리권(실질적 소유권)을 실행하는 와중에서 다른 현지신문기자들과 함께 신문사를 떠날 수밖에 없었다. 고려일보에 대한 실질적 소유권을 행사하게 된 카자흐스탄 고려인협회의 입장도 이해하지 못한 바는 아니나 언론의 본분을 지켜야 할 기자들에게는 타협의 여지가 없었다. 필자는 당시 고려일보사에서 일하던 유일한 외국인이라 고려인협회의 개입에 전혀 영향을 받지 않고 계속 일할 수 있었고 사실 협회로부터 계속 일해 달라는 제의를 받았지만 일언지하에 거절했다. 편집의 자율권이 보장되지 않는 신문을 더 이상 만들 이유가 없었기 때문이다.

# 카자흐스탄 고려인과 언론

(고려일보를 중심으로)

예전에 구소련 고려인의 민족지였고 현재는 카자흐스탄 고려인의 대변지인 고려일보가 작년에 창간 80주년을 맞았다. 그보다 두 해 전인 2001년에는 '우리민족TV방송'(이전 명칭 고려사람)이 방송 10주년을 맞았다. 올해는 '고려말 라디오 방송'이 방송 20주년을 맞는다.

한국에도 잘 알려졌다시피 고려일보는 구소련 고려인과 뗄 래야 뗄 수 없는 상징적 존재가 된지 이미 오래다. 1923년 연해주 블라디보스토크에서 창간된 이래, 고려인들이 시련과 고난을 겪으면서 어려운 시절을 견디어 나갈 때마다 그들의 존재 의의와 정체성을 지켜주는 등불의 역할을 다해왔기 때문이다. 이 신문은 역사도 역사려니와 인고의 세월로 체득한 고려인의 기쁨과 슬픔과 한과 지혜가 지면 곳곳에 녹아 들어가 있어 우리들로 하여금

고려일보사 직원들(1950년대 후반). 앞줄 왼쪽부터 김준(시인, 소설가), 한상욱(시인), 박 웨라(교정), 염사일(부주필), 남해룡(주필), 한혜원(교정), 한 사람 건너 김용선(기자. 크즐오르다 사범대 부교수. 1940년대 후반에 북한에 들어가 김일성대학교 노어과 교수 역임), 뒷줄 왼쪽부터 채병도(타쉬켄트 특파기자), 염동욱(기자), 김광현(시인, 작가), 림하(작가), 세 사람 건너 전철송(기자), 한 사람 건너 맨 오른쪽이 북한에서 건너온 최정옥(교정)이다. *사진 최 아리따

'희망은 마지막에 죽는다.'는 금언을 또렷이 떠올리도록 해주고 있다.

'우리민족TV방송'은 단 한 차례라도 방송을 거르면 방송 자체를 중지시키 겠다는 카자흐스탄 국영TV방송의 전제조건을 받아들이고 거기에 배속되어 한 명의 제작자가 기자 겸 진행자로 주 일회 방송을 시작한 이래 벌써 열두 해를 훌쩍 넘기고 있다. '고려말 라디오 방송' 역시 벌써 스무 해째 카자흐스 탄 전역의 청취자들에게 모국어로 한반도 및 카자흐스탄 고려인의 소식을 전해줌으로써 모국어부흥운동에 조금이나마 이바지해오고 있다.

언론의 사회적 역할과 정보에 대한 접근의 중요성을 고려해볼 때 민족 언론매체를 갖고 있는 카자흐스탄 고려인은 독립국가연합 내 다른 나라의 고려인들에 비해서 훨씬 풍요로운 삶을 살아오고 있는 셈이다. 또한 민족 문화창달의 측면에서 보더라도 민족 언론이 카자흐스탄에서 전통을 자랑 하며 힘 있게 살아있기에 카자흐스탄 고려인사회가 구소련 고려인 문화의 중심축을 담당하고 있다고 자신 있게 말할 수 있는 것이다. 이런 의미에서 카자흐스탄 고려인은 참으로 많은 복을 받았다.

이는 당연히 민족의 앞날과 언론의 중요성을 일찍이 깨달은 선각자들의 노고에 힘입은 것이다. 또한 소수민족언론이 자유롭게 뿌리내리고 꽃필 수 있는 여건을 만들어준 카자흐스탄정부의 민족화합정책 덕분이기도 하다. 카자 흐스탄은 아시아와 유럽의 중간지대에 위치하여 예로부터 동서양의 문화가 만나 교류했던 곳인지라 다양성과 관용의 정신이 역사와 문화의 전반을 지배하 고 있는 나라다. 더구나 최근 들어 경제가 안정되고 원유를 비롯한 여러 지하자원 들이 개발·수출됨으로써 자원부국의 꿈이 실현되는 과정에 있다.

그동안 고려일보는 험난한 가시밭길을 걸어왔다. 고려일보는 구소련 붕괴 이후 재정문제로 존립의 기반이 위태로웠었다. 뜻있는 개인과 기관들의 도움 으로 가까스로 폐간의 위기를 넘긴 적도 한두 번이 아니었다. 그러나 그리고 또 바로 그런 이유로, 고려일보를 사랑하는 사람들은 희망을 잃지 않았다. 이 나라 인구의 고작 0.6%에 불과한 고려인이 전통을 자랑하는 민족 신문 고려일보를 갖고 있다는 사실은 카자흐스탄에 사는 다른 120여 민족들에게 언제나 빛나는 자랑거리였던 까닭에 고려인이 고려일보에 갖는 애착과 희망의 정도는 가히 유별날 수밖에 없는 것이었다. 앞으로 경제적 여건만 좀 나아진다면 고려일보는 질적 발전을 이룰 것이고 그러면 민족 신문에 대한 카자흐스탄 고려인들의 자부심은 가슴속에 쉼 없이 넘쳐날 것이다.

그러나 고려인 언론의 내면을 자세히 들여다보면 이러한 희망은 말 그대로 희망으로만 끝나버릴지도 모른다는 우려가 끼어드는 것을 어찌할 수 없다. 카자흐스탄 독립 이후 고려일보가 걸어온 발자취를 살펴보면 이 우려를 별로 어렵지 않게 읽어낼 수 있다. 고려일보는 신생독립국가 카자흐스탄이 독립의 길을 걸어온 것과는 반대의 길을 걸어왔기 때문이다. 그리고 이 문제야말로 고려일보가 희망과 절망의 칼날 위에 동시에 서게 된 근본원인이다.

고려일보는 1991년 카자흐스탄 독립 이후 소유권이 국영에서 민영으로 넘어갔다가 다시 국영과 민영으로 옮겨가기를 반복하면서 극심한 재정난과 인재난에 시달렸다. 자연히 신문의 질이 떨어지고, 이에 대한 실망으로 새로운 영역으로 관심의 대상을 옮겨버린 구독자 층의 감소와 무관심은 악순환의 사슬을 만들었다. 그래도 상당기간, 구체적으로는 작년에 고려일보가 창간 80주년을 맞이할 때까지 신문이 신문다움을 어느 정도나마 유지해올 수 있었던 것은 '한 줄의 진실을 밝히기 위해 사흘을 걷고 사흘 밤을 새우는'* 뜻있는 몇 명의 기자들이 사명감 하나로 그동안 민족지 고려일보를 붙들고 있었기 때문이다.

---

\* 이 인용문은 소련 「신문기자의 노래」에 나오는 가사 "우리는 한 줄의 진실을 찾아 사흘 낮을 걷고 사흘 밤을 새웠다"라는 구절에서 가져온 것이다.

고려일보는 지난 2000년 경매에 부쳐져 운영권이 5년 기한으로 정부에서 카자흐스탄 고려인협회로 넘어갔다. 이는 사실상 소유권이 넘어간 것이나 다름없는데 앞으로 1년 간 특별한 하자가 생겨나지 않는 한 내년에는 형식상으로 남은 국가소유권마저 고려인협회로 이전될 것이 거의 확실하다. 여기서 부각되는 문제는 두말할 것 없이 언론의 독립성과 자율성이다. 이것은 민족신문 고려일보가 도달해야 할 가장 중요한 핵심 사안이다. 하지만 이 문제는 공적인 장에서 한번도 다루어지지 않은 채 미묘하게 남아있다. 물론 이는 고려일보가 소수민족신문이기 때문에 국가의 정책과 주류민족과의 관계 등을 신중히 고려해서 가장 현실적으로 대처해나가야 하는 사안이기도 하다.

그러나 민족지를 자처하는 신문이라면 어떠한 형태의 소유구조 속에 들어와 있든지 소유주와의 길항관계 속에서 끝까지 지켜내야 할 본연의 임무와 원칙이 있다. 고려일보는 운영권이 국가에서 고려인협회로 넘어가 버린 지금 원칙과 사명의 문제에 대해 얼마나 진지한 고민을 하고 있는지, 고려일보는 더 이상 민족지가 아닌 고려인협회의 대변지에 불과할 뿐이라는 독자들의 이유 있는 비판에 어떻게 답변해야 할 것인지, 그리고 나이가 여든이 넘은 고려일보의 유구한 역사와 전통이라는 과거의 죽어버린 기억이 현재를 살아가면서 미래를 심각히 고민해야할 현 세대들에게 무슨 의미를 갖는지 스스로 성찰해볼 필요가 있다. 이는 사실상 고려일보를 소유하고 있는 고려인협회가 대답해야 할 문제이기도 하다.

2004년

2004년 한국에 있는 한 언론사의 요청을 받고 썼다. 고려일보 기자직을 그만둔 지 얼마 되지 않았을 때였다. 이 글을 쓰던 당시의 우려대로 고려일보의 상황은 여전히 조금도 나아지지 않고 있다는 것이 필자의 판단이다. 안타까운 현실이다.

# 겸손하면 그 빛을 가릴 자가 없습니다

- 김성조 전 고려일보 편집국장님 회갑에 부쳐 -

세상에는 여러 종류의 사람이 있습니다. 사람을 나누는 일반적인 사회적 가치관과 통념에 따르면 우리는 사회적 지위가 높은 사람과 그렇지 않은 사람, 부자와 가난한 사람, 지식수준이 높은 사람과 그렇지 않은 사람, 건강한 사람과 허약한 사람 등 여러 가지로 분류될 수 있습니다. 물론 우리가 사람을 나누는 기준에 따라 그 부류는 한없이 늘어나기도 합니다. 저는 여기서 인간덕목의 최고 가치를 가늠하는 기준으로 겸손한 사람과 그렇지 않은 사람으로 나누고 싶습니다.

이 겸손이라는 잣대로 제가 아는 사람들을 분류해보면 저를 비롯한 거의 대부분의 사람들이, 심지어는 종교계에 몸담고 있는 사람들마저도 거의 예외 없이 이 덕목을 제대로 갖추고 있지 못한 듯 합니다. 제가 기준을 너무

고려일보 직원들의 간소한 점심식사. 왼쪽부터 채 유리 주필, 김성조 편집국장 겸 부주필, 필자, 김 보리쓰 러시아어판 기자(2001년 알마틔 고려일보사) ＊사진 안 웍또르

엄격히 적용한 것인지도 모르겠습니다. 그렇지만 제 가슴이 가르쳐주는 바에 따라 지극히 순수한 마음으로 이 기준을 적용해 보면 선생님 외에는 이 기준을 제대로 충족하고 있는 사람을 거의 찾을 수 없습니다. 선생님이 살아오신 삶이 그만큼 고귀한 인간적 품성과 순수로 채워졌다는 이야기입니다.

많은 사람들이 자기의 업적과 가진 것을 자랑하느라 목청껏 소리 높여 외칩니다. "나는 이러이러한 사람이다, 나는 가진 것이 이렇게 많다, 나는 이렇게 위대한 업적을 달성했다, 나는 이러이러한 사람과 아주 가까운 사이다. 나를 알아 달라. 제발 나를 알아 달라." 우리는 그런 소리를 들으면 처음에는 호랑이나 사자처럼 거대한 힘을 가진 사람이 우리 사회에 나타났는가 보다 하고 두려워하지만 나중에 그 사람이 목청만 큰 개구리라는 것을 알게 되면 그가 아무리 큰 소리로 외쳐도 뒤도 돌아보지 않게 됩니다. 이전에 보였던 관심조차 보이지 않게 됩니다. 세상에는 그런 개구리들의 울음소리로 넘쳐나는 것 같습니다.*

선생님은 일반 사회적 기준으로 보더라도 남들 앞에 전혀 뒤질 것 없는 업적을 쌓아오셨습니다. 선생님은 오랫동안 고려일보 편집국장과 부주필을 역임하셨지요. 카자흐스탄에서 민족 신문 부주필과 편집국장이라는 직책은 어느 누가 봐도 선망 받는 직업 중 하나입니다. 선생님은 그 직책을 당신의 사회적 인정을 위해 얼마든지 자랑하실 수도 있었습니다. 그렇지만 선생님은 그걸 한번도 자랑하거나 내세우지 않고 항상 조용히, 겸손히 살아오셨습니다. 그래서 선생님은 그 겸손함으로, 자신이 가진 무언가를 자랑하고 싶어 하고 인정받고 싶어 하는 모든 사람들을 부끄럽게 하셨습니다.

우리도 누구나 자기가 남들에게 자랑하고 싶고 인정받고 싶어 하는 것들이 결국에는 다 바람에 날리는 겨와 같다는 것을 잘 알고 있지만 수양이

---

* 이 비유는 『김영우와 함께 떠나는 전생여행』(정신세계사, 1996)에서 인용하여 재구성한 것임

부족하여 언제나 똑같은 실수를 반복하고 또 후회를 되풀이합니다. 선생님은 그 한가운데서 우리들의 모습을 있는 그대로 비춰주는 거울처럼 언제나 말없이 서 계셨습니다. 우리는 그 거울을 통해서 자신의 인간적 약점과 아픈 곳을 되돌아 볼 수 있었습니다.

겸손한 자의 빛은 어느 누구도 가릴 수가 없습니다. 비록 초기에는 그 모습이 허영에 들뜬 자나 자기주장이 강한 자들의 화려한 언어 앞에서 희미하고 초라해 보이기도 하지만 그 초라함과 희미함이야말로 해뜨기 전에 맞이하는 눈부신 빛의 전주곡이라는 것을 깨닫는 데는 그리 오랜 시간이 걸리지 않습니다. 큰 빛 앞에서 작은 빛, 가짜 빛은 아무런 힘도 쓸 수 없는 것이지요. 그것들은 나중에야 부끄러움으로 몸을 떨겠지요.

그런 의미에서 선생님은 어느 누구도 이루지 못한 큰일을 이루어내셨습니다. 세상에서 아주 적은 수의 사람만이 이루어낸 일을 선생님은 해내셨습니다. 10년 이상을 가까이서, 3년 이상을 고려일보에서 함께 일하면서 직접 보고 느껴온 제가 증인입니다. 그리고 선생님을 아는 사람 모두가 증인입니다.

선생님은 진정으로 성공한 삶, 승리하는 삶을 살아오셨습니다. 세상에서 가장 고귀하고도 어려운 싸움이 자기를 이기는 싸움인데 선생님은 그 싸움에서 당당하게 이기는 삶의 길을 걸어오셨습니다. 세상에는 삶의 본질과는 아무런 관계도 없는 사회적 허상과 껍데기를 붙잡느라 귀중한 기회들을 낭비해버리고 뒤늦게야 후회하는 사람들로 넘쳐나는 것 같습니다. 바로 이런 사회에서 선생님은 자기를 이기고 순수한 겸손의 빛을 보여주는 하나의 예증이 되셨으니 얼마나 귀중하고 아름다운 인생입니까?

선생님의 환갑을 진심으로 축하합니다. 더욱더 힘을 내시고 앞으로도 오랫동안 우리들의 앞서가는 정신적 지주로서 우리들을 지켜봐 주십시오.

언제나 건강하시고 기쁨으로 오래오래 사십시오.

2005년 10월 15일

　　필자는 1995-1996년, 2000-2003년에 본의 아니게, 더 정확히 말하면 필자의 뜻에 거슬러서, 고려일보 기자로 일했다. 함께 일하자는 김성조 당시 고려일보 편집국장님의 요청을 차마 뿌리칠 수 없었기 때문이다. 필자는 이전에도 다른 분들로부터도 여러 차례 같은 요청을 받았지만 번번이 거절했다. 당시 대학에서 오랫동안 학생들을 가르치면서 나름대로 큰 보람을 느끼고 있었고 마음속에 다른 계획도 세워두고 있었기 때문이다. 처음에는 김성조 국장님의 요청도 완곡하게 거절했다. 하지만 진실한 사명감 하나만으로 고집스럽게 고려일보를 지켜오고 계시는 김국장님을 누구보다 잘 아는 필자로서 그분의 거듭된 요청을 재차 뿌리칠 수는 없었다.

　　막상 신문사에 나가 펜을 잡고 보니 신문 만드는 일이 애초에 예상했던 것보다 상상 외로 더 힘들고 어렵다는 것을 알았다. 학생 가르치는 일은 언제나 커다란 재미와 보람이 뒤따르는데 반해 신문 만드는 일은 그런 일과는 거리가 멀어도 한참 먼데다 힘들고 어렵기는 이루 말할 수 없었다. 글감옥이라는 곳이 바로 신문사를 두고 하는 말이라는 걸 실감했다.

　　김국장님과 한 방을 썼는데 카자흐스탄 고려인 사회에서 성실하기로 치자면 누구에게도 첫 번째 자리를 내주지 않으실 분답게 김국장님은 아침부터 저녁 늦게까지 꼼짝 않고 책상 앞에 앉아 기사작성, 번역, 편집 등을 하셨다. 몸이 아파도 하루도 거르는 법이 없었다. 그런 날에는 책상 위에 갖가지 약을 대령해놓고 일하셨다. 허약하고 왜소하기 이를 데 없는 신체조건을 지니신 김국장님의 어디서 그런 힘과 의욕이 솟아나는지 그저 놀랍고 놀라울 뿐이었다. 김국장님은 필자에게도 일감을 넘치도록 얹어주셨다. 엄두가 안날 때가 많았지만 한번 주어진 일은 무조건 완수해야 했다. '김국장님이 조금만 덜 성실하신 분이라면 나도 좀 요령을 피워보련만…' 함께 일하면서 이런 생각을 했던 적이 한두 번이 아니었다.

　　그러던 중 필자는 2001년 봄에 결핵을 앓아 4개월 간 병원과 요양소 신세를 졌다. 그동안의 일이 힘든데다 심신을 허약하게 만든 다른 문제들이 누적되어 겨울부터 그리 된 것이었다. 자연스럽게 신문사 일을 그만둘 기회가 왔다. 일단 병원에 입원하자 해방감을 맛보았다. 넉 달간 신문사 일을 아주 잊고 살았다. 특히 병원치료를 마치고 건너간 카자흐스탄 북부 국립공원에 있는 결핵요양소는 자연경치가 아름다워 은둔지로 천혜의 요건을 갖추고 있었다. 더 머무르고 싶었다. 나 같은 외국인을 처음 접한 요양소 의사도 한달 요양은 부족하다며 한달을 더 머무르라고 권했다. 정말 그러고 싶었다. 그러지 못한 것이 못내 아쉽고 섭섭했다. 비자갱신 문제가 없었더라면 난 분명히 한달을 더 머물렀을 것이다.

늦봄에 입원했다가 초가을이 되어 신문사에 돌아와 보니 김국장님은 넉 달 동안이나 자리를 비워둔 채 여전히 필자를 기다리고 계셨다. 더 이상 피할 곳이 없었다. 다시 붙잡히고 말았다. '신문사 일은 다 끝난 줄 알았는데… 그냥 인사차 들렀던 것인데…' 김성조 국장님과 함께 고려일보 신문을 만드는 일은 필자에게 숙명이 되고 말았다.

신문사에서 일하면서 더없이 소중한 가치들을 배웠다. 민족지를 살리기 위해 온 정성을 쏟아 붓던 선배 언론인들의 소명의식은 필자에게 머나먼 어둠 속에서 다가오는 한줄기 빛이었다. 그 빛은 역사적 조국에서 건너온 필자의 마음 깊은 곳에 자리 잡고 있던 주류 고정관념을 불살라버리고 그 폐허 위에 고려인 디아스포라의 방황하는 정체성과 연속성을 심어주었다. 그리고 무한한 인내심으로 그걸 보듬고 나가도록 격려해 주었다. 김성조 전 고려일보 편집국장님은 필자에게 그런 빛을 비춰주신 몇 안 되는 분 중 하나였다.

이 글은 2005년 10월 15일에 환갑을 맞이하신 김성조 전 국장님의 문집에 실은 것이다. 문집은 필자가 김국장님 회갑선물로 만들어드렸다.

# 모국어의 초원을 드높인 일생

— 양원식 선생님, 고이 잠드소서 —

존경하는 양원식선생님께서 며칠 전 불의의 사고를 당해 유명을 달리하셨다는 소식을 접하고 우리 고려일보 옛 동료들은 망연자실 할말을 잃은 채 어찌할 바를 모르고 있습니다. 카자흐스탄 고려인의 민족지 고려일보를 최후까지 지키시겠다는 일념으로 일흔 다섯 살 노구를 이끌고 평생을 고려일보에 몸 바쳐 오신 분께 어찌 이런 비보가… 더구나 천성적으로 너그럽고 훌륭한 인간성으로 자신보다는 항상 동료들을 먼저 걱정해 주시며 매사에 한없이 인자하고 다정하셨던 분께 어찌 이런 일이 생길 수 있단 말입니까.

선생님은 너무나 억울한 죽음을 당하셨습니다. 세상에 더없이 선량하고 할일이 많으신 선생님께서 상상할 수조차 없는 비극적인 일을 당하고 세

묘지 울타리에 칠을 내고 있는 양원식 전 고려일보 주필(맨 왼쪽). 모스크바 영화대학 북한 유학생이었던 양원식은 1956년 소련으로 망명했다. 그 옆은 망명동료 한진, 정추, 최국인이다.(1960년대 말 알마틔) ✱사진 한진 유가족

상을 등져 버리시니 남은 우리들이 떠안고 있는 슬픔의 무게가 가늠할 길이 없습니다. 무엇보다도 카자흐스탄 고려인의 앞날을 위해서 오래오래 사셔야 했건만 이렇게 허망하고 어이없는 이별만 남기시다니요.

우리 고려일보 옛 동료들은 지금 슬픔을 금할 수 없는 마음으로 양선생님과 함께 했던 지난날들을 회고해 봅니다. 그리고 거기서 우리는 선생님이 고려일보와 우리들에게 남기신 기나긴 발자취와 숨결에 압도되고 맙니다. 선생님은 무엇보다도 고려일보를 위해 태어나신 분이셨습니다.

선생님은 지난 1932년 조선민주주의인민공화국 평안남도 안주군에서 태어나셨고 1953년에 모스크바 영화대학으로 유학 오셨으며 대학 졸업 후 카자흐스탄에 정착하셨습니다. 그리고 훌륭한 영화감독으로 명성을 쌓으셨습니다. 그렇지만 선생님은 뜻하는 바가 있어 오랜 영화감독생활을 뒤로 하고 1984년에 고려일보에 들어오셨고 고려일보가 존폐의 위기에 처했던 1994년부터 2000년까지 주필 겸 사장이 되어 그 어렵고 힘든 시기를 이끌어 오셨습니다. 그리고 본 신문사가 고려인협회의 관할로 넘어

고려일보 직원들(1997년). 앞줄 가운데 앉은 이가 양원식 주필이다. ＊사진 안 윅또르

간 후로도 마지막 숨을 거두시는 순간까지 한글판을 맡아 최후의 힘과 정성을 쏟아오셨습니다. 80년이 넘은 긴 고려일보 역사에 선생님처럼 이 신문에 헌신하신 분은 거의 없었습니다. 앞으로도 생겨나지 않을 것입니다.

또한 선생님은 훌륭한 작가, 시인으로서 사라져가는 카자흐스탄 고려인 한글문학을 가장 앞장서서 이끌어 오신 분입니다. 선생님께서 한글문학을 되살리기 위해 쏟아 오신 열정과 애정은 지금 우리들 가슴을 더욱 아리게 쓸어내리고 있습니다. 그리고 선생님은 무엇보다도 고려일보에서 함께 일했던 동료들과 당신이 사귄 사람들의 가슴 속에 선량한 인간적 품성이라는 잊을 수 없는 보배를 남기셨습니다. 우리는 그 보배를 영원히 잊지 않을 것입니다.

삼가 선생님의 명복을 빕니다. 선생님, 편히 잠드십시오.

고려일보 옛 동료 : 김성조, 박경란, 김 보리쓰, 채윤희, 채 유리, 남 이르마, 라쉬지노바 파리다, 진 스웨따, 최순선, 이 조야, 김병학

고려일보 2006년 5월 12일

양원식 전 고려일보 고문은 2006년 5월 9일(전승기념일) 밤 본인이 거주하는 아파트 건물입구에 들어섰다가 복면을 한 괴한이 휘두른 흉기에 머리를 수십 차례 가격당해 사망했다. 지인한테서 저녁식사 초대를 받아 동부인하고 나갔다가 돌아오던 길이었다. 경찰이 즉각 수사에 나섰으나 아무런 단서도 찾지 못했다. 이 사건은 지금도 미제로 남아있다.

필자는 양원식 선생님이 사고를 당하신 다음날 그 비보를 접하고 김성조 전 편집국장님과 상의한 뒤 <고려일보> 옛 동료들의 동의를 받아 <고려일보>가 아닌 <다이얼로그>라는 신문에 추모기사를 실었다. 왜냐하면 그 시기에 <고려일보>라는 신문이 사실상 존재하지 않았기 때문이다. <고려일보>에 대한 운영권을 갖고 있던 고려인협회가 한 주 전(5월 2일)부터 <고려일보>의 제호를 <다이얼로그>로 바꾸어버렸던

것이다. 물론 간지로 찍어내는 한글판 제호는 <고려일보>라는 명칭을 유지한 채 간지에서 꺼내 <다이얼로그> 뒤에 첨부함으로써 마치 독립된 두 개의 신문을 한꺼번에 만들어내는 것처럼 포장했으나 실상은 <고려일보>를 없앤 것이었다. 참으로 어처구니없는 처사였다. 고인에 대한 옛 동료들의 애정과 추억 그리고 그분께 지켜드려야 할 도리가 아니었다면 우리 <고려일보> 옛 동료들은 <다이얼로그>라는 정체 모를 신문에 일점일획의 글도 남기지 않았을 것이다.

고려인협회가 아무리 생각이 없기로서니 격동의 전환기에 고려일보 선배기자들이 난상토론을 거친 끝에 커다란 애정을 갖고 지어놓았고 또 후배기자들이 무한한 자부심과 헌신으로 지켜온 <고려일보>라는 이름을 어찌 그리 쉽게 내팽개칠 수가 있을까! 한글판만은 아직 여론이 두려운지 <고려일보>라는 명칭을 남겨두고 있었지만 이마저도 다음해에는 <다이얼로그>로 바꿀 계획이라고 하였다. 다행히 두어 달 후 <다이얼로그>는 슬며시 자취를 감추었고 사라졌던 <고려일보>가 다시 돌아왔다. 구독자들의 반발이 워낙 컸기 때문이라 들었다.

위 추모사에 적힌 바대로 양원식 고문은 오랫동안 고려일보 한글판을 지켜 오신 분이다. 1984년부터 1999년까지는 여러 명의 예전 고려일보 기자들과 함께, 2000년부터 2003년까지는 필자 및 김성조 전 편집국장과 셋이서, 2003년 이후에는 홀로 남아 외로이 한글판을 지키셨다. 한편 고려일보는 2003년 본지 창간 80주년을 정점으로 사실상 숨이 끊어져가고 있었다. 오랫동안 고려일보에 애착을 갖고 일해 왔던 기자들이 80주년 기념행사 이후 대거 이탈해버린 까닭이다. 그로부터 3년이 흘러 양원식 고문이 돌아가시던 무렵의 신문사 상황이 어떠했는지는 별로 언급하고 싶지도 않다.

2003년도 후반, 필자를 포함한 고려일보 기자들이 대거 이탈하던 당시 우리들은 신문사에 홀로 남은 양원식 고문과 미묘한 감정적 앙금을 남기면서 헤어졌었다. 이유는 그해 6월 말에 거행된 고려일보 창간 80주년 기념식으로 거슬러 올라간다. 그때 고려일보는 신문을 내느라 바쁜 가운데서도 나름대로 열심히 창간기념행사준비를 하여 성황리에 기념식을 치렀다. 그런데 기념식이 끝나자마자, 고려일보에 대한 운영권을 정부로부터 위임받은 고려인협회가 기다렸다는 듯이 고려일보를 관리하려 들었다. 당연히 이에 대한 기자들의 반발과 충돌이 일어났고 그런 상태가 서너 달간 지속되었다. 하지만 그건 처음부터 승자와 패자가 정해진 싸움이었다. 결국, 그때까지 남아서 고려일보의 전통과 연속성을 지켜오던 옛 고려일보 기자들이 한꺼번에 신문사를 떠났다.

그런데 오랫동안 고려일보 주필 겸 사장을 역임하셨고 당시에는 고문으로 계셨던 양원식 선생님은 우리들과 생각을 달리 했다. 처음에는 의기투합하여 우리들과 함께 행동하겠다고 공언하셨으나 마지막에 생각을 돌리셨다. 그래도 고려일보가 카자흐스탄에서 우리글로 발간되는 유일한 신문인데 한글을 아는 우리들 중 한 사람쯤은 남아서 지켜야 되지 않겠느냐는 것이 양원식 고문의 잔류에 대한 변이었다. 그 뒤로 필자를 포함해 고려일보를 떠난 전직기자들은 한동안 양원식 고문과의 관계가 소원해졌다.

시간이 지남에 따라 우리는 차차 오해를 풀고 새로운 길을 모색했는데 그것은 바로 중앙아시아 고려인 한글문학을 살리는 일이었다. 이 일은 양원식 고문과 한국에서 들어온 최석 시인이 주도하였고 필자를 비롯한 다른 사람들은 그 분들의 부름을 받아 참여했다. 그 일을 계기로 필자는 양원식 고문과 섭섭한 마음을 풀고 그분의 입장도 십분 이해하게 되었다. 카자흐스탄 고려인 소수민족이 처한 상황과 장기적 전망을 놓고 본다면 그때 양원식 고문이 내린 결정이 필자를 포함한 다른 기자들이 내린 결정보다 훨씬 나은 선택이었을 수도 있겠다고 생각한다.

사실이 그랬다. 카자흐스탄에 다른 한글신문이 없는 관계로 필자 또한 신문사를 떠난 지 3년 후부터는 부득불 <고려일보>에 필요한 기사를 쓰게 되었다. 그동안 김성조 전 편집국장님과 함께 새로운 한글신문을 만들어보려고 한두 해 동안 여기저기 알아봤으나 우리가 감당할 수 있는 재정능력을 훨씬 뛰어넘는 일이라 포기한 뒤였다. 그리고 2008년 5월에는 <고려일보> 창간 85주년 기념식에 초대받아 <고려일보>에 헌신한 전현직 기자들에게 주는 표창도 받았다. 전혀 뜻밖의 일이었다. 필자는 얼떨결에 <고려일보> 전직 기자자격으로 표창 받은 유일한 외국인으로 이름을 올렸다.

---

\* 위 추모사 말미에 고려일보 옛 동료로 이름이 적힌 사람들 중 우리 이름을 쓰는 김성조, 박경란, 채윤희, 최순선씨는 사할린에서 이주해온 한인이고 김 보리쓰, 채 유리, 남 이르마, 진 스웨따, 이 조야씨는 중앙아시아 태생 고려인이다. 라쉬지노바 파리다씨는 위구르인인데 1980년대 초부터 2000년대 초까지 고려일보에서 비서로 일했다.

\* 원제는 부제로 나와 있는 '양원식 선생님 고이 잠드소서'이다.

# 역사가 선택한 최후의 모히칸족 이야기꾼
- 마지막 남은 재소고려인한글문학평론가 정상진 선생 탄생 90돌에 부쳐 -

역사는 자기가 겪어온 기쁨과 슬픔, 환희와 좌절을 후세들에게 증언해줄 인물을 선택한다. 그렇게 선택받은 이들은 광야에서, 사막에서, 저자에서, 그리고 모든 일터에서 외치는 소리가 되어 그 시대가 체험한 간난신고와 영광을 우리들에게 이야기해준다. 뿐만 아니라 그 시대가 겪어온 체험의 의미가 무엇인지를 당대의 언어로 해석하여 들려준다. 또한 그들은 스스

정상진 선생이 자택에서 필자에게 재소고려인 역사를 이야기 해주고 있다.(2006년 알마틔)

로 깨우친 삶의 의미와 역사의 진실을 당대인과 후손들에게 자신만의 고유한 언어로 알리고자 했다. 그들은 단지 이야기 전달자로만 남은 것이 아니라 스스로 깨달은 진리로 현자의 반열에 올랐다.

우리 재소고려인의 짧지 않은 100 여년 역사에도 그런 걸출한 이야기꾼이 몇 명 있었다. 재소고려인 한글문학의 시조 조명희, 선봉신문의 주필 최호림, 고난의 시인 강태수, 역사학자 김승화, 만인의 사랑을 받은 인민배우 김진… 나는 여기에 마지막 살아있는 재소고려인 한글문학 평론가 정상진 선생을 덧붙이고자 한다.

필자는 올해로 만 아흔 살을 맞이하신 정상진 선생을 열다섯 해 이상 가까이서 지켜봐왔다. 그러면서 해가 더해갈수록 이분이야말로 재소고려인 역사

가 선택한 뛰어난 이야기꾼이라는 판단이 더없이 정확했음을 확인해오고 있다. 그동안 필자가 가까이서 지켜본 재소고려인 원로들이 적지 않다. 하지만 아직까지 정상진 선생처럼 탁월한 혜안과 기억력을 지니신 분을 만난 적이 없다. 그리고 세파를 견디면서 내면에 농축된 지혜가 그분만큼 빛을 발하는 분을 본 적이 없다. 진실로 정상진 선생은 자신이 체험한 역사적 사실에 대한 탁월한 전달자이자 유능한 해설자요, 재소고려인 문학사 최고의 논객이자 위대한 한글문학평론가이다. 그는 살아있는 재소고려인의 역사다.

정상진 선생은 1918년 5월 5일(음력 3월 23일) 연해주 블라지보스똑시에서 아버지 정치문과 어머니 최채령 사이에서 장남으로 태어났다. 아버지는 조국의 독립을 향한 간절한 염원을 품고 한반도에서 해삼위(블라지보스똑)로 들어온 지식인 우국지사였다. 그런 아버지의 영향으로 소년 정상진은 러시아학교가 아닌 조선학교에 들어갔고 학교에 다니면서 남다른 애국심을 길렀다. 그는 1936년 해삼위 조선사범대학 문학부에 입학하였다.

그러던 중 1937년 스탈린에 의한 탄압의 바람이 일자 아버지는 일제의

1952년 평양외곽 민촌 이기영선생 집에서. 맨 오른쪽이 정상진이다. 한 사람 건너는 당시 노동신문 주필을 역임했던 고려인 기석복이다. 정상진은 그 해에 북한 문화선전성 부상(차관)의 자리에 올랐다. ✽사진 정상진

첩자라는 죄목으로 비밀경찰에 체포되어 생사를 알 수 없게 되었고 청년 정상진은 남은 가족과 따로따로 강제이주열차에 실려 카자흐스탄 서부도시 크즐오르다로 이주하였다. 강제이주 당시 세대 모든 분들이 겪은 처절한 고통이라 더 말할 필요가 없었겠지만 열아홉 살 청년 정상진이 아버지를 잃고 강제이주열차에 실려 올 때의 절망감이 어떠했을까.

그러나 그는 절망을 딛고 일어섰다. 1940년, 크즐오르다로 이주한 고려사범대학에서 마침내 최우등으로 학업을 마치고 인근 중등학교에서 문학교사를 시작함으로써 성인사회에 첫발을 내디딘 것이다. 그리고 1944년 《레닌기치》문예페이지에 신작시 〈나의 우크라이나〉를 발표함으로써 문단에 등단하였다. 그로부터 오래지 않아 다른 하늘 아래 다른 지면에서 〈시인과 현실〉, 〈로멘찌즘에 대하여〉 등의 신선한 평론을 발표하면서 평론계에도 이름을 알렸다.

1945년에 들어서자 전혀 예상치 못한 운명의 손길이 그를 기다리고 있었다. 그해 3월 국가의 부름을 받아 소련군 태평양 함대 해병대 소속 장교로 입대하게 된 것이다. 그는 그 길로 8월에 북한 해방전투에 참가하였다. 이로써 그는 우리의 조국을 침략하고 강탈한 일본 제국주의와 반드시 싸워 이기라는 아버지의 유지를 받들었다. 정상진은 그때 너무도 감격하여 울었다고 회상하고 있다. 이렇게 북한에 상륙한 정상진은 북한 원산시 인민위원회 교육부 차장을 시작으로 문예총 부위원장(1946-1948), 김일성종합대학 노문학부장(1948-1950), 북한 문화선전성 제 1부상(1952- 1955)을 역임하였다.

북한정권 문화계의 수뇌부에 몸담고 있는 동안 그는 북한 문화예술인들을 인솔하고 소련 유수의 도시들로 순회공연을 나오기도 했다. 그럼으로써 재소고려인과 북한 문화예술인들 간에 문화교류가 열릴 수 있도록 도왔다. 재소고려인들에게 모국의 문화예술이 직접 소개, 전수될 수 있는 물꼬를 하나 튼 것이다.

그는 1957년에 소련으로 귀환하였다. 그로부터 4년 뒤 ≪레닌기치≫신문사에 입사하여 오랫동안 기자, 특파원으로 근무하였다. 근무하면서 왕성한 평론활동을 펼쳐 지금까지 수백편의 문학평론, 수필, 연극평, 인물평 등을 남겼다. 정상진은 재소고려인 문단의 평론계에서 독보적인 위치에 올랐다.

물론 재소고려인 한글신문 문학사에는 정상진 외에도 여러 명의 평론가들이 있었다. 하지만 평론의 질과 양에 있어서 아직까지 정상진을 능가하는 사람은 아무도 없다. 재소고려인한글문학의 부흥기와 완숙기를 장식했던 1960-1980년대 여러 한글문학 작가들의 작품은 거의 전적으로 정상진의 노력에 힘입어 탄탄한 문학적 지평을 확보할 수 있었다. 문학평론가 정상진에 의해 그 작품들이 부단히 새롭게 조명, 평가, 해석되어 그것들이 놓여야 할 자리를 제대로 찾을 수 있었기 때문이다.

재소고려인문단에서 정상진이 빠진다면 고려인문학 평론은 설 자리가 없다. 연극평, 인물평 등 다른 모든 분야의 비평도 마찬가지다. 재소고려인문단은 문학평론가 정상진에게 큰 빚을 지고 있다. 한글문학작품이 발표될 수 있는 유일한 지면을 제공해주었던 ≪레닌기치≫신문 또한 문화예술분야에서 마르지 않는 샘물처럼 왕성한 필력으로 평론을 써댔던 특파기자 정상진에게 넘치는 빚을 지고 있다.

그의 평론활동은 지금도 계속되고 있다. 1960년대 초 ≪레닌기치≫문예페이지부터 최근 해의 ≪고려일보≫ 지면에까지 그의 손길이 미치지 않는 곳이 없다. 어디서 그런 힘과 열정이 나오는 것일까. 필자는 지금까지 세상에 나이 아흔이 되도록 평론활동을 하는 사람이 있다는 이야기를 들어본 적이 없다. 필자가 과문한 탓인지는 몰라도 세계문학사에도 그런 예가 없는 것으로 알고 있다. 우리 고려인 사회에 이런 분이 있다는 것이 얼마나 놀랍고 감동스런 일인가.

정상진 선생은 세 해 전에 우리들 앞에 ≪아무르만에서 부르는 백조의 노래≫(서울, 지식산업사, 2005)라는 회고록을 남겼다. 이 회고록은 한국에서 출판되어, 남북이념대립의 소용돌이 속에서 잃어버린 문학예술의 고리를 되찾아 연결·복원하는 계기를 만들어준 귀중한 자료로 평가받고 있다. 해방 이후 남북 간의 이념대립과 전쟁의 여파로 한국에서 잊혀지고 북한에서 버림받은 무수한 납북·월북 문인 및 예술인들에 대한 회상이 회고록의 중심내용을 이루고 있기 때문이다. 이 회고록을 읽어보면 알겠지만 정상진은 극단적 이념대립과 상호불신의 와중에서 북한정권으로부터 버림받은 문화예술인들을 가능한 한 최대한 이해하고 보호하고 도우려 했었다. 곳곳에서 배어나는 인간적인 모습에 회고록을 읽는 독자들은 가슴 시린 감동을 받을 것이다.

회고록에는 재소고려인 문인과 예술인들도 망라되어 있다. 정상진은 이제까지 잘 알려지지 않았던 재소고려인 문인 및 예술인들의 참모습과 뒷모습을 인간적 필치로 그려내고 있다. 회고록을 읽으면서 깨닫게 되는 것은 정상진이 문화예술인들을 누구보다도 아끼고 존경하고 사랑했다는 것이다. 회고록에는 인간 정상진의 참모습이 그대로 드러나 있다.

필자는 몇 년 전 가까운 지인들과 가진 조촐한 모임에서 정상진 선생이 들려주셨던 말씀 하나를 잊지 않고 있다. "사람은 늙어갈수록 의인이 된다."라는 짧은 성경구절 한 마디였다. 사람이 나이가 들어 인생의 체험이 늘어나면 자신의 인생사에 대한 반성과 성찰이 그만큼 깊어지는 고로 그런 만큼 더욱더 올바름과 의로움을 추구한다는 뜻이었다. 필자는 그 말씀을 들으면서 당신 가슴속에 쌓인 외로움을 보았다. 이 예언과 같은 말씀 한 마디가 필자의 가슴마저도 아리게 만들었다. 손아래 세대들이 이 이야기를 새겨듣고 실수를 줄여나간다면 젊은 날의 후회를 반복하지 않아도 될 텐데…

정상진 선생은 지금 우리 사회에 뿌리 깊은 나무로, 샘이 깊은 물로 서서 흐르고 있다. 지나간 우리역사의 증인으로, 한 시대를 풍미했던 탁월한 문학평론가로, 지혜로운 인생의 선배로, 방황하는 우리 시대의 어른으로, 젊은이들을 진심으로 걱정해주는 원로로 우뚝 서 있다. 그는 근 한 세기를 살아오면서 겪은 역사의 격랑과 회오리를 몸소 체험하고 거기서 얻은 지혜의 메시지를 우리 후손들에게 뜨거운 가슴으로 일러주는 현자로 서 있다.

정상진 선생은 우리 재소고려인 사회에 더없이 보배로운 버팀목이다. 당신은 우리 고려인 사회에 어느 누구보다도 많은 공헌을 해왔고 또 앞으로 하셔야 될 일도 너무나 많다. 러시아 문화에 동화되어 소멸해가는 재소고려인 문화의 부흥과 발전을 위해서도, 거의 사멸해버린 모국어문학의 재생과 재정립을 위해서도, 재소고려인의 숨겨진 역사의 발굴을 위해서도, 온갖 이끼가 낀 풍상의 세월 속에 녹아든 연륜의 지혜를 얻기 위해서도 우리 후학들이 정상진 선생으로부터 받아들여야 할 가르침은 끝이 없을 줄 안다.

올해로 아흔 살을 맞이하신 정상진 선생님의 만수무강을 기원한다. 더욱더 오래오래 사셔서 방황하는 우리 세대에게 지침이 되는 말씀을 많이 많이 들려주시기를 바란다. 부디 우리 곁에 오래도록 함께 계시기를 바라 마지 않는다.

2008년 5월 2일

5월 15일에 알마틔시 고려민족문화중앙에서 정상진 선생님 구순잔치를 차려주었다. 여러 가지 사정으로 날짜가 연기되어 열흘 늦게 차린 잔치였다. 알마틔에 거주하는 내로라하는 원로와 인텔리들이 문화중앙회관으로 찾아와 살아있는 역사가 되어, 거목이 되어 서 있는 정상진 선생님께 머리를 조아리며 만수무강을 기원했다. '더도 말고 덜도 말고 선생님께 늘 이런 기쁨만 계속됐으면…' 필자도 속으로 빌고 또 빌었다.

그런데 세상 돌아가는 꼴을 보면 참으로 서글프고 안타깝다. 어찌 그런 일이 생길 수 있는지… 한심하고 분하고 부끄럽기 짝이 없는 일을 보면서 인내하는 법을 배워야 한다는 것을 새삼 깨닫곤 한다.

정상진 선생님은 더 이상 카자흐스탄 알마틔에 계시지 않는다. 2009년 1월 7일에 러시아 모스크바로 아주 이주하셨다. 결코 원하지 않던 이주였다. 당신께서는 평소에 "내가 살아봐야 몇 년을 더 살겠느냐? 잘하면 한 해, 길어야 두 해정도 더 살면 죽을 것인데⋯ 그리고 카자흐스탄은 나를 키워준 땅이다. 카자흐인들은 강제이주 되어 버려진 우리 고려 사람들에게 마지막 빵 한 조각까지 나누어준 고마운 민족이다. 내가 다른 곳이 아닌 바로 여기서 눈을 감는 것이 당연하지 않겠는가?"라고 하시면서 카자흐스탄 알마틔에서 여생을 마치고 싶어 하셨다. 필자라도 능력이 되면 선생님의 마지막 소원을 들어드리고 싶었으나 그럴 수 없음이 한없이 서글프고 안타까웠다.

필자는 2008년 여름부터 선생님의 은밀한 부탁을 받고 선생님이 알마틔에서 계속하여 사실 수 있는 방법을 여러모로 찾아보았다. 그러나 능력 밖이었다. 해드릴 수 있는 일이 없었다. 선생님께 해드릴 수 있는 유일한 일은 단 하나 수시로 당신 댁에 찾아가 말벗이 되어주는 것뿐이었다.

여름이 가고 가을 오자 선생님은 당신이 오랜 세월 정을 붙이고 사셨던 알마틔에서 더 이상 노년의 삶을 연장할 수 없음을 깨닫고 이곳에 대한 미련을 깨끗이 버리셨다. 미련을 버리신 순간부터는 진실로 어느 누구에게도 티끌 한 점의 애착이나 섭섭함도 갖지 않으셨다. 마치 인간의 원초적 갈망으로 이루어진 지상의 삶을 통째로 버리신 분 같았다. 그렇게 가을과 겨울 두 철을 초연히 살다 모스크바로 거처를 옮기셨다.

이제는 다 끝난 일이다. 선생님이 살아생전에 알마틔 땅을 다시 한번 밟아보실 수 있다면야 얼마나 좋을까 마는 앞으로 그러시기는 참으로 어려울 것이다.

필자는 정상진 선생님이 모스크바로 이주하시는 과정을 지켜보면서 사리사욕에 눈먼 자들과 말과 행동이 다른 위선자들을 보았다. 처음부터 선생님께 다가서지 말 것이지 왜 샷된 웃음으로 접근하여 노년의 삶을 그렇게 뒤흔들어놓는 것인지, 애초부터 입을 다물 것이지 왜 처음에는 뒤틀리는 혓바닥으로 온갖 감언이설을 늘어놓고 나중에는 나 몰라라 뒤돌아서 버리는 것인지⋯ 부디 그들이 근본을 깨닫고 부끄러움을 알기를 바랄 뿐이다.

---

* 원제는 '마지막 남은 재소고려인한글문학평론가, 탁월한 혜안을 지닌 원로'이다.

# 꺼지지 않는 등불이 되어

- 고려일보 창간 85주년에 부쳐 -

　1923년 그토록 어렵고 암울했던 시절 뜻있는 선각자들이 '선봉'신문(현 고려일보의 전신)이라는 민족문화의 횃불을 치켜들고 뜻과 정성과 땀방울을 쏟아온 지 어언 85년! 이 신문은 고난의 가시밭길 속에서 꺼지지 않는 하나의 등불이 되어 긴 단절과 고립의 세월을 살아온 재소고려인들에게 빛나는 빛을 비추어 주었습니다. 고려일보는 강력하고 거대한 소비에트문화의 용광로 속에서 고려인들이 자기의 본향과 모국어를 잊지 않도록 일깨워 주었으며 우리의 소중한 문화유산을 결연히 지키도록 붙들어주었습니다.

　짧지 않은 85년 세월의 고려일보 지면에는 기구한 삶을 살아온 우리 선조들의 기쁨과 눈물, 영광과 좌절, 꿈과 역사가 면면히 흘러왔습니다. 이

1923년 블라디보스토크에서 창간된 선봉신문의 초대주필 이성(오른쪽에서 두 번째). 이 사진은 1928년 우크라이나 세바스토폴시에서 찍은 것이다. *사진 최 아리따

신문을 만들기 위해 일신의 안일을 돌보지 않고 헌신해온 선배기자들의 숨결로 인해, 특히 원동에서 몇몇 선구자들이 뜨거운 가슴으로 불을 지펴놓은 모국어문학의 장 문예페이지*)에 순수한 열정과 사랑으로 참여해 끈질기게 불씨를 지켜온 선배 문인들로 인해 고려일보는 한층 빛나는 보석을 간직한 탑이 되어가고 있습니다.

고려일보 창간 85주년을 진심으로 축하합니다.

모국어가 소멸해가는 환경에 둘러싸여 주위의 민족문화유산이 내부에서 덮이는 안개로 점차 빛을 잃어감에도 불구하고 고려일보가 언론의 사명을 부단히 감당해나가고 있음에 깊은 존경과 감사를 드립니다. 시련은 언제나 있어왔고 또 앞으로도 계속되겠지만 뜻있는 선각자들이 그런 어려움을 언제나 이겨왔듯이 고려일보도 작금의 도전과 세파를 이기고 본래의 소명을 다하리라 믿습니다. 한 줄의 진실을 찾아 사흘 낮을 걷고 사흘 밤을 새워가며 우리의 선배기자들이 늘 새롭게 만들어낸 신문 고려일보의 무궁한 번영을 기원합니다.

2008년 5월 16일

<고려일보> '문예페지'(문예페이지)가 재소고려인 한글문학에 미친 영향은 이루 헤아릴 수 없이 크다. 아니 절대적이다. 만일 이 문예페이지가 없었더라면 중앙아시아 고려인 한글문학은 아예 시작조차 되지 않았을 것이다. 연해주에서 반짝 싹이 돋아난 한글문학이 강제이주라는 된서리에 이름도 없이 져버리고 말았을 것이다.

1937년 가을 고려인이 중앙아시아로 강제이주 되면서 모국어 학교들이 속속들이 문을 닫았고 1931년에 블라디보스토크에서 설립되어 훌륭한 인재를 양성했던 고려사범대학마저도 카자흐스탄 서부도시 크즐오르다로 이주된 후 모국어사용이 전면 금지되고 말아 1928년 연해주에서 망명작가 포석 조명희에 의해 시작된 한글문학은 바야흐로 중앙아시아에서 꽃도 피워보지 못하고 소멸될 운명에 처해있었다.

그런 절체절명의 순간에 기적처럼 모국어문학이 살아날 수 있는 길이 열렸으니 그것이 바로 모국어신문 <레닌기치>(<고려일보>의 전신)의 부활이었고 나중에 거기에 개설된 '문예페이지'였다. <레닌기치>는 1938년 5월 15일 몇몇 선각자들이 스탈린 체제의 감시와 박해의 위험을 무릅쓰고 우여곡절을 겪으면서 창간해낸 모국어신문이었다. 이 신문은 연해주에서 발간되었다가 강제이주와 함께 폐간된 <선봉>신문을 계승했으며 나중에 선봉신문 지면에 실린 문예페이지까지 그대로 이어받았다.

<레닌기치>는 1957년부터 매주 또는 격주에 한번씩 '문예페이지'란을 두어 중앙아시아 모국어문학 작가들이 작품을 발표하고 평가받을 수 있는 유일한 지면을 제공해주었다. 이로 인해 기존의 작가들이 왕성한 작품 활동을 전개할 수 있었음은 물론이고 다수의 신예작가들이 발굴됨으로써 점차 <레닌기치> 문예페이지는 풍부하고 다양한 작가들의 글로 넘치게 되었다. 이렇듯 모국어신문 문예페이지는 머나먼 중앙아시아에서도 수준 높은 모국어가 혹독한 수난에도 죽지 않고 살아남아 제 사명과 본분을 다하도록 만들어주었던 것이다.

고려일보 문예페이지의 시원은 1923년 3월 1일에 연해주에서 발간된 <선봉>신문으로 거슬러 올라간다. 1933년 10월 3일자 <선봉>신문은 연해주 쏘베트 문사동맹 고려쎅치아(원동 작가동맹 고려인분과)의 요구를 받아들여 문예페이지란을 개설하기로 결정했음을 밝히고 있다. 그 당시 문예페이지의 중요성을 간파하고 이를 신문에 개설하도록 힘쓴 사람은 재소고려인 한글문학의 시조인 포석 조명희였다. <레닌기치> 1984년 8월 10일자에 실린 기사('쏘베트 조선문학의 걸출한 문인'(조명희 출생 90주년에 즈음하여))를 보면 그가 원동 작가동맹 고려인분과를 움직여 선봉신문에 이 난이 개설되도록 주도적으로 발의, 노력했다고 쓰여 있다. 원동 작가동맹 고려인분과를 만든 사람도 당연히 조명희였다. 그렇게 시작된 문예페이지는 강제이주로 인해 신문이 폐간될 때까지 계속되었다.

# 선구자의 가슴에 흐르는 불멸의 사랑노래

― 우리시대의 역사와 전설이 된 주동일 할머니 ―

누군가 지나간 자리에는 발자국이 남는다. 먼저 깨어 앞서간 사람은 굵고도 뚜렷한 발자국을, 먼 길을 걸어간 사람은 길고도 질긴 발자국을 남기며 짧은 길을 걸은 사람도 거기에 합당한 자기만의 족적을 찍는다. 발자국은 길에 따라 평온하게 이어지기도 하고 예기치 못한 급류나 낭떠러지를 만나 홀연히 종적을 감춰버리기도 한다. 여러 굽이와 미로, 언덕배기와 진창길, 때로는 맨발로 걸어야 하는 곳도 있다.

주동일(1990년대)

아직도 아스타나 양로원에 생존해계시는 주동일 할머니의 삶이 그러했다. 올해 우리 나이로 백 살이 되신 주동일 할머니는 수난에 휩싸인 20세기 한반도 우리 조상들의 표상이자 슬픈 운명마저 연민과 사랑으로 감싸 안으며 질긴 생명력을 이어온 디아스포라의 상징이다. 그분은 한반도에서 태어나 고향에서 서울로, 서울에서 모스크바로, 모스크바에서 연해주로, 연해주에서 다시 중앙아시아로 멀고도 아득한 길을 걸어왔다. 중앙아시아 카자흐스탄에서도 운명길이 순탄치 않아 서부도시 크즐오르다에서 남수도 알마틔로, 알마틔에서 다시 북수도 아스타나로 수천 킬로씩 원치 않는 이주를 계속하셨다. 당신은 고국을 떠난 순간부터 평탄한 길 한번 밟아본 적이 없었다. 두만강을 건너면서부터 편안히 쉬어본 적도 별로 없었다. 하지만 그 길은 당신이 스스로 선택한 고귀하고도 소중한 삶의 길이었다.

본래 성이 최씨인 주동일은 1910년 10월 12일 함경북도 홍원에서 아버지 최정용과 어머니 박씨 사이에서 맏딸로 태어났다. 집안이 아주 잘 산 건 아니었지만 그런대로 유복한 편이었다고 한다. 아버지는 신학문을 접하고 교육의 중요성을 아는 분이었다. 그런 아버지 덕분에 동일은 고향에서 홍원소학교를 마치고 서울로 유학할 수 있었다. 1925년에 서울 황금정 여중을 다니다가 이듬해 경성고보로 옮겨 학업을 계속하였고 1927년에 졸업했다.

당시 한반도 지식인을 고무시킨 러시아 시월혁명과 공산주의 사상은 학생들 사이에서도 단연 인기였다. 소녀 주동일도 반상의 차별이 없고 남녀가 평등한 세상을 실현시킨 공산주의 사상에 심취하게 된다. 그녀는 1925년 조선공산당이 파당 되고 대신 조직된 신간회에서 열성적으로 활동하였다.

때마침 자신의 운명을 결정지을 중요한 만남이 기다리고 있었으니 1927년 어느 날 모스크바 제3국제공산당(코민테른)에서 일하던 장래 남편 이상희가 2만리 길을 달려 주동일을 찾아온 것이다. 주동일보다 여섯 살 연상인 이상희는 유달리 총명하고 심성이 착한 주동일을 남몰래 사랑하고 있었다. 주동일 또한 이상희의 남자다운 외모와 확신에 찬 언행을 보고 첫눈에 마음이 끌렸다. 주동일은 망설이지 않고 이상희를 따라 모스크바로 건너갔다.

부푼 희망과 이상으로 한발 한발 앞으로 나아가던 때는 얼마나 아름답던가? 봄날의 아지랑이가 곧 초원을 뒤덮을 꽃잎의 전조로 흔들리듯 마음이 설레던 날들의 꿈은 궁핍조차 부요한 미래로 흔들어버린다. 그런 때 육신을 위한 양식은 생존에 필요한 정도면 족하다. 주동일과 이상희는 모스크바에서 바로 그렇게 살았다. 이상희는 코민테른에서 일하고, 주동일은 동방노동자공산대학에서 공부하며 꿈만 같은 시절을 보냈다.

허나 좋은 시절은 봄날의 꿈처럼 언제나 그렇게 짧게 끝나버리고 마는 것일까? 또한 우리네 삶이란 어쩌다 한두 번 찾아오는 짧은 행복을 위해 긴 고통을 대가로 지불해야만 하는 무모하고도 수고로운 모순덩어리일까? 마른하늘에 날벼락이 몰아치고 이제 막 몸 하나 기대려던 언덕길에 그 언제든 천길 낭떠러지가 나타나느니…

1930년 남편 이상희는 코민테른의 지령으로 지하공작을 위해 조선으로 잠입했다. 그리고 3년 후 주동일은 당국으로부터 청천벽력 같은 소리를 듣는다. "너희 남편은 (공산주의자에서 민족주의자로) 변절했다. 그리고 죽었다." 그녀는 슬퍼할 겨를도 없이 모스크바에서 해삼위(블라디보스토크시)로 쫓겨났다. 남편의 죽음을 믿을 수 없었지만 사실을 달리 확인해볼 길이 없는 주동일은 속울음을 삼키면서 삼년상을 치렀다.

해삼위에서 살게 된 주동일은 스탈린구락부 여성회의 교사가 되어 여성계몽운동에 전력하였다. 이 일은 자신이 소속된 코민테른의 일이기도 했지만 주동일은 그걸 떠나서 무엇보다도 남편과 함께 평등하고 차별 없는 세상을 꿈꾸었던 이상을 절대로 버릴 수 없었던 것이다. 그렇게 두 해를 일한 다음 해삼위에 있는 조선학교로 자리를 옮겨 한 해 동안 조선어 교원

주동일과 남편 이상희(1982년 크즐오르다)

으로 일했다. 그리고 1937년 가을이 돌아왔다.

(글쓴이 주 - 여기서 시간과 사건의 일부를 건너뛰도록 한다. 남편 이상희와 생이별을 한 이후부터 1939년까지의 주동일 할머니의 삶은 어떤 언어로도 표현할 수 없을 정도로 슬프고 비극적이었지만 그분의 기구한 과거사를 더 이상 꺼내지 않기로 한다. 그때의 비극은 인생에 긴 그림자를 드리워 20여 년 후에 그분께 다시 한번 하늘이 무너지는 슬픔을 안겨주었지만 이 또한 생략한다. 1937년에는 강제이주 사건이 있었다.)

강제이주는 한순간에 모든 것을 앗아가 버렸다. 주동일은 크즐오르다 벽촌 광동꼼무나 꼴호즈로 강제이주 되어 살았다. 생활이 극도로 어려웠다. 남은 건 절망뿐, 주동일은 낯선 땅 중앙아시아 초원에서 맨발로 피 흘리며 수없이 넘어졌다 일어서야 했다. 소련정부의 거짓과 위선은 그동안 쌓아온 주동일의 신념을 송두리째 뒤흔들었다. 여전히 교육활동에 헌신하며 살았지만 강제이주를 체험한 주동일에게 소련공산주의는 거짓으로 위장한 가혹한 압제체제 이상도 이하도 아니었다.

두 해가 지났다. 1939년 어느 날 주동일은 당시 〈레닌기치〉 신문사 교정원으로 일하던 친구 한혜원으로부터 차마 꿈속에서도 생각지 못한 이야기를 듣게 된다. "죽었다던 네 남편이 살아 돌아왔다. 너를 몹시도 만나고 싶어 하더라. 어서 가서 만나보렴." 남편이 죽었다고 믿고 잊어버리려고 애쓰며 살아오던 주동일은 그 엄청난 소식 앞에서 망연자실하여 기쁨보다는 가슴을 쥐어뜯는 슬픔과 회한으로 서럽게서럽게 울었다. 이상희를 만나러 단숨에 크즐오르다로 달려간 주동일은 시베리아 감옥에서 6년을 살다 8년 만에 돌아온 남편 앞에서 하염없이 눈물만 쏟았다.

이상희는 주동일에게 말했다. "울지 마시오. 나를 감옥에 집어넣고 거짓말을 한 정부가 잘못이지 당신은 잘못한 게 하나도 없지 않소? 난 당신이 내게로 돌아와 다시 같이 살기를 바랍니다. 하지만 돌아오지 않는다 하더라도 내게는 당신에 대한 원망이 조금도 없습니다."

주동일은 그리던 남편을 다시 만난 기쁨에 웃고 그동안 남편을 잊어버리려한 세월에 대한 미안함으로 슬피 울면서 지난 날 못 다한 사랑을 다시 이어나갔다. 봄날이 다시 찾아왔다. 두 번째 봄은 길고도 길었다. 거의 영원한 듯 했다. 허나 그 봄은 그들이 처음 만나 평등한 공산주의 세상을 이루려는 꿈으로 부풀어있던 시절의 봄과는 전혀 다른 봄이었다. 이상은 깨어지고 정부권력의 부당한 압제를 속으로만 삭여야 하는 그들이 다시는 예전의 일을 할 수 없었다. 해서는 안 되는 일이었다.

그들은 〈레닌기치〉 신문사에서 일했다. 남편 이상희는 직접 신문사에서 일하지는 않았지만 차츰 〈레닌기치〉문예비평가로 이름을 날리기 시작했다. 창작활동도 게을리 하지 않아 시, 희곡, 노래가사들도 써서 남겼다. 그가 노년에 쓴 노래가사 중에 〈사랑의 노래〉가 있는데 이는 그가 아내 주동일과 자신의 사랑여정을 생각하며 썼음이 틀림없을 것이다. "울려라 불러라 아리랑 노래 / 산 넘고 물 건너 가는 곳마다 / 이 마을 저 마을 찾아다니며 / 사랑의 씨 뿌려 꽃을 피우라 / (후렴) 아리랑 아리랑 아라리요 / 아리랑 고개는 사랑의 고개 / 아리랑 아리랑 아리리요 / 아리랑 노래는 사랑의 노래"(〈레닌기치〉 1982년 4월 14일자)

주동일도 〈레닌기치〉와 〈고려말 라디오〉 방송에서 일하면서 시와 단편소설을 발표하기 시작했다. 그러면서 감히 어느 누구도 시도하지 못했던 금기에 도전했다. 당시 강제이주를 당한 적성민족 고려인에게 강제이주는 말할 것도 없거니와 강제이주 이전 원동(연해주)생활을 언급하는 것은 철저한 금기였다. 탄압이 무서워 어느 누구도 그걸 거론할 용기를 못 내던 시절이었다. 그런데 주동일은 1970년 12월 5일 〈레닌기치〉에 단편 『백

양나무』를 발표함으로써 과감히 금기를 깨뜨려버렸다. 이 단편은 그보다 네 달 전에 고난의 시인 강태수가 발표한 단편 『악사깔』(1970년 7월 28일)과 함께 강제이주 이전 고려인 원동생활을 조금이나마 언급한 최초의 유일한 문학작품이 되었다. 강제이주와 원동생활을 본격적으로 다룬 소설은 그로부터 20년도 더 지난 1991년에야 나올 수 있었다.

1994년 남편 이상희는 주동일과 함께 누린 행복을 뒤로 하고 편안히 세상을 등졌다. 헌데 그는 야속하게도 아내의 봄날도 빼앗아가지고 가버렸음이 분명했다. 그로부터 네 해가 지나 눈에 넣어도 아프지 않을 막내아들이, 다시 다섯 해 뒤에는 맏아들이 세상을 떠나고 말았으니… 세상에 이런 비극에 넋을 잃지 않을 자가 어디 있을까!

갈 곳 없는 할머니는 양로원으로 거처를 옮겼다. 언제나 그랬듯이 당신은 극한의 슬픔 속에서도 결코 의연함을 잃지 않으셨다. 하지만 물밀 듯이 밀려오는 외로움은 어느 누구도 막을 수는 없는 법이다. 아스타나 양로원에서 외로이 누워계시면서 사람이 그리운 우리의 주동일 할머니! 그 할머니가 두해 전 오랜 동료 정상진 옹께 쓴 편지가 있다.

"오직 한 분뿐인 친구이며 친척이며 존경하며 경애하는 사람이여! 편지를 읽고 너무나 감사하고 감사하여 뜨거운 눈물을 금치 못하였습니다. 그처럼 진정하고 따뜻하게 정말 심장의 밑바닥에서 울려나오는 감개무량한 편지를 받으니 마치 삶의 힘이 솟아나는 듯 하였습니다.

몇 자 쓰지 못한 것도 편지라고 회답을 그처럼 따뜻하게 써 주어서 옛날도 그리웠고 앞날도 아득하였습니다. 그러나 세상에 나를 이해하는 사람이 한 분이나마 존재한다는 것이 나의 얼음장 같은 가슴을 녹여줍니다. 과거가 새삼스럽게 영화처럼 눈앞을 지나갑니다 그려! 〔…〕 상진이만은 내 심장의 숨어있는 한숨을 느끼리라고 믿습니다. 〔…〕 언제나 잊지 않고 가슴에 품고 있는 존경하는 옛 친구 상진선생에게 2007년 9월 5일 아스따나에서 주동일 상서 […] 상진동지여! 제게로 온 편지를 몇 번 읽었는지… 식상 위에 놓고 읽고 또 읽고 합니다. 함께 앉아 이야기할만한 사람도 없고 하여… 정말 사람이 그립습니다."

한번 내딛은 발걸음을 되돌릴 수 없는 것이 우리네 수고로운 인생길이다. 하지만 가시밭길을 걸으면서도 불멸의 노래를 남기는 이들이 있는가 하면 평탄한 길에서조차 불평으로 회칠만 하는 무리도 있다. 길이란 언제나 그렇게 걷는 자의 마음으로 옷 입혀지는 이야기책이 된다. 우리는 누구나 삶 자체로 감동스런 이야기책을 쓰고 싶어 하고 또 그것을 읽고 싶어 한다. 바로 우리 앞에 불멸의 노래책을 쓰신 분이 계신다.

스스로 선택한 길은 언제나 고귀하고 소중하다. 내가 가고자 하는 길이 궁극적으로 보람되고 의미 있는 길이라면, 그리고 그 길이 타인도 따라올 만한 가치가 있는 길이라면 가다가 급류나 낭떠러지를 만난들 뭐가 아쉽고 무엇이 두려울까? 또한 내가 확신을 갖고 걸어간 길을 어느 누가 함부로 옳다 그르다 이야기할 수 있을까? 길이란 본시 예기치 않은 굽이 길을 만들어 우리 앞에 수많은 도전과제를 던져주지 않던가?

고려일보 2009년 7월 17일

정상진 옹의 증언에 의하면, 주동일 할머니의 이야기와는 달리, 이상희 선생이 감옥에 갇힌 건 1935년이고 풀려나 돌아온 건 1941년 6월 초라고 한다. 주동일 할머니께 일어난 다른 사건들을 연대기적으로 짜 맞추어보면 정상진 옹의 증언이 옳다는 것이 확인된다. 주동일 할머니가 너무 연로하여, 비록 사건의 줄거리와 핵심은 정확히 기억하지만, 연대를 기억하는 데에는 오류를 일으켰음이 분명하다. 다만 이 글에서는 필자가 최근에 할머니와 나눈 면담(2009년 4월 중순)을 존중하여 연대를 기록하였음을 밝혀둔다.

주동일 할머니의 증언에 의하면 남편 이상희 선생이 1939년(실제로는 1941년), 6년간의 시베리아 감옥생활을 끝마치고 주동일이 강제이주 되어 살고 있던 곳을 바로 알고 찾아올 수 있었던 것은 우리나라 공산주의의 지도자 박헌영 딸의 도움 때문이었다고 한다. 이상희는 박헌영과 그의 아내 주세죽, 그리고 주세죽의 두 번째 남편이 된 김단야 등과 오래 전부터 같이 공산주의운동을 해온 동료였다. 그리고 주동일은 신간회활동을 하던 시기부터 이상희를 따라 모스크바에 가서 공부하던 시기에 역시 거기에 와서 공부하고 활동하던 그들과 동지가 되었다. 주동일이 카자흐스탄 크즐오르다로 강제이주 되었던 시기에는 공교롭게도 박헌영의 아내 주세죽도 그곳으로 유형을 와 있었다. 그 둘은 드물지 않게 만나 서로를 위로하는 사이가 되었다. 주세죽이 유형 올 때 그의 딸은 모스크바 고아원에 맡겨졌다고 한다.

이상희는 감옥에서 풀려난 후 모스크바 기차역을 지나가다가 우연히, 정말 우연히 박헌영과 주세죽 사이에서 난 딸을 만나게 된다. 그는 너무나 반갑고 놀라워서 말이 입 밖으로 튀어나오지 않았다. 그래서 말없이 그녀 앞에 자기의 신분증만 내밀었다. 아무 생각 없이 신분증을 들여다보던 그녀 또한 놀라서 한동안 말문이 막혔다. 그녀는 유형살이를 하는 자기의 어머니 주세죽과 주고받은 편지를 통해서 주동일이 크즐오르다 광동꼼무나 꼴호즈에서 살고 있다는 사실을 알고 있었고 그 사실을 이상희에게 알려주었다. 이상희는 즉시 크즐오르다로 달려갔다.

필자는 오래전부터, 아는 몇 사람으로부터 주동일 할머니에 대한 이야기를 들었다. 하지만 그 할머니를 처음 만난 건 그로부터 몇 해가 지난 1997년 가을이었다. 첫 만남에서는 할머니가 너무나 겸손하고 말이 없고 소박하셔서 그저 심성이 착하고 곱게 늙으신 분이라는 생각 외에 다른 인상이 남지 않았다. 그런데 1년 후 <고려일보> 창간 75주년 기념식에서 그 할머니를 다시 보고는 전율했다. 그때 <고려일보>사는 원로기자들을 단상으로 불러 그분들의 공로에 감사의 표시를 하고 모국어신문과 후손들을 위한 제언을 부탁했다. 할머니 차례가 되자 당신은 역사에 길이길이 남을 명연설을 하셨다. 그 자그마한 몸으로 어떻게 그런 사자후를 토해 내시는지, 어떻게 그런 노년의 몸으로 건장한 청년도 함부로 감당 못할 열변을 쏟아내시는지… 연설은 어쩜 그렇게 군더더기 하나 없이 간단명료한지… 나는 추위와 더위와 시원함을 한꺼번에 느꼈다. 필자는 지금까지 어느 여성에게서도 그런 명연설을 들어본 적이 없다.

2009년 4월 중순에 필자는 할머니를 만나러 알마틔에서 기차를 타고 수도 아스타나로 갔다. 가서 며칠 간 머물렀다. 오래전부터 그리하고 싶었으나 이런저런 일 때문에 차일피일 미뤄왔는데 어느 날 더 이상 지체할 수 없다는 생각이 들었다. 여러 해가 지나서 다시 만나보니 할머니께는 예전의 총명함이 더 이상 남아있지 않았다. 두 해 전(2007년 9월)에 아스타나에 가시던 정상진 선생님을 통해 편지를 보내드렸을 때만 해도 할머니는 과거의 총명함을 그대로 지니고 계셨다는데… 이제는 말 한마디 하시는 것도, 아주 간단한 사실 하나를 기억해내시는 것도 너무 느렸고 힘들어 하셨다. 다행히 할머니가 기뻐하실 만한 여러 가지 보람된 할머니의 과거사를 언급하며 위로해드린 덕에 할머니의 기억이 상당히 되살아나기는 했으나 그 할머니는 더 이상 예전의 할머니가 아니었다. 늦게 찾아간 것이 너무나 후회스러웠다. 양로원 관계자들도 반년만 일찍 찾아왔더라면 그런 후회를 하지 않았을 것이라고 말해주었다.

# 망명지에서 솟아난 희곡문학의 거대한 산

– 극작가 한진 선생을 추억하며 –

극작가이자 소설가로서 고려인 한글문학을 이끌었던 한진(본명 한대용) 선생이 우리 곁을 떠난 지도 어언 열여섯 해, 그분이 세상에 태어난 지는 일흔여덟 해가 되었다. 조선민주주의인민공화국에서 장래가 촉망되는 젊은이로 태어나 모스크바까지 유학 왔건만 뜻하지 않은 정치적 사변에 휩쓸려 고국으로 돌아가지도 못하고 더없이 파란만장한 고뇌의 삶을 사셨던 그분의 일생도 세월과 함께 조금씩 잊혀져가고 있는 것 같아 안타깝기가 그지없다. 올해 피어난 형형색색의 꽃들이 전년도에 열

극작가 한진(1992년 알마틔)＊사진 안 윅또르

린 탐스런 열매를 기억하지 못하는 것처럼 우리의 기억이란 늘 그렇게 얄팍하고 간사한 것일까.

한대용은 1931년 8월 17일 조선 평양에서 저명한 극작가인 아버지 한태천과 사려 깊고 이해심 많았던 어머니 박성수 사이에서 맏아들로 태어났다. 문학을 하는 아버지의 영향 때문이었을까, 한대용은 일반학교를 졸업하고 1948년 김일성종합대학교 외국문학학부 노문학과에 들어간다. 1950년 전반기까지 그 대학에서 2년간 노문학과 세계문학을 강의하며 한진을 직접 가르쳤던 재소고려인 문학평론가 정상진 옹의 증언에 의하면 당시 20여 명의 노문학과 학생들 중에서 한진은 이경진(한대용과 함께 유학 왔다가 같이 망명한 동료)과 함께 가장 탁월한 학업성적을 보였으며 문

학적 감수성 또한 가장 뛰어난 학생이었다고 한다.

6.25가 일어나자 그는 인민군에 배속되어 일년 남짓 복무했다. 그리고 이듬해 9월 정부 유학생으로 뽑혀 모스크바 전연맹국립영화대학교 시나리오학과에 입학했다. 가족들의 끊임없는 사랑과 기대를 한 몸에 받으며 유학생활을 하던 그는 졸업이 가까워오자 고국으로 돌아갈 꿈에 부풀어있었다. 그런데 1956년에 '허웅배 사건'이 터지면서 그의 꿈은 아주 사라져버렸다. 그는 허웅배를 지지하여 귀국을 거부하고 소련에 망명하였다.*

소련정부는 그를 러시아공화국 알타이지방의 주도 바르나울시 TV방송국 책임편집위원으로 파견하였다. 한진은 거기서 5년간 일하면서 인생의 중대한 전기를 마련한다. 일생의 반려자가 된 노어교사 지나이다씨를 만나 가정을 이룬 것이다. 이로써 그는 뜨내기처럼 불안정한 무국적자 신분의 외국생활에 비로소 안정을 찾게 되었다.

1963년에 들어서자 카자흐스탄공화국 서부도시 크즐오르다에 자리한 〈레닌기치〉신문사는 한진을 문예부 기자로 초청하였다. 한진은 초청을 기쁘게 받아들이고 단숨에 카자흐스탄으로 건너왔다. 그리고 그때부터 왕성한 창작활동을 시작하여 마지막 숨이 멎는 날까지 활동을 멈추지 않았다. 그는 〈레닌기치〉에서 일하던 첫해에 벌써 단편소설『찌르레기』를 발표하고 키르기즈스탄

---

* '허웅배 사건'이란 소련 모스크바 영화대학교에 유학 중이던 북한 유학생 허웅배가 1956년 영화대학교 대강당에서 진행된 전연맹 북한유학생 총회에서 단상에 올라가 김일성 개인숭배를 공개 비판한 사건을 말한다. 이 사건이 일어나자 유학생 내부에서 심한 동요가 일었고 영화대학 유학생 10여 명이 허웅배를 지지하여 소련에 정치적 망명을 요청하였다. 그 유학생들은 허웅배(허진), 이경진(이진), 한대용(한진), 양원식, 김종훈, 최국인, 정추, 정린구, 이진황, 맹동욱, 최선옥이다. 이들 중 정추는 음악대학, 최선옥은 의과대학 학생이었고 나머지는 모두 영화대학 학생이었다. 최선옥은 허웅배와 장래를 약속한 사이였고 망명이후 결혼하여 평생을 서로 의지하며 살았다. 허웅배는 2001년에, 최선옥은 2008년에 모스크바에서 세상을 떠났다. 허웅배는 구한말 항일의병운동을 전개한 왕산 허위장군의 손자이다. 그는 〈고려일보〉 초대 이사장을 역임하기도 했다.

의 유명작가 칭기스 아이뜨마또브의 소설 『첫 교원』도 번역하여 실었다.

범상치 않은 한진의 문학적 재능을 알아본 고려극장은 바로 이듬해 그를 극장 문학부장으로 초대했고 그는 극장의 기대에 부응하여 그해에 희곡 『의붓어머니』(1964년)를 창작하여 무대에 올렸다. 작가는 이 작품을 통해서 계모를 악의 상징으로 상정하여 복수하기를 좋아하는 우리의 낡은 설화구조의 대척점에 서서 가족간의 진정한 유대는 핏줄과 관계없이 희생과 헌신과 사랑을 바탕으로 성장해간다는 점을 강조하고 있다. 그는 첫 작품에서부터 치열한 문제의식을 보여주었다.

한진은 고전작품도 여러 편 각색해서 무대에 올렸다. 그가 각색한 주요 고전작품은 『양반전』(1972년), 『봉이 김선달』(1974년), 『산부처』(1979년), 『토끼의 모험』(1981년) 등이다. 18세기 우리나라 실학사상가인 연암 박지원의 소설 『양반전』을 원작으로 한 희곡 『양반전』에서 작가는 원작에 담긴 사상을 바탕으로 나라의 사회의식과 경제발전을 저해하는 비생산적인 유교적 양반제도를 신랄히 풍자, 비판하였다. 이 연극은 1973년에 무대에 올려져 절찬을 받았다. 희곡 『토끼의 모험』에서는 대사

한진이 쓴 희곡작품을 읽어보는 원로극작가 채영. 이 자리에는 고려일보와 고려극장의 주요인물이 모두 모여 있다. 왼쪽 모자 쓴 이로부터 시계방향으로 한진(극작가, 소설가), 림하(작가), 염사일(고려일보 부주필), 정상진(문학평론가), 리길수(고려극장 배우), 조정구(극장장), 채영(극작가), 김진(인민배우), 한 사람 건너 연성용(극작가)이다.(1965년 경 크즐오르다) *사진 한진 유가족

에 〈구지가〉나 〈아리랑〉 같은 우리의 옛 구전가요들을 의도적으로 섞어 넣어 우리말의 해학성을 구수하게 살려냈다.

그가 창작한 대표적 희곡작품은 아마 『산부처』와 『나무를 흔들지 마라』 (1987년)일 것이다. 희곡 『산부처』는 10세기 초 태봉국을 건설해 후삼국 시대를 열었던 궁예왕의 일대기를 형상화한 것이다. 한진은 이 작품을 통해 한 인간이 왕위에 오른 뒤 간신의 유혹에 빠져 어떻게 과대망상에 빠져 들어 가는지, 그럴 때 백성들은 어떤 학정과 수난을 당해야 하는지, 충신과 간신 사이에서 난무하는 정의와 불의, 사랑과 배신은 결국 어떤 결과로 귀결되는지를 적나라하게 묘사했다. 그는 여기서 사회의 거시적 사건과 사람들의 미시적 관계에서 일어나는 미묘한 사회심리문제도 유감없이 파헤쳐 보여주었다. 이 연극은 1979년 3월에 고려극장에서 초연되었고 그 해 9월 모스크바에서 세 차례나 공연되어 절찬을 받았다.

당시 연극평론가 블라지미르 스똘랴로브(Владимир Столяров)는 자주와 독립을 위한 10세기 태봉국 백성들의 투쟁을 그린 한진의 『산부처』는 관객들을 현 (세계에서 벌어지고 있는) 정치적 측면과 연결시켜 그들에게 뚜렷한 (정치철학적) 확신을 심어주었으며 (누군가의 평가로 이해되는 것이 아닌) 연극 자체가 자신을 드러내주는 가장 훌륭한 작품이었다고 평가했다. 그리고 이 연극은 고려극장이 정치적·철학적 문제를 무대에서 제기하는 능력을 마음껏 시위하게 만든 걸작이라고 극찬했다.\*

희곡 『나무를 흔들지 마라』는 한반도의 분단과 통일문제를 거론한 한진의 역작이자 대표작이다. 그 줄거리는 이렇다. 6.25전쟁이 한창 진행 중이던 어느 날 삼팔선에 홍수가 나 큰물이 일자 거기에 휩쓸려갈 위험에 처

---

\* Ежемесячный журнал драматургии и театра 「Театр 5(Май)」 (Орган Сюза писателей СССР и Министерства культуры СССР, Москва, 1980г.) ст. 88

한 한국군 병사 한 명과 조선인민군 병사 한 명이 목숨을 부지하기 위해 한 나무로 올라가게 된다. 둘은 서로 총부리를 겨누는 적군이지만 그 나무 위에서 싸우면 둘 다 죽게 되므로 서로 화해하고 돕는다는 내용이다. 이는 두말할 것 없이 조국 한반도가 비록 이남과 이북으로 분단되어 있지만 그 뿌리는 하나이며 따라서 반드시 서로 화해하고 통일을 이루어야 한다는 것을 웅변적으로 말하고 있다.

동료 양원식 전 주필의 평가를 빌리지 않더라도 "조국통일에 대한 문제를 취급한 예술작품은 많지만 한진 작가처럼 이렇게 독특하게 창작한 작품을 내놓은 사람은 아마 없을 것"이다. 양 전 주필에 의하면 한진은 원래 이 작품을 대학재학 중에 영화시나리오용 졸업 작품으로 구상했다고 한다. 그런데 영화로 실현되지 않아 결국 희곡작품으로 옷을 갈아입힌 것이라고 한다. 한진의 뛰어난 독창성과 조국통일에의 의지가 단연 돋보이는 부분이다. 이 작품은 개방이후 한국에서도 상연되어 뜨거운 호평을 받았다.

이 외에도 『고용병의 운명』(1967년), 『어머니의 머리는 왜 세었나?』(1976년), 『너 먹고 나 먹고』(1983년), 『폭발』(1985년) 등 다양하고도 훌륭한 여러 희곡작품을 써서 고려극장의 고귀한 유산으로 남겨주었다.

또한 그는 훌륭한 소설가였다. 그는 여러 편의 소설을 써서 남겼는데 특히 고려인 강제이주 직후 크즐오르다 고려사범대학에서 일어났다고 전해지는 우리 고서적 분서사건을 다룬 소설『공포』와 강제이주 이후 한 세대가 흐른 뒤 임종에 직면하여 모국어로만 이야기하는 어머니와 모국어를 전혀 이해 못하는 딸 사이에서 절박하게 전개되는 의사소통 부재의 문제를 다룬『그 장소를 무엇이라 부르는가?』는 대단히 심오한 문제의식을 다룬 작품으로 평가된다.

한진은 희곡번역에도 큰 족적을 남겼다. 그는 중앙아시아 작가 무흐따르 아우에조브의 희곡『까라고즈』,『꼬블란듸』, 칭기스 아이뜨마또브의 희곡『어머니의 마음』, 무싸따이 까리모브의 희곡『월식날 밤』등을 번역하여 무대에 올렸고 러시아 및 세계 고전작가들의 희곡도 번역하여 성공적으로 상연했다.*

일관된 창작활동을 전개해온 한진은 1987-1992년에 카자흐스탄 작가동맹 관리위원회 위원과 조선어분과 위원장을 역임하였다. 그 직위에 있는 동안 그는『한진 희곡집』(1987년)과『꽃피는 땅』(1988년),『행복의 고향』(1988년),『해돌이』(1989년),『오늘의 빛』(1990년) 등 5권이 넘는 고려인작가 단행본을 출간하였다. 이는 1937년부터 시작된 중앙아시아 고려인 문학사 전체를 통틀어 발행된 단행본의 3분의 1이 넘는 분량이다. 그는 카자흐공화국 최고 소비에트 영예표창을 받았으며 말년에는 카자흐스탄공화국 공훈예술가 칭호도 받았다.

한진은 자신이 창작하거나 각색한 매 연극마다 치열한 문제의식과 사회사상을 반영함으로써 고려극장의 수준을 한층 높이 끌어올린 진정한, 그리고 유일한 프로 극작가였다. 그는 1990년에 고려극장의 유일한 극작가로 있으면서 극장의 위기와 우리 고려인들의 정체성에 대해 다음과 같이 말한 적이 있다.

"아직은 우리에게 자기 신문, 자기 극장, 자기 문학이 있다. 지금 어떤 사람들은 그것들을 대수롭지 않은 것으로 생각할 수 있지만 만일의 경우를 생각해 보자. 그것들이 다 없어졌다고 생각해보자. 그것은 비참한 일이 아닐 수 없다. 우리 선배들은 신문을 조직하고 극장을 창립하고 작가들을 양성하기 위하여 정말 목숨을 내걸고 일을 하였다. 무엇으로 그들의 노력

---

\* 본지 2001년 8월 17일자 양원식의 기사, <그는 언제나 우리와 함께(한진 작가에 대한 추억)> 참조

에 대답을 하겠는가? [⋯] 우리말이 없어지면 문학도, 극장도, 신문도 다 없어지게 될 것이다. [⋯] 그냥 가만있다가는 오래지 않아 글을 쓸 사람은 커녕 글을 읽을 사람도 없어질 것이다. 연극을 놀 사람은 물론 연극을 구경할 사람도 없어질 것이다. 어떻게 하면 되겠는가?"

작가 한진 선생은 이 물음에 대한 대답을 끝내 듣지 못한 채 흙으로 돌아갔다. 뭐가 그리 급하다고 아직도 한참 더 일할 나이에 불쑥 찾아온 질병에 목숨을 양보해버렸는지 야속하기만 하다. 다만 그가 남겨놓은 작품들은 소나무처럼 굳건히 서서 세월의 마모작용을 견디고 있다. 언젠가는 무너져버리자고 시간을 견디는 작품은 지상에 존재하지 않는다. 내면에 깃든 정신성을 더욱 시퍼렇게 빛내자고 힘든 시기를 모질게 참아내는 것이 훌륭한 창작물의 속성이다. 자기 작품의 혼백으로 살아있는 작가 한진은 지금도 후손들에게서 대답을 듣고 싶어 한다. 모국어 예술을 어떻게 하면 되겠는가? 누가 이 물음에 답할 것인가?

고려일보 2009년 8월 14일

필자는 한진 선생을 그분 생전에 한번 뵌 적이 있다. 1992년 초겨울 일본의 한 TV방송사(NHK방송사로 기억된다.) 기자들과 함께 고려인 집성촌 우스또베를 찾아오셨을 때이다. 그때 일본방송국 기자들은 우스또베 고려인들의 생활상을 취재하러 왔었는데 한진 선생은 그들의 일본어 통역으로 함께 오셨다. 한진 선생과 일본방송국 기자일행은 당시 필자가 살고 있던 윤 세르게이 광주한글학교장 댁에 숙소를 정했다. 그날 밤 필자는 한진 선생과 한 방에서 유숙했다. 우리는 밤이 늦도록 이런 이야기 저런 이야기를 나누다가 잠이 들었다. 그분은 일제시대에 학교를 다닌 탓에 일어를 조금 알고 있어서 통역으로 따라온 것이라고 아주 겸손하게 말씀하셨다.

한진 선생에 대한 첫인상은 그분이 굉장히 치밀하고 영리하신 분일 것 같다는 느낌이었다. 느낌 그대로 그분의 언행에는 지적 품성과 박학다식함이 빈틈없이 실려나왔다. 그런데 더 길게 이야기를 나누다보니 그 영리함 너머로 깊은 근심의 그림자가 늦가을 오후의 햇살처럼 길게 드리워지는 것이 보였다. 뒷모습도 참으로 쓸쓸해보였다. 지금 회고해보니 그 시기에 풍전등화 같이 위태롭던 고려극장의 총예술감독인 그에게 수시로 몰려들었을 고려인 민족예술의 앞날과 모국어 소멸에 대한 걱정이 그런 그림자를 지어낸 것이 아니었을까 생각된다.

일본방송국 가자들은 다음 날 열린 윤 세르게이 교장선생 누님 윤해숙 할머니 생일잔치(아마 77주년 또는 78주년 생일이었던 것 같다.)를 열띠게 취재, 촬영했다. 그걸 보는 순간 우리나라 방송사에 몹시 섭섭한 마음이 들었다. 우리나라 방송사는 이런 데를 아예 찾지도 않는 데 반해 일본방송사는 취재대상이 자기 민족이 아닌데도 불구하고 얄밉게도(아니면 고맙다고 표현해야 옳을까?) 그런 오지에까지 찾아와 취재하는 것을 보니 여러 가지 생각이 교차했다. 고려인 강제이주에 일정한 책임이 있는 일본이 이런 취재를 통해 자신들의 근대사를 겸허히 되돌아보고 반성의 기회로 삼는다면 그나마 다행이겠지만 역사를 배제한 채 단순히 민속적, 문화적 관점으로만 방송을 만든다면 어찌해야 하나 하는 막연한 근심이 들어 마음이 편치 않았다.

# 그리운 두 선배님의 향기

- 구소련고려인의 민족지 '고려일보'를 위해 헌신하다 간
고 '장창종·강춘성' 두 한국인기자를 추모하며 -

마음에 그리움을 남겨주고 가신 두 선배님을 회상하는 글을 쓰자니 먼저 걱정이 앞선다. 이미 고인이 되신 분들에 대해 무슨 말을 할까? 세상을 떠난 자는 말이 없는데 남은 자가 가버린 이의 속내도 모르고 세인들의 기억 속에서 점차 희미해져 가는 고인의 참모습을 불필요한 찬사나 사치스런 어휘로 훼손시켜버리는 것은 아닌지, 그로 인해 고인을 잘 알았거나 모르는 사람들에게 왜곡된 과거를 만들어주는 것은 아닌지, 그러기에 세월 속에 그리고 고려일보 속에 저절로 묻혀지도록 그냥 놔두는 것이 더 나은 것은 아닌지…

그러나 세인들이 알고 느껴온 고인의 이미지에 조금은 다른 느낌과 의미가 얼마쯤 더해진다 할지라도 그분들이 살아오면서 온몸으로 보여준 과거의 행적이나 사건을 기록으로 남겨놓지 않는다면 어떻게 그들의 인간성과 진실이 알려질 수 있을까? 의미 있는 기억을 남겨보려는 순수한 의도는 때때로 타성과 게으른 자의 자기합리화가 쌓아놓은 인습의 장벽에 부딪칠 수도 있지만 결국 껍데기를 뚫고 본질에 이르러야 하지 않을까?

자기성찰과 겸손을 무기 삼아 내가 아는 고인의 모습을 겸허히 드러내고자 한다면 고인께서도 반대하지는 않으실 거라 믿는다. 내 가슴에 긴 여운을 남겨주고 가신 분들의 따스한 마음을 다른 사람들도 함께 느낄 수 있는 공감의 장으로 모시는 것은 정녕 아름다운 인간행위 중 하나일 것이다. 이에 나는 나의 믿음에 대한 부드러운 확신으로 장창종, 강춘성 두 선배님

을 본 대로 느낀 대로 회상해보려 한다.

장창종 선생님이 여기서 눈을 감으신 지 어언 10년, 강춘성 선배는 3년이 되었다. 그분들은 거의 같은 시기인 1990년대 초에 한국을 떠나 여기로 왔다. 그리고 구소련 고려인들의 민족지 '고려일보'의 부흥이라는 대의 아래 격동의 시기를 겪던 고려일보사에서 특이한 운명을 함께 했다. 그분들은 카자흐스탄 고려인들의 역사적 조국인 한국에서 건너온 한국인 고려일보기자로서 앞서거니 뒷서거니 하면서 몇 년씩을 고려일보를 위해 헌신했다. 그리고 하나밖에 없는 목숨까지 바쳤다.

1990년대 중반 고려일보에서 일하던 강춘성 기자(왼쪽), 그 옆은 각각 김 보리쓰, 김성조 기자이다. *사진 안 윅또르

구소련 고려인의 민족적 정체성을 지켜주는 최후의 보루였던 한글신문 고려일보는 1990년대 내내 재정난과 인재난에 빠져 수없이 폐간 위기를 넘기며 격동의 시기를 견뎠다. 1990년대 초, 당시 몇 명 되지 않았던 한글판 기자들은 갓 진출한 한국기업이나 교회 등에 통역으로 채용되어 빠져나가고 재정난은 갈수록 악화되어 고려일보는 90년대를 줄곧 관통해 존폐의 기로에 서있었다. 하여 그 시기는 고려일보에 재정적 지원의 필요성

과 함께 한글판 인재 한명 한명이 절실히 요구되던 때였다. 바로 그 어려운 시기에 이 두 분은 아무런 조건도 없이 고려일보를 위해 헌신했다.

장창종 선생님과 강춘성 선배는 현지인과 똑같은 조건에서 일했다. 장 선생님은 애석하게도 일찍 돌아가시는 바람에 고려일보에 기여한 기간이 그리 길지 않았지만 강 선배는 거의 10년 가까운 세월을 고려일보를 위해 헌신했다. 하지만 장 선생님이 그 기간에 해놓으신 일은 보통사람이 할 수 있는 일의 능력을 훨씬 초과한 것이었다. 강 선배가 해놓은 일은 더 말할 필요조차 없다. 이전에도 없었지만 앞으로도 그렇게 무모하리만큼 사심 없이 헌신한 사례는 결코 생겨나지 않을 것이다.

장창종 선생님은 1991년 늦가을에 알마타에 한번 다녀가신 뒤 1992년 겨울, 67세의 노구를 이끌고 여기로 다시 건너와 고려일보에서 일하시다가 1995년 봄(3월 24일)에 돌아가셨다. 강춘성 선배는 1991년 말에 여기로 건너와 그 이듬해부터 1999년 말까지 고려일보에 몸담았다. 그리고 육신에 병을 얻어 2년 후인 2002년 여름(7월 30일)에 유명을 달리했다. 한편 장 선생님이 돌아가신 지 반년이 지난 1995년 가을에 강 선배는 한국으로 아주 돌아갔다가 이듬 해 초여름에 다시 돌아온 적이 있다. 필자는 그 반년 간의 공백기에 고려일보와 첫 인연을 맺었다. 그리고 2000년 가을부터 2003년 말까지 고려일보기자로 일함으로써 두 분이 하시던 일을 이어받았다. 영광스럽게도 내가 그 분들의 계승자가 된 것이다. 더구나 호형호제 하면서 평소에 그분들을 잘 알고 지냈던 만큼 이미 고인이 되신 그 분들의 이국 삶에 대한 기억을 되살려 증언하는 것은 고스란히 나의 몫이 되었다.

공교롭게도 한국에서 오신 위 두 분 선배는 약속이나 한 듯이 여기서 갑자기 돌아가셨다. 두 분 다 육체적 쇠약의 징후가 있긴 했지만 이 세상과의 이별은 정말 뜻밖이었다. 그분들을 잘 알고 지내던 사람들 중 어느 누구도 그런 갑작스런 일을 예상하지 못했다. 그 일을 보면서 당시 내 마음 한구석에는 한동안 일말의 불안이 자리 잡기도 했었다. "고려일보에서 일하는 한국 사람들은 왜 모두 중도에 쓰러져버리는 것일까? 혹시 우연의 일치가 아닌 어떤 주술적 힘이 개입된 건 아닐까? 그럼 이 분들의 뒤를 이어 고려일보 기자가 된 한국인인 나는 이런 상황에서 어떻게 하든 탈출을 시도하는 것이 현명한 선택이 아닐까?"

두 선배를 죽음에 이르게 한 병환과 직접적인 인과관계는 없을지 모르지만 신문 만드는 일이 그리 녹록치 않아 그 일이 두 선배의 심신을 심히 고달프게 만들었던 것은 사실이다. 강 선배는 고려일보처럼 이중언어로 된 신문을 만드는 일이 얼마나 어려운지를 나에게 가끔씩 토로하곤 했었다. 러시아어와 한국어 사이에서, 이곳에서 전통적으로 쓰던 북한식 어투 또는 고려말 어투와 한국표준어 사이에서 그리고 통일될 한반도를 중심으로 한 전 세계 한민족의 연대를 고려하여 앞으로 카자흐스탄 고려인이 지향해야 할 언어생활을 견인한다는 소명의식으로 적절한 번역어를 찾아 원문의 뜻을 가장 잘 전달할 수 있는 좋은 문장을 구성하는 일이 얼마나 어려운지는 직접 해보지 않은 사람은 결코 이해할 수 없을 것이다.* 더구나 고려일보 기자에게 지워진 민족지로서의 소명의식과 도덕적 책무는 보통 신문과는 비할 바 없이 무거운 것이 아니었던가.

나는 강춘성 선배를 92년 초여름에 고려일보사에서, 장창종 선생님을 93년 늦은 봄에 당시 알마타고려천산한글학교를 운영하던 장원창(2005년 현재 우즈베끼스탄 타쉬켄트한국교육원 부원장으로 재직 중) 선배의 집에서 처음 만났다. 만남에 시차는 있었지만 우리 네 사람은 쉽게 의기투합하였다. 장 선생님은 그 때 이미 연세가 일흔에 가까웠고 강 선배는 마흔 줄, 장 선배는 서른 중반, 나는 서른 줄에 접어들었는지라 한국적 정서로 보면 우리가 장 선생님과 어울리기가 정말 쉽지 않은 일이었는데 우리는 나보란 듯이 친구처럼 지냈다. 당시만 해도 알마타에 사는 한국 사람이 그리 많지 않은 이유도 있었지만 무엇보다도 큰 어르신인 장 선생님께서 나이에 개의치 않고 사심 없이 우리들과 어울리셨기 때문이었다.

고려일보에서 일하던 시절의 장창종 선생(1993년 고려일보)＊사진 안 윅또르

나는 강춘성 선배와 장창종 선생님을 모두 장원창 선배의 소개로 만났다. 나는 알마타에 들어온 지 며칠 안 되어 장 선배의 소개로 고려일보사에서 강 선배를 만났는데 그것이 내가 고려일보 및 강 선배와 엮이게 된 긴 인연의 시작이었다. 내가 장창종 선생님을 만나기 전까지 그리고 장 선생님을 만난 이후로도 강 선배는 장 선배와 나를 친동생처럼 여겨 우리는 친형제나 다름없는 알마타 '트로이카'를 형성했다. 나는 더없이 호방하고 남아다운 데다 남도의 풍류를 제대로 음미할 줄 알았으며 내 인생을 통틀어 만나본 몇 안 되는 독특한 천재였던 강 선배와 어울리게 된 것이 너무나 즐거웠다. 강 선배가 술을 좋아해서 막내인 나는 가끔씩 술시중 드는 고상한 고역을 감내해야 했지만 그것은 보통 사람은 결코 쉽게 누릴 수 없는 특권이었다. 그만큼 내 인생에 중요한 만남이었고 그 시기에 강 선배가 내게 미친 영향은 그만큼 지대한 것이었다. 우리는 한번 모였다 하면 온갖

주제로 밤새워 이야기하기를 즐겼다. 그때마다 나는 강 선배의 심오한 동양철학과 독특한 명리학적 세계관, 그리고 삶의 기쁨과 슬픔과 사랑이 세월 속에 녹아 들어가며 형성되었을 강 선배의 개인적 인생관 등을 접하면서 내 인식과 느낌의 지평도 무한히 넓어지는 것을 깨닫곤 했었다. 2년이 지난 뒤 여름에 우리(강 선배와 장 선배와 나)는 각각 다른 경우로 한국에 들어가 재회한 적도 있다. 그때 우리는 무등산 산장 쪽으로 향하는 산길을 걸으면서 알마타를 회상하고는 어린 아이처럼 웃었다.

나중에 장창종 선생님이 합류하시자 우리는 더욱 든든한 언덕을 얻었다. 물론 내가 장 선생님과 처음 만났던 당시에는 선생님께서 이곳의 원로들과 어울리며 따로 하시는 일이 많았는지라 초기에는 만남이 비교적 드물게 이루어졌다. 그렇지만 우리는 항상 만남을 고대했다. 시간이 지나면서 우리들 만남의 횟수는 늘어갔다. 해직교사였던 장원창 선배가 복직되어 94년 초에 한국으로 떠나는 바람에 우리들 맴버는 셋으로 줄어들었다. 그때부터 강 선배와 나는 하루가 멀다 하고 만났고 장 선생님과는 이틀이 멀다 하고 만났다.

우리는 때로는 공원을 거닐면서 인생을 이야기했고 때로는 우리 집에서 강제이주의 애환이 담긴 구소련 고려인의 역사를 이야기했으며 또 때로는 선생님 댁에서 밤이 늦도록 구수한 옛 이야기와 육담으로 시간을 보내기도 했다. 장 선생님이 쓰러지시기 전날까지도 강 선배와 나는, 한국에서 1년 만에 막 다시 돌아온 장원창 선배와 함께 장 선생님 댁에서 밤이 늦도록 같이 이야기를 하며 놀았다. 장 선생님은 두어 달 전 어느 야밤에 괴한한테서 테러를 당해 오른 팔을 잘 못쓰시긴 했지만 워낙 쾌활하신 분이라 나는 장 선생님이 다음날 새벽에 쓰러지실 거라곤 꿈에서조차 상상해본 적이 없었다. 그런데 지나고 나서 생각해보니 모르긴 몰라도 장 선생님께서는 최후의 순간을 어느 정도는 짐작하고 계셨을 거라는 확신이 들었다.

임종하시는 날짜까지 알고 계셨는지는 모르겠지만.

장 선생님이 한국에 다녀오신 직후인 94년 늦가을로 기억된다. 장선생님과 강선배와 나, 이렇게 우리 세 사람은 늦가을의 정취를 만끽하면서 백화점 앞 예술의 거리를 걷고 있었다. 장 선생님은 평소의 장난기 어린 표정 대신 매우 엄숙하면서도 초연한 표정을 짓고 계셨다. 그리고는 "병학씨(장 선생님은 내가 아무리 하대를 하시라고 해도 그럴 수 없다며 내게 끝까지 존대를 하셨다.) 나는 여기서 일하다가 죽을 결심을 하고 왔어요. 이제 내 나이도 나이인 만큼 언제든 저 세상으로 갈 수 있다는 것을 항상 명심하고 있어요. 한국에 갔을 때 집사람에게도 이런 말을 했어요."라고 말씀하셨다. "선생님, 무슨 그런 말씀을 하십니까? 선생님처럼 건강하신 분이 어디 있다고. 연세가 일흔이 다 되도록 백발 하나 없는 분이 선생님 말고 또 누가 있습니까?"라고 즉각 반문하였지만 그 말은 내 기억 속에 뚜렷이 각인되었다.

장 선생님이 여기서 돌아가시자 강 선배는 뭔가 느낀 바가 있다며 반년 후 한국으로 아주 돌아갔다. 나는 혼자 남았다. 이듬 해 초여름에 강 선배가 결심을 바꾸어 이곳 알마타로 다시 돌아올 때까지 나는 정말로 외로웠다. 강선배의 빈자리가 내게 그렇게 크다는 것을 뼈저리게 느꼈다. 마음을 터놓고 이야기할 사람 없이 외국에서 홀로 지낸다는 것이 얼마나 스산한 일이었던지. 당시 나는 사업가도 선교사도 국가기관에서 파견된 사람도 아니었는지라 마땅히 어디에 소속될 곳도, 특별히 무리를 지어 자연스럽게 어울릴만한 사람도 없었다. 나는 처음부터 이방인이었다.

그런데 강 선배는 나보다도 더 고독한 이방인, 더 외로운 단독자였다. 그는 누구보다도 호방하고 낭인다운 기질을 지녔지만 실상 그에게는 좌절감을 안겨준 과거의 기억이 마음속에 깊은 상처로 남아있었다. 그는 헤르만 헤세의 소설 '수레바퀴 밑에서'에 나오는 주인공과 거의 똑같은 인생을 살아온 사람이었다. 고향에서 신동으로 불리며 당시 명문이었던 광주서중, 광주일고를 시험을 봐서 들어간 마지막 세대였는데 그 이후의 삶이 뜻대로 안 풀려 마지막까지 정신적 방황을 하였다. 아마 그래서 그랬는지는 모르지만 그는 한국에서부터 주역과 명리학에 심취하여 여기서도 그 독특한 세계관을 계속하여 붙들고 있었으며 최후의 순간까지 거기서 손을 놓지 않았다. 그는 원론적이고 근원적인 것을 추구하는 고뇌하는 인간이었다.

그래서 그는 종교인으로 살았다. 하지만 그는 그가 믿는 기독교와 명리학적 세계관을 그 자신만의 잣대로 절묘하게 결합해내어 보통 사람이라면 당연히 고민할 것 같은 양 세계관 사이에서 아무런 괴리감도 느끼지 않았다. 강 선배는 그답게 초기에는 한국교회를 다녔고 나중에는 러시아정교회를 다녔다. 그렇지만 실생활에서는 현실과 동떨어진 그의 뿌리 깊은 관념론적 지향 때문에 그는 현실과 관념 사이에서 적지 않은 방황을 하였고 나중에는 외부활동을 현저히 줄이고 내면의 세계로 침잠해 들어갔다. 아마도 그것은 강 선배 자신의 고독을 승화, 정당화하는 최후의 방어벽이었는지도 모른다. 확신하건대 아마 그런 근원적 연유로 강 선배는 그토록 호방한 성격에도 불구하고 깊이 잠재되어 있던 내면의 고독을 언론보다는 다른 방법으로 전개하는 것을 더 선호했던 것 같다.

물론 그는 직업이 기자인 만큼 두말할 것 없이 신문에 헤아릴 수 없이 많은 양의 기사를 냈다. 그렇지만 기사의 진실성이 중요하지 이름이 중요하지 않다며 보도기사는 대부분 '본사기자'라는 이름으로 또는 간간이 '강이완'이란 필명으로 냈고 본인이 마음을 담아 기록했다고 판단한 칼럼류나 인물비평 등에만 본명을 사용했다.

강 선배는 이제마의 사상의설로 보자면 인구 백 명당 또는 만 명당 한 사람밖에 없다는 전형적인 태양인에 해당하는 사람이었다. 하체보다 상체가 발달했고 머리는 크고 굵었으며 지칠 줄 모르는 열정으로 불타오르는 사자의 형상을 하고 있었다. 그의 내면에서 품어져 나오는 에너지는 어떻게 강렬했던지 그와 대면하는 사람은 누구든지 압도당할 수밖에 없었다. 거기에다 그는 대단히 명석한 두뇌에 사람 마음을 화살처럼 꿰뚫어보는 혜안을 지닌 사람이었다. 그는 인간사를 보고 판단하는데 탁월하고도 해박한 식견과 독특한 명리학적 세계관을 유감없이 펼쳐주었다. 그리고 무엇보다도 뛰어난 인간적 장점은 그가 우직하리만치 정직했다는 점이다. 그는 어떤 형태의 거짓이 되었든지 거짓 자체를 용납하지 않았다. 그래서 허영에 찬 사람이나 속임수를 쓰는 사람들은 지위고하, 국적, 신분, 남녀노소, 상황과 분위기를 막론하고 강 선배로부터 불호령을 들어야 했다. 그는 꺾여 넘어질망정 절대로 휘어질 수 없는 시퍼런 대나무였다.

그런데 대개 많은 천재들이 판에 박힌 일상에 염증을 느끼고 자기관리를 소홀히 함으로써 갑 속에 든 칼을 꺼내보지도 못하고 역사의 뒤안길로 사라지듯이 강 선배도 그와 비슷한 길을 걸었다. 나는 지금도 그것이 너무나도 아쉽고 안타깝다. 강 선배가 조금만 더 냉정히 현실을 직시하고 자기관리에 집중할 수 있었더라면 누구보다도 뛰어난 업적을 남길 수 있었고 무엇보다도 자기 자신에게 만족할 수 있었으련만… 하지만 달리 보면 그런 사람들은 누구보다도 앞서 가며 다른 세상을 먼저 보고 있다고 스스로 확신하는 까닭에 현 세상은 언제나 불만족스러운 것이고 바로 그런 연유로 인해 이유 있는 불만족에서 발현되어 주체할 수 없이 넘쳐나는 내면의 에너지를 스스로 어찌할 수 없어 불덩이를 품고 광기의 초원을 달리는 사자처럼 좁고 답답해서 도저히 적응할 수 없는 세상을 괴롭게 질주하다가 결국 온몸을 내던져 자신을 불살라버리는 것이 아닌가 생각도 해본다. 강 선배는 홀연히 쓰러졌다가 하루 반 만에 저 세상으로 갔다. 강 선배다운 최후였다.

반면 장창종 선생님에게 존재했던 과거는 장 선생님을 거의 괴롭히지 않았다. 장 선생님에게는 특별히 선택받은 극소수의 사람만이 겪을 수 있는 역사적이고도 전설적인 고난의 과거가 있었지만 그런 과거가 현재의 장 선생님을 돕는 조력자로 작용했지 결코 선생님의 내면을 지배하는 그늘의 주인은 아니었다. 장 선생님은 비교적 성공한 삶을 살아오셨고 또한 장 선생님께서는 너무나도 뚜렷한 삶의 목표가 있었기 때문이었을 것이다. 당신은 50여 년 전에 유형살이로 인연을 맺은 적 있는 중앙아시아에 다시 찾아와 고려인을 위해 봉사하다가 여생을 마치겠다는 결심을 하고 오신만큼. 그리고 연륜이 연륜인만큼 젊은이들이 빠질 수 있는 고민 같은 것에는 애초부터 초연하셨다. 그래서 장 선생님은 언제나 대단히 현실적이고 실용적인 사고를 하셨다. 장 선생님이 알마타에 머무신 기간이 비교적 짧았음에도 불구하고 여한이 없을 정도로 왕성한 취재, 기사작성활동을 하실 수 있었던 게 다 그런 연고 때문이었을 것이다.

나는 장 선생님이 정상진 선생님을 비롯한 이곳의 몇몇 원로들과 함께 일제시대와 해방전후에 겪었던 일들을 이야기하시면 귀를 곧게 세우고 듣곤 했다. 아직까지도 이어지고 있는 우리나라 격동기의 역사였기에 서사적 관심도 지대했을 뿐더러 거기에 그분들의 개인적인 삶이 진솔하게 녹아 들어가 있었기에 개인사적 관점으로만 들어도 흥미진진했다. 그분들이 이야기를 시작하면 나는 말로만 들었던 역사적 인물과 사건을 마치 얼굴을 마주하고 보는 듯한 상황에 빠져들곤 했다. 1945년 홍남반공청년동지회를 결성하여 반공운동을 하다 붙잡혀 소련으로 유형을 갔던 장 선생님이 연해주에서 유형대기를 할 때, 역시 장선생님처럼 유형을 왔던 중국의 마지막 황제 부의를 보았다는 대목을 처음 들었을 때는 내 눈이 어린 아이처럼 반짝거렸었다.

장 선생님의 최대 장점은 무엇보다도 세상 나이를 초월한 젊은이다운 기백을 가지고 계셔서 어려움에 부딪힐 때마다 거침없이 문제를 해결하며 나아가셨다는 점이다. 당신은 대의를 위해서는 개인적 안일과 체면을 돌보시지 않으셨다. 함경도 함흥의 남부럽지 않은 집에서 태어나 자라셨지만 함흥 반공청년단 조직 활동과 동시에 시작된 고난의 운명이 모르긴 해도 장 선생님께 그런 강인한 의지를 선사하지 않았을까 생각해본다. 시베리아 및 중앙아시아 유형생활 5년에, 유형이 풀린 직후 6.25가 터져 곧바로 월남하셔서 혈혈단신으로 새로운 삶의 터전을 일구셨으니 인간적으로 더 이상 강해질 수 없을 만큼 충분히 굳세게 단련되셨을 것 같다는 생각이 든다. 장 선생님은 고려일보를 살리는 일이라면 체면을 마다 않고 어디든 달려가셨다. 한국회사, 한국교회, 한국에서 파견된 국가기관 등 고려일보의 재원마련에 조금이라도 보탬이 될만한 곳이 있다면 어디든 가리지 않고 찾아가서 그들의 양심에 호소했다. 당시 고려일보는 장 선생님이 계셨기에 재정적으로 넘어지지 않고 버틸 수 있었다고 해도 결코 틀린 말이 아니다.

불후의 명작 '진혼곡(레퀴엠)'을 그린 신순남화백의 화실에서. 뒤에 보이는 그림이 그 유명한 '진혼곡'이다. 왼쪽부터 필자, 신순남 화백, 김 부르트 타쉬켄트 특파기자, 강춘성 기자(1994년 타쉬켄트)

두 분이 살아계셨을 때 우리는 심심치 않게 여행도 다녔다. 한 겨울에 메데오와 침불락은 드물지 않게 다녔고 한번은 우리 셋이서 차를 빌려 타고 우스또베에도 다녀왔다. 그 때가 95년 봄이었으니까 장 선생님이 돌아가시기 직전의 일이었다. 한편 강 선배와 나는 더 먼 곳으로 여행을 떠나곤 했었다. 94년에는 강선배와 함께 우즈베끼스탄의 타쉬켄트와 사마르칸트를 버스와 택시를 이용해서 다녀온 적이 있었다. 타쉬켄트에서 당시 고려일보 특파원으로 있었고 지금은 우즈베끼스탄 고려신문 주필로 있는 김부르트씨의 소개로 그 유명한 신순남(신 니꼴라이) 화백을 만난 것도 그 때였다. 그 때 그 분의 화실에서 우리는 지금은 한국현대미술관에 전시되어 있는, 고려인의 역사와 삶을 그토록 숭고한 혼으로 담아낸 신 화백의 수십 미터짜리 대형 서사회화작품(진혼곡)을 보면서 오랫동안 전율한 채 서 있었다. 한 개인의 처절한 헌신이 곧바로 가슴으로 전해져 오는 그림, 그래서 절대로 일반 그림이 될 수 없고 반드시 성화로 분류되어야 할 그림… 그 그림을 보면서 강 선배와 나는 똑같은 것을 느끼고 있었을 것이다. 그 때 우리는 서로 말은 안 했지만 우리들도 그 분처럼 의미 있고 가치 있는 일을 하다가 저 세상으로 가겠노라고 다짐했으리라.

참 세월이 빠르다. 두 분이 가신 길은 어느덧 지평선 너머로 가물거리고 남은 나는 사십 줄에 접어들었으니… 두 분이 살아오신 나그네 인생길 따라 나 또한 그 길을 가고 있다. 두 해 전에는 함께 참석해 축하받아야 할 고려일보 창간 80주년 기념식에 아직도 살아남은 죄로 나 혼자 참석했다. 두 선배님이 고려일보에 바친 헤아릴 수 없는 시간적 분량과 애정의 깊이를 생각해보면, 그리고 그분들이 내게 베풀어준 무한한 사랑과 신뢰를 생각해보면 그 기념식 때 나와 내 동료들이 받은 영광과 찬사가 대부분 그분들께로 돌아갔어야 했는데 더 이상 이 세상에 계시질 않으니 남은 자가 송구스러움으로 마음으로 감사를 드리는 수밖에 없었다. 허나 무얼 아쉬워

하겠는가! 한 러시아 시인이 적절히 표현했듯이 "어차피 우린 나그네 인생, 이 세상에 왔다가 집만 남기고 떠날 뿐인데" 바람은 벌써 다른 곳에서 불어오고 있지 않은가!

그렇지만 한번 존재했던 것들은 결코 사라지지 않을 것이다. 뜻있게 살다 간 자들의 마음은 절대로 육신의 죽음과 함께 소멸될 수 없는 법이다. 죽음과 함께 사라지는 것이 있다면 그것은 생존 시에 환영으로만 존재했던 허상일 뿐. 쌓인 먼지를 닦아내는 자비로운 몸짓으로 흙 속에 묻힌 구슬이 본래의 빛으로 빛나듯 죽음은 우리의 세상 삶에 허상으로 끼어드는 명예나 부귀나 허영 같은 허접 쓰레기들을 부드럽고도 단호하게 치워내는 자비로운 섭리라 믿는다. 그래서 비본질적인 허상만 추구하며 살아온 사람들은 죽음과 함께 먼지가 되어 아주 사라지거나 고작해야 초라한 모래 알갱이 정도로만 남아 구를 뿐인데 두 분 선배는 생전에 그런 쓰레기로 자신을 장식하지 않으셨으니 죽음 이후에 오히려 내 가슴속에 더욱 뚜렷이 빛나고 있다. 이름 없이 빛도 없이 살다 가신 두 선배님이 그립다.

2005년 7월

---

필자는 고려일보 고문 겸 부주필로 일하시다가 지난 1995년에 돌아가신 장창종 선생님과 역시 고려일보에서 오랫동안 근무하다 2002년에 사망한 강춘성 기자가 고려일보에 쓴 글들과 지인들의 회상기를 한데 모아 『이름 없이 빛도 없이』(2005, 광주, 도서출판마루)라는 추모집을 엮은 바 있다. 이 글은 거기에 실은 필자의 회상기이다.

* 여기서 필자의 경험을 바탕으로 교정 및 교열의 어려움에 대해 잠깐 언급하고자 한다. 고려일보에서 교정과 교열을 한다는 것은 한국에서 생각하는 그것보다 훨씬 어렵다. 고려일보에 실리는 기사의 상당부분은 러시아어에서 번역된 것인데, 필자도 일부 번역을 했지만, 번역은 전통적으로 현지인 선배기자들이 담당해왔다. 당연한 이야기지만 한글로 번역된 기사는 한국식 문장과 많은 차이가 난다. 번역자들이

구소련에서 태어났거나 러시아어로 교육받으며 자랐으니 그들이 번역한 글은 당연히 러시아식 사유구조와 문장구조에 바탕을 둘 수밖에 없다. 그분들이 한글로 쓰는 기사도 그렇다.

그것을 거의 완전한 우리식 문장으로 다듬고 러시아어 원문의 강조점과 뉘앙스도 살려야 하기 때문에 교정·교열담당자가 고려일보에서 해야 할 일은 만만치가 않다. 거기에 더해지는 것이 한국표준어와 북한문화어, 그리고 고려일보에서 전통적으로 써오던 표기방식을 종합적으로 고려하여 점차 대세를 얻어가는 한국표준어에 점점 더 가까이 접근시켜야 하는 것이다.

물론 사명감에 크게 좌우되긴 하지만 보통의 인내심이 없는 사람이라면 그 작업을 지속하기가 결코 쉽지 않다. 선배기자들이 번역해놓은 문장을 러시아어 원문과 비교해보면 한 점 틀림이 없는데 우리말로는 도무지 말이 잘 안 되고, 그래서 그것을 우리식 문장으로 고쳐놓으면 원문에서 의도하는 바와 많이 동떨어지고 이래저래 고민에 고민을 거듭해서 문장을 하나하나 손질해야 하는 것이 고려일보 교정 및 교열의 역할이었다.

# 카자흐스탄의 고려인

책 『중앙아시아의 거인 카자흐스탄』 중에서

## 1. '고려사람' 또는 '고려인'이란 명칭은 언제 어떻게 생겨났는가?

1980년대 말에 생겨났다. 물론 '고려사람'이라는 명칭이 예전부터 쓰이기는 했지만 그것은 어디까지나 개인적, 비공식적으로 쓰였을 뿐 재소고려인들이 자신을 지칭하는 공식 명칭은 예전부터 '조선사람'이었다. 그러던 것이 1988년 한국에서 88서울올림픽이 개최되고 한국과 교류가 시작되자 재소고려인 지도자들은 '조선'이란 명칭에 심리적 거리감을 보이는 한국 사람들의 정서를 고려하지 않을 수 없었다. 그렇다고 '한국'사람이라고 할 수도 없어 고육지책으로, 그리고 한편으로는 자연스럽게 내세운 명칭이 바로 '고려사람'이었다. 1932년 연해주에서 창설되어 지금까지 명맥을 유지해오고 있는 '조선극장'이 1994년경부터 슬그머니 '고려극장'으로 바뀌어 불리기 시작한 것도 이와 같은 연장선상에 있다.

그리고 여기서 알아두어야 할 것은 재소고려인에 대한 올바른 명칭이 '고려인'이 아니라 '고려사람'이라는 것이다. 재소고려인들에게는 우리나라 사람이나 중국조선족처럼 민족명칭 뒤에 한자어 인(人)을 결합시키지 않고 순수 우리말 '사람'을 붙여 만드는 것이 더 편하고 자연스럽기 때문이다. 고려'인'이란 말은 한국 사람들이 쓰기 시작했고 공식·비공식 석상에서 '한국인'에 의해 자주 쓰이다보니 마치 처음부터 그 명칭이 '고려인'이었던 것처럼 인식되었을 뿐이다.

## 2. 고려인 분포지역과 현황

고려인은 카자흐스탄 전역에 분산되어 있으나 비교적 중남부에 집중하여 살고 있는 편이다. 주요 집거지역은 알마틔시와 그 근교, 우스또베지역, 크즐오르다주, 타라즈 주 지역 등이다.

### 알마틔

구수도 알마틔시에 거주하는 고려인은 약 2만 명이다. 그런데 1990년대 중반부터 끊임없이 이어지고 있는 농촌인구의 도시유입이과 인근국가 고려인의 알마틔 이주를 고려해보면 이보다는 훨씬 많을 것으로 추정된다. 고려인 인텔리와 정관계 및 학계, 제계 주요 인사들도 대부분 알마틔에 거주하고 있으며 민족문화기관과 단체들도 모두 이곳에 집중되어 있다.

일반 고려인들은 시내 곳곳에 흩어져 살고 있다. 그래서 고려인의 진면목을 보려면 집거도가 높은 시 외곽으로 나가야 한다. 다만 도심에서도 고려인 서민들의 모습을 있는 그대로 볼 수 있는 곳이 있는데 알마틔 중앙시장이 바로 그곳이다. '녹색시장(젤료늬 바자르'으로 더 널리 알려져 있는데 거기에

알마틔 중앙시장에서 두부, 고춧가루 등 전통 먹거리와 한국수입식품을 파는 고려인 아주머니

가보면 고려인 아주머니와 할머니들이 각종 김치와 회, 두부, 된장, 순대 등의 전통음식을 파는 것을 볼 수 있다. 그들은 현지인들에게는 러시아말로, 한국 사람들에게는 러시아말이 섞인 구수한 옛 함경도 사투리로 손님의 발길을 잡는다. 여름과 가을이 오면 수박과 배추농사를 지어 팔러온 고려인들이 시장 주변에 임시 가판대를 만들어 놓고 바쁘게 거래하는 모습도 볼 수 있다.

시내를 걷노라면 숨겨진 고려인의 숨결을 느낄 수 있는 곳도 적지 않다. '아라싼'이라고 부르는 거대한 대리석 목욕탕, 유명한 28공원 전몰용사조각상 맞은편에 웅장하게 서있는 '병기창'건물, 친선대로를 타고 올라가다 마주치게 되는 장엄한 모습의 '공화국회관' 그리고 독특한 양식의 '어린이궁전' 등은 황 와짐과 이 블라지미르라는 뛰어난 고려인 건축가가 설계한 건물들이다. 스키장이 있는 천산 쪽으로 가다보면 스케이트장 너머에 서있는 거대한 댐의 위용도 보이는데 이는 봄에 눈이 녹으면서 천산의 토사가 함께 무너져 내리는 것을 막아 도시를 보호하기 위해 1972년 고려인 허가이 알렉세이씨의 주도 하에 세워진 기념비적 구조물이다. 시내에는 카사흐스탄 초대 헌법위원장을 지낸 고 김 유리씨의 이름을 딴 김유리거리도 있다.

알마틔시에 있는 중요한 고려인 문화기관 및 단체로는 카자흐스탄고려인협회, 알마아타시고려민족문화중앙, 고려일보사, 국립고려극장, 문화단체 오그늬람빠 등이 있다. 카자흐스탄고려인협회(이하 카고협)는 1989년 '카자흐스탄고려문화중앙'이라는 이름으로 창설된 고려인 최고기관으로서 정관계, 재계, 학계 고려인들을 총 망라하고 있다. 카고협 산하에는 카자흐스탄 각 지역 협회지부들과 카자흐스탄 중소기업협회, 카자흐스탄고려인청년협회가 소속되어 있다. 그리고 2000년부터 국가로부터 '고려일보'의 운영권을 넘겨받아 운영하고 있으며 '국립고려극장'도 협회소속으로 만들었다. 카고협은 매년 9월경에 전 카자흐스탄고려인대회를 개최한다. 대회는 1주일 정도 지속되는데 그때 카고협간부회의 및 총회, 카자흐스탄고려인 노래자랑, 학술회의, 미스고려미인 선발대회 등이 열린다.

알마아타고려민족문화중앙도 카고협의 전신인 카자흐스탄고려문화중앙과 같은 해에 창설되었다. 회장 1인에 상근직원이 2명이며 400여명의 회원이 가입되어 있다. 산하에 알마아타고려민족문화중앙 청년회를 두고 있다. 주요 행사로는 매년 개최하는 음력 설맞이 행사, 광복절 기념행사 등이 있다.

고려일보에서 작업 중인 필자(2002년) * 사진 안 윅또르

고려일보는 1923년 3월 1일 3.1독립만세 4주년을 기념하여 연해주 블라디보스토크에서 우리나라 독립운동가와 애국지사들이 '선봉'이라는 제호로 창간한 민족 신문이다. 강제이주와 함께 폐간되었다가 이듬해인 1938년 5월 15일에 '레닌기치'라는 제호로 복간되었다. 민족문화기관이 모두 폐쇄된 마당에 고려극장과 함께 유일하게 살아남은 모국어 민족문화기관으로서 이 신문이 재소고려인에게 미친 영향은 실로 막중했다. 이 신문은 갖은 어려움 속에서도 우리글과 우리문화를 보존하였으며 모국어작가들이 작품을 발표할 수 있는 유일한 지면을 제공하였다. 그래서 우리글과 전통이 이 신문을 통해 지적 출판물로 남겨지게 된 것이다. 그러나 이 신문은 구소련의 와해와 함께 존폐의 위기에 처하여 겨우 명맥을 유지해나가다가 2000년에 고려인

협회의 관할로 넘어가 협회신문이 되었다. 처음에는 일간지였으나 재정난으로 발행횟수를 줄여나가다가 1995년부터 주간지가 되었다.

고려극장은 1932년 연해주 블라디보스토크에서 창립된 한민족 최초의 극장이다. 이 극장은 지금도 우리말로 연극을 한다. 또한 극장 산하에는 가무단이 있어 다양한 전통춤을 선보이고 있다. 고려인은 위구르인, 독일인과 함께 자기 극장을 갖고 있는 몇 안 되는 소수민족 중 하나다. 하지만 지금은 이 극장도 고려일보처럼 활기를 잃고 옛 명성이 많이 퇴색한 것이 사실이다. 현재 고려극장은 알마틔시 중심부에서 조금 떨어진 곳에 자리잡고 있다. 오랫동안 자기 극장건물이 없어 전전긍긍하다가 지난 1997년에 국가로부터 건물을 기증받아 수리를 한 뒤 2002년 가을에 입주했다.

## 우스또베

고려인 최초 강제이주지로 널리 알려진 지역이다. 1937년 9월 연해주에서 고려인을 실은 첫 강제이주 열차가 우스또베에 도착한 것은 10월 중순이었다. 우스또베에 버려진 고려인들은 토굴을 파고 첫 해 겨울을 보냈다. 그때 병약한 아이들과 노인들이 무수히 죽어갔음은 물론이다. 봄이 오자 살아남은 사람들은 토굴에서 나와 집을 짓고 농사를 짓기 시작했다. 그런데 그들이 합심해서 자기들 집보다 먼저 지은 건물이 하나 있다. 그건 바로 후세들을 가르치기 위한 학교였다. 유대인은 세계 어디를 가나 먼저 회당을 짓고 나서 개인 집을 짓는다고 하는데 우리 고려인들은 학교를 먼저 짓고 나서 개인 집을 지었던 것이다. 그 학교 건물은 지금 남아있지 않지만 우스또베에 가보면 그들이 살았던 토굴의 흔적을 지금도 볼 수 있다.

'우스또베'란 카자흐 말로 '세 개의 작은 산'이란 뜻을 갖고 있다. 알마틔에서 북동쪽으로 380km 떨어져 있다. 우스또베는 까라딸구역(우리나라의 군단위에 해당)에 있는 작은 읍 정도의 지역인데 고려인 강제이주 및 고려인의 문화, 역사 등과 관련하여 언급할 때는 통상 까라딸구역까지 포함하여 우스또 베라고 부른다. 우스또베를 넘어서 까라딸구역에까지 고려인이 집거해있어 거기에도 고려인 협동농장들이 있는 까닭이다. 달늬이보스톡, 즉 원동(遠東) 마을이라고 불리는 우스또베 인근지역 마을은 고려인이 가장 많이 집거해 있고 옛 전통도 많이 남아 있다. 뿐만 아니라 거기에 있는 제르진스키 명칭 중등학교는 카자흐스탄에서 유일하게 '한국어'를 제 1외국어로 가르치고 있다.

고려인 최초 강제이주지 우스또베의 바스또베 언덕에 세워진 기념비. 고려인들은 강제이주되어 부려진 뒤 이 언덕에서 토굴을 파고 겨울을 났다.

우스또베 고려인들은 주로 농업에 종사한다. 그들이 짓는 농작물은 벼, 양파, 채소, 수박 등이다. 우스또베는 강제이주세대 고려인 선배들이 개척한 세계 벼농사의 북방한계선이기도 한다.

## 크즐오르다

카자흐스탄의 서부 아랄해와 그리 멀지 않은 곳에 있다. '크즐오르다'는 우리말로 번역하면 '붉은 수도'라는 뜻을 갖고 있는데 실제로 1925년 2월부터 1929년 5월까지 잠시 카자흐스탄의 수도였던 적이 있다. 이곳은 강제이주

때 고려인 3대 문화기관인 고려일보, 고려극장, 조선사범학교가 함께 이주되었던 곳이다. 강제이주의 박해에서 살아남은 몇 명 안 되는 고려인 지식인과 애국지사들도 그곳에서 살다 여생을 마친 까닭에 거기에는 우리나라에도 잘 알려진 항일의병장 홍범도 장군, '조선문전'의 저자인 애국계몽가 계봉우 선생의 묘지도 있다. 홍범도 장군 묘역은 1980년대 말 고려인들에 의해 동상이 세워지고 1990년대 중반 한국대사관에 의해 새롭게 단장되었다. 시내에는 홍범도거리도 있다. 크즐오르다 고려인들은 예전에는 다수가 크즐오르다시 인근 농장에서 벼농사를 지었으나 지금은 대부분이 시내에 거주한다.

크즐오르다에 있는 홍범도장군 묘역을 찾은 고난의 시인 강태수(1989년 여름) ＊사진 정상진

## 3. 카자흐스탄 고려인에 대한 속설 몇 가지

카자흐스탄에는 130여 민족이 각기 다른 민족적 전통과 특성을 지닌 채 함께 어울려 살고 있다. 그러므로 어떤 한 민족 집단의 고유한 전통과 생활양식과 사회적 적응력은 다른 민족에게 부러움이나 존경 도는 질시나 멸시의 대상이 되곤 한다. 이는 대개 다른 민족들 사이에서 그 민족성을 부당하게 혹은 바람직하게 규정해주는 속설로 회자되는데 다행히 고려인에 대한 속설은 바람직한 것들이 많다. 대표적인 속설 3개만 싣는다.

### 고려인은 부지런하다.

대체적으로 그렇다. 이는 고려인들이 전통적으로 농업에 종사해오면서 농업민족 특유의 근면함을 보여주었기 때문에 생겨난 말이다. 고려인은 구소련에서 가장 먼저 강제이주를 당한 민족으로서 도저히 사람이 살 수 없는 척박한 황무지에 버려졌으나 그 땅을 개간하여 옥토로 일구었고 그 뒤로도 오랫동안 농업에 종사하면서 다른 민족들에게 우수한 농업기술을 전수해주었다. 그리하여 강제이주 5년 만에 고려인 집단농장과 지도자들이 강제이주를 자행했던 바로 그 스탈린 정권으로부터 그동안 땀 흘린 공로를 인정받기 시작했다. 김만삼, 채정학, 신현문 등은 그 대표적인 인물로서 타민족 사이에서도 전설적인 농업지도자로 통한다. 특히 김만삼은 1942년 제 2차 세계대전의 와중에서 자기가 이끈 선봉조합 농장에서 헥터 당 17톤의 벼 수확량을 올려 세계를 놀라게 했다. 이는 당시 세계 최고 수준의 벼 수확량이었다. 1960-70년대에 뜨거운 뙤약볕에서 온몸을 땀으로 적시며 농장 가득 양파를 재배해 구소련 전역에 제공한 민족도 고려인뿐이었다. 1990년대 중반 카자흐스탄의 경제가 구소련 붕괴의 여파로 큰 어려움을 겪고 있을 때 나자르바예프 카자흐스탄 대통령은 대국민 메시지에서 "우리는 불굴의 정신으로 노력하면 이 난국을 타개할 수 있으니

중앙아시아에서 러시아로 계절농사를 나간 고려인들이 임차한 경작지를 측량하고 있다. 사진에 보이는 나무막대는 재소고려인들이 고안해낸 2 m짜리 막대자로서 발걸음을 옮기듯이 막대자 양 끝을 번갈아 돌려가면서 길이와 넓이를 측정한다.(1979년 러시아 오렌부르크주)＊사진 안 윅또르

140  카자흐스탄의 고려인들 사이에서

예전에 고려사람들이 빈손으로 강제이주 당해 황무지에 버려졌으나 그걸 옥토로 일구며 생존해왔던 것을 본받아야 한다."라는 요지의 연설을 한 적도 있다. 그러나 지금은 고려인들 대다수가 도시에 거주하고 옛 전통이 많이 약화되었고 젊은 세대들은 더욱 그렇다고 할 수 있다.

### 고려인은 모두 부자다.

그렇지는 않다. 고려인도 다른 민족들과 마찬가지로 부유한 사람과 가난한 사람들이 공존하고 있다. 이런 속설이 생겨난 것은 고려인이 한편으로는 근면, 절약하며 가정을 규모 있게 꾸려오는 전통을 갖고 있었고 다른 한편으로는 고려인 중 일부가 은근히 부를 과시하는 경향을 보여 왔기 때문인데 구소련의 와해로 국가가 어려움에 처해있던 1990년대 초부터 타민족 사이에서 널리 유행된 말이다. 더욱이 고려인들은 1980년대 고르바쵸프의 개혁정책에 따라 도입된 자본주의 경제방식에 재빨리 적응하여 '고본질'(계절농사)로 여러 해 동안 짭짤한 수익을 올리곤 했는데 그 인상이 지금까지 타민족에게 남아있기 때문이기도 하다. '고본질'이란 중앙아시아의 고려인들이 봄에 곡창지대인 우크라이나나 카프카즈 등지로 가서 땅을 임대해 농사를 지은 후 가을이 되면 미리 계약한 만큼의 수확량을 돌려주고 나머지는 개인수익으로 챙겨서 집으로 돌아오곤 했던 농사방식을 말한다.(물론 이런 계절농사는 1950년대 후반부터 행해졌다.) 그런데 타민족들은 고려인이 온몸을 바쳐 일구어낸 수고로운 노동은 생각지 않고 그로 인해 나타난 결과만을 부러워했던 것이다.

이런 속설이 생기게 된 또 다른 이유는 아직까지 고려인 걸인이 없기 때문이다. 시장에 가보면 다양한 민족소속의 걸인들을 볼 수 있으나 그들 중에 아직까지 고려인은 없다. 이는 고려인이 모두 잘 살아서 그런 것이 아니라 비록 가난하더라도 구걸하는 행위를 수치로 여겨 어떻게 하든 스스로 호구책을 마련하기 때문이다. 특히 카자흐스탄 경제가 매우 어려웠던 1990년대에는 지금보다 걸인들이 훨씬 많았고 민족들도 다양했다. 최근 카자흐스탄 경제규모가 커지자 이에 발 빠르게 적응하여 부를 축적한 고려인들이 더러 있기는 하지만 그것은 극히 일부분이고 일반 고려인들은 타민족들과 별반 다름없이 똑같은 어려움을 겪고 또 그것을 해결하면서 살아가고 있다.

### 고려인은 부모를 잘 섬기고 가족간에 화목하다.

예전에 고려인은 부모를 섬기는데 지극히 헌신적이고 가족간의 유대를 중시하였으며 장유유서의 윤리를 엄격히 지키는 전통을 지켜왔다. 그래서 유교문화에 생소한 중앙아시아 민족들, 특히 유럽계 민족들에게 경이롭게 보였다고 한다. 그걸 알아차린 유럽계 여자들이 외도나 이혼 그리고 가족

고손들과 봄볕을 즐기는 최고령 할머니. 이 할머니는 당시 나이가 100살이 넘었다.(1988년 타쉬켄트)＊
사진 안 웍또르

간에 불화가 잦은 자민족 남자와 결혼하기보다는 가족에 대한 책임을 끝까지 다하는 고려인 남자를 남편감으로 선호한다는 이야기가 고려인 사이에서 지금까지도 자주 회자된다. 심지어는 능력 있고 잘 생긴 고려인 남자는 러시아 여자들이 죄다 빼앗아가니 고려인 아가씨들이 결혼할 자민족 상대가 없다는 말까지 나올 정도다. 언젠가 카자흐스탄의 한 유명 신문에 '고아원에 고려인 고아도 있었는가'란 기사가 나와 한 때 화제가 된 적이 있었다. 가족을 중시하는 고려인에게 이런 일은 있을 수 없다는 믿음이 타민족들에게 퍼져있었음을 보여주는 단적인 실례이다. 그러나 지금은 많이 달라졌다. 이미 신세대들이 현대적인 가치관을 교육받으며 자라나 고려인 사회의 주류로 진입하고 있기 때문이다. 현재 이혼상태에 있는 고려인남자는 8%, 여자는 17%이다.

## 4. 세시풍속과 통과의례

카자흐스탄 고려인들이 예전부터 지금까지 지켜오는 세시풍속에는 한식, 단오, 추석 등이 있다. 음력설은 오래도록 전통이 끊겼다가 10여 년 전에 부활됐다. 인생살이의 통과의례로 지켜오던 전통 관혼상제를 살펴보면 돌, 환갑, 상례, 제례에 그런대로 옛 전통이 남아있다. 혼례는 거의 러시아식으로 변질됐지만 거기에도 우리 전통이 얼마간 남아있다.

덧붙여 알아두어야 할 것은 카자흐스탄 고려인의 세시풍속이나 통과의례가 한국 및 한국인과의 끊임없는 접촉으로 조금씩 변화하고 재구성되는 측면이 있다는 것이다. 디아스포라는 원천에서 계속 물이 흘러들어와야지 그렇지 않으면 곧 말라버리고 마는 조그만 호수와 같다는 말이 새삼스럽다.

# 세시풍속

■ 한식과 추석

카자흐스탄 고려인들이 가장 잘 지켜오는 세시풍속이 바로 한식이다. 한식이 되면 고려인들은 아침 일찍 음식을 장만하여 조상들의 묘소를 찾는다. 그들은 밥, 쌀가루를 반죽하여 시루에 찐 증편, 찰떡을 기름 바른 프라이팬에 구워낸 기름구이, 삶은 닭고기, 사과, 사탕, 러시아식 소시지 등을 마련하여 조상의 묘소에 찾아가 철판으로 만들어놓은 상석에 차려놓고 3번 절을 한다. 그리고 그동안 어지러워진 묘소를 손질하고 집으로 돌아온다. 추석에도 그렇게 묘소를 찾는다.

그런데 흥미로운 것은 고려인들이 연중에 한식과 추석 단 두 번만 묘소를 찾는다는 것이다. 다른 날은 안 되고 꼭 그 날에만 찾아야 된다는 믿음을 강하게 갖고 있어 만약 한식이나 추석에 피치 못할 사정이 있어 출타중

8.15를 맞아 경축행사장에 입장하고 있는 무용단원들(1994년 우스또베)

이거나 그날 기상악화로 묘소를 못 찾으면 다음해 한식이나 추석이 돌아올 때까지 기다린다. 1990년 초부터 이곳에 들어온 기독교 선교사들의 영향으로 절을 하지 않는 고려인들도 생겨났지만 아직까지는 대부분이 한식날 조상의 묘소를 찾아 절을 하는 것을 당연한 일로 여긴다. 지금도 고려인 묘지가 있는 우스또베에는 한식과 추석날 성묘를 하려는 고려인 가족들의 자동차 행렬이 줄을 잇는다.

■ 단오

최근에는 조금 시들해졌지만 전통적으로 단오를 지켜오고 있다. 그런데 그네뛰기나 씨름판은 사라진 지 이미 오래고 대신 문화회관이나 운동장에 모여서 각종 공연과 노래자랑 등으로 흥겨운 하루를 보낸다. 우스또베 같은 시골 고려인 집성촌에는 오래전에 조직된 고려인 가무단들이 있어 그들이 그 행사의 주요 공연자가 된다. 가무단이 부르는 노래와 춤은 당연히 우리말 노래와 우리 춤이 주류를 이루고 러시아 노래 등이 간간이 뒤섞인다.

오월단오를 맞아 공원에 모인 할머니들이 흥겨운 놀이에 여념이 없다.(1991년 타쉬켄트) *사진 안 윅또르

■ 설

 양력설을 가장 큰 명절로 쇠는 러시아 문화의 영향으로 음력설은 노년층 이외에는 거의 의미를 잃어버린 명절이었다가 개방 이후 부활됐다. 지금은 카자흐스탄 고려인, 특히 알마틔시에 거주하는 고려인들이 쇠는 가장 큰 민속 명절로 자리 잡았다. 설날에는 공연 회관에서 대규모 공연이 열리며, 공연장 주변에는 고려인 음식점 주인이나 먹을거리 상인들이 들어와 전통 음식을 판매하고 윷놀이나 화투판도 벌어진다.

 음력설이 고려인의 큰 명절로 자리 잡아가는 데에는 카자흐스탄과 러시아에 고조되는 동양 문화에 대한 관심과 이해도 한몫을 한다. 구소련 문화를 선도해가는 러시아는 이미 10여 년 전부터 언론과 서적, 잡지 등에 동양의 사상, 의학, 역법 등을 소개하고 해설하는데 열성을 보여 왔고 그 영향이 카자흐스탄에도 자연스럽게 미치고 있는 것이다.

**통과의례**

■ 돌

 카자흐스탄 거주 고려인들이 치르는 돌잔치는 한국의 일반 가정보다 규모도 크고 대체적으로 더 성대하게 치러진다. 고려인들은 집에서 대개 오전 10시나 11시에 돌맞이 의례를 시작하여 반드시 정오까지 끝낸다. 직계 가족과 가까운 친지들만 참석한 가운데 돌을 맞이하는 아이를 상 앞에 앉혀놓고 상 위에 쌀, 강낭콩, 책과 연필, 실, 가위, 돈 등을 놓고 아이더러 골라 집도록 한다. 쌀은 부귀를, 강낭콩은 홍역으로부터 보호를, 책과 연필은 지혜로움과 학문적 성취를, 실은 장수를, 가위는 재봉 일을, 돈은 부를 의미한다. 이 의식이 끝나면 아이의 앞날을 나름대로 점쳐보며 즐거워하다가 저녁에 손님들을 집이나 식당에 초대하여 조촐한 잔치를 벌인다.

돌을 맞이한 아이가 할머니 앞에서 장수를 뜻하는 실을 집어 보이고 있다.(1990년대 초 알마틔)*사진 최 아리따

■ 혼례

거의 러시아식 또는 현대식으로 변질됐다. 그러나 결혼 전 혼삿말이 오간 뒤 남자 측에서 여자 측에 청혼하면서 '예단'을 보내는 전통이 남아 있다. 예단이란 함에 넣은 몇 가지 색깔의 옷감이나 천을 말하는데 반드시 이걸 보내고 받아야 결혼 약속이 성립되는 것이다.

리 니키타와 김 알렉산드라의 결혼식 사진(1946년 2월 만기트시)*사진 최 아리따

2. 이름 없이 빛도 없이 **147**

그리고 결혼식장에서 지켜지고 있는 전통이 또 하나 있는데 그것은 신랑, 신부가 식장에 입장하기 전에 양가 가족들이 식장으로 들어가는 길목에 쌀이 가득 든 자루를 하나 내려놓는 것이다. 그러면 신랑은 신부를 안고 그 쌀자루를 밟고 입장한다. 이는 새로운 가정을 이루는 그들이 재물로 인한 어려움을 겪지 말라는 의미다. 나머지는 모두 러시아식으로 진행된다.

혼례식이 진행되는 동안 주인공을 앞에 세워두고 일가친척, 지인들이 차례대로 나와 축하나 덕담을 해준다. 덕담이 시작되어 끝나는 데는 많은 시간이 걸린다. 그러나 덕담은 모든 예식의 핵심이기 때문에 절대로 빠뜨릴 수 없다. 그래서 덕담이 진행되는 도중 지루하지 않도록 중간 중간에 누군가가 러시아어로 '고리꼬"라고 외친다. 그러면 다른 사람들도 따라서 '고리꼬'라고 외치는데 이는 신랑신부가 키스를 하지 않으니 술맛이 '쓰다'라는 의미다. 이 합창을 들은 신랑신부는 자연스럽게 일어서서 키스를 한다. 그걸 본 하객들은 달콤한(?) 기분으로 쓰디쓴 보드카를 단숨에 들이킨다. 최근에는 결혼식 사회자들이 여러 가지 게임을 도입하여 하객들이 지루하지 않도록 만들고 덕담을 하는 시간을 많이 줄이려고 애쓰고 있다.

1980년대의 혼인예식＊사진 최 아리따

■ 환갑

돌과 함께 카자흐스탄에 사는 130여 민족 중에서 유일하게 고려인만이 지내는 통과의례 중 하나이다. 환갑날에는 자식들과 일가친척이 다 모여서 잔치를 벌인다. 자식들은 환갑을 맞은 부모님께 큰절을 올리고 보모님의 만수무강을 기원한다. 최근에 들어와서 환갑잔치를 예전보다 조촐하게 차리려는 경향이 생기기도 했지만, 지금까지도 대다수 고려인들은 환갑을 인생의 한 주기를 보낸 원숙한 인간이 맞이하는 중요한 행사로 여긴다. 그런 잔치에서 빠질 수 없는 것이 바로 가무다. 특히 그런 잔치에는 노년층이 더 많이 모이기 때문에 우리의 전통 민속춤과 전통 가요가 단골 메뉴로 등장한다. 그리고 모든 잔치가 그렇듯이 남녀노소 구별 없이 흥겨운 춤으로 이어진다.

최군서 노인의 환갑잔치(1946년 우스또베) *사진 최 아리따

## 상례와 제례

다른 전통 의례보다도 우리의 전통이 더 많이 남아 있다. 상례에서 특기할 만한 것은 '거울 가리기'와 '혼 부르기'와 '명정쓰기'와 '매장 시 곡'하는 의식이다. 상을 당하면 고려인들은 먼저 집 안의 유리나 거울 등 물건을 되비쳐주는 모든 가재도구를 하얀 천으로 가린다. 그리고 혼 부르기 의식을 거행하는데 대개 일가친척 중에서 경험 있는 사람이 한다. 그 일을 맡은 사람은 망자의 옷을 들고 대문 어귀나 아파트의 발코니로 나가 몇 번 흔들면서 '혼 받으시오'라고 외친다.

우스또베에 소재한 바스또베 언덕에 조성된 고려인 묘지. 초기에 만들어진 철판묘비에는 한글로 묘비명이 새겨져 있다.

그리고 명정을 쓸 때는 한글이 아닌, 전통적으로 써오던 한자로 쓸 것을 고집한다. 지금은 한문을 아는 사람들이 거의 사라져버려 한글로도 많이 쓰지만 그래도 가능하면 한자를 아는 사람을 찾아 한자로 명정을 쓴다. 장례의식은 지역과 도시, 농촌에 따라 조금씩 차이가 나긴 하지만 옛 전통에 따라 정성껏 절도 하고 곡도 한다. 특히 매장의식이 이루어질 때에는 여자들이 나서서 곡을 하는데 여기서는 그걸 가리켜 '곡을 낸다'라고 한다. 제례도 엄숙하고 정중히 이루어지며 여기서도 우리나라처럼 3년 상을 치른다.

2006년 6월

2006년 6월 주카자흐스탄 한국대사관(대사 김일수)에서 펴낸 『카자흐스탄은 어떤 나라』라는 책자에 필진으로 참여하여 실은 글이다. 카자흐스탄 한국대사관은 다른 자료들을 더 보충하고 필진을 더 모아서 개정증보판 '김일수 외 지음, 『중앙아시아의 거인 카자흐스탄』(궁리, 2008)'을 펴냈다.

# 3
# 원대한 화합과 융화의 길목에서

기다림은 언젠가 서로 만나 인격적으로 영향을 주고받았던 대상에 대한 그리움을 의미하고, 그리움은 그러한 내면의 만남을 다시 이루고자 하는 희망을 내포하고 있다. 이는 마음 깊이 새겨진 아름다운 기억을 바탕으로 하여 생겨난다. … 그래서 기다림은 만남의 또 다른 형태인 것이다.

— '원대한 화합과 융화의 길목에서' 중에서 —

# 평생을 무대에 바친 부부예술가의 예술혼
- 김 림마 안무가와 김 블라지미르 가수 합동공연 감상소감 -

지난 토요일 아바이 명칭 오페라·발레 극장에서 김 림마 안무가와 김 블라지미르 가수의 공연을 보았다. 참으로 감동스러웠고 느낀 게 많아 공연관람소감이라는 걸 처음으로 쓰게 되었다. 이 공연이 위 두 분들의 35년 무대예술의 중간결산이라는 점과 고려극장이 지금까지 그 특유의 생명력을 잃지 않고 존재해오는데 위 두 분들이 고려극장에 이루 헤아릴 수 없이 많은 공헌을 해 왔다는 점에 있어서 이번 공연은 두 분 개인적으로나 고려극장의 입장에서나 대단히 뜻 깊고 의미 있는 행사였던 것 같다.

우리들에게 보고 듣는 기능이 없었다면 빛과 소리는 다만 우주 속을 떠도는 무질서와 혼돈에 지나지 않았을 것이라고 한 시인은 말했다. 보고 들음으로써 느낄 수 있는 기능이 우리에게 있기에 때때로 빛과 소리는 모양

고려인 최고의 가수 김 블라지미르씨가 무대에서 열창하고 있다.(1999년 알마틔)＊사진 안 윅또르

과 함께 일정한 시공간적 형식을 갖추고 그 안에서 조화를 이루어 우리에게 미적 감동을 전달하며 우리는 그걸 예술이라고 부른다. 김 림마 안무가가 제자들을 통해 표현해낸 고대와 현대, 전통과 보편을 넘나든 아름다운 춤사위와 김 블라지미르 가수가 고전과 현대, 고국의 애환과 우리에게 본래적으로 내재하는 아름다움을 담아낸 노래는 눈과 귀를 통해 보고 들음으로써 미의식을 느낄 수 있었던 관객 모두에게 오래도록 지워지지 않을 깊은 인상을 남겼으리라 생각한다.

묘하게도 그 날이 8·15광복 주간이었는데 그 때문에 그랬는지는 모르

제자들을 가르치는 김림마 안무가의 최근모습.

북한에서 들어온 무용수 황정옥으로부터 물동이춤을 배우던 시절의 김림마 안무가(1969년 고려극장). 김 림마씨는 현재 생존해있는 고려극장의 유일한 인민배우이다. ✽사진 김 림마

겠으나 김 림마 안무가는 제자들을 통해 분열과 대립을 넘어서 화해와 평화를 호소하는 내용의 춤을 선보였고 김 블라지미르 가수는 조국과 어머니를 그리는 분단의 아픔을 내용으로 한 노래를 열창했다. 아직도 불완전한, 절반만의 광복된 세상에 살고 있는 우리 민족의 슬픈 전설을 일깨워주고 이 전설을 결국 완전한 광복의 기쁨으로 승화할 것을 강조하려고 그랬던 것일까. 더구나 이번 광복절은 음력으로 7월 7일 즉, 견우와 직녀가 만난다는 칠월칠석이었다. "서울아! 평양아! 만나보자, 만나보자…"하고 외치던 김 가수의 열창이 지금도 귀에 쟁쟁하다.

김 안무가의 작품들은 전통에서 현대까지 시공을 자유롭게 넘나들었고 각 작품들마다 나름대로 독특한 개성과 호소력을 지니고 있었다. 전통과 현대, 한국과 서양의 춤사위들이 전혀 치우치지 않고 잘 어우러져, 숙련된 성년 춤꾼에서 나이 어린 꼬마무희들에 이르기까지 그녀의 제자들이 관객들에게 몸짓으로 보여주는 순간순간의 동작 속에는 그녀가 표현하고자 하는 모든 메시지들이 고스란히 수렴되는 듯 했다. 특히 북춤은 메시지가 워낙 강렬하여 보는 이들을 압도했다. 김 안무가의 예술적 힘이 느껴졌다.

김 블라지미르 가수의 노래들 역시 어느 특정 언어, 특정 국가, 특정 장르를 편애하지 않았다. 그러나 김 가수는 관객들의 대부분을 차지하는 중·장년 고려인들을 위해, 그들에게 오래도록 사랑 받고 있는 우리의 전통 노래들과 아직도 끝나지 않은 우리 민족의 애환을 담은 노래들을 많이 불렀다. 김 가수의 중후하고 원숙한 예술적 개성은 풍부한 표현력과 잘 절제된 감정 그리고 내면에서 강하게 분출되어 나오는 남성적 힘으로 표출되어 언제나 관객들의 마음을 사로잡고 마는 것 같다.

두 분의 제자나 동료, 친구들이 찬조 출연하여 우정의 무대를 만들어 준 것도 참 보기에 좋았다. 그들로 인하여 무대는 더욱 다채로워졌고 풍부해졌다.

우리에게는 아직까지 김 림마 같은 훌륭한 안무가나 김 블라지미르 같은 뛰어난 가수가 있어서 우리는 별 생각 없이 자연스럽게 무대예술을 향유하고 있다. 그런데 슬그머니 걱정되는 것은 우리 고려인 사회에 이들의 뒤를 이어 우리의 기쁨과 슬픔과 사랑을 온전히 노래하고 춤추어줄 젊은 가수와 춤꾼들이 과연 몇 명이나 존재하고 있을까 하는 것이다. 물론 있긴 있을 것이고 그 수도 내 예상과 달리 적지 않을지도 모른다. 이 두 분의 공연에 출연한 그 많은 무희들이나 찬조 출연한 어린 가수만 봐도 그렇다. 어쩌면 그들은 다 나름대로 전문가적 소명의식을 가지고 열심히 활동하고 있는데 유독 나만 예술적 안목도 없이 무지를 탄로 내며 하지 않아도 될 걱정을 하고 있는 것인지도 모르겠다. 제발 그들이 지속적으로 나의 무지를 증명해주기를 바란다.

칼릴 지브란은 이렇게 말했다. "우리는 자기의 마음을 노래해 줄 가수를 찾지 못할 때 자기의 사상을 이야기해 줄 철학자를 탄생시키게 된다."고. 온갖 예술의 근원을 이루는 우리의 느낌의 삶, 감성의 삶이 이 땅에 존재하는 모든 것들을 있는 그대로 노래하거나 춤으로 추어 내지 못하고 표현의 부족으로 수축되어 버리고 만다면 우리는 단지 수많은 원칙과 논리의 창으로 가로막힌 철학의 전당에서 갈라진 하늘을 보며 조각그림 맞추기나 할 수밖에 없을 것이다. 그러면 그건 더 이상 예술이 될 수 없다. 제발 재능 있는 젊은 예술가들이 선배들의 뒤를 이어, 빛나는 보물을 간직한 채 누군가가 붙들어주기를 기다리고 있는 전통예술과 발견되어 일으켜지기를 애타게 기다리는 무한한 예술적 가능성을 찾아 우리에게 온전히 노래해줄 수 있기를 바란다. 시대적 상황이 어렵긴 하지만 그동안 뭇 선배들이 숱한 어려움을 겪으면서 쌓아놓은 고려인 사회의 예술 혼을 후배들이 아름답게 이어받는 모습이 보이기를 기대한다.

무대 예술의 진수를 보여준 김 림마 안무가와 김 블라지미르 가수에게 감사를 드린다. 앞으로도 가능한 한 자주 우리들에게 그 소중한 미적 감동을 다시 느낄 수 있게 해달라고 부탁드리고 싶다.

고려일보 2002년 8월 23일

 김 림마 안무가와 김 블라지미르 가수는 오랫동안 국립고려극장에서 일해 온 부부 예술가이다. 김 안무가는 현재 생존해 있는 고려인 예술가 중에서 유일하게 '인민' 칭호를 받은 카자흐스탄 안무가이고 김 가수는 카자흐스탄 공훈가수이다. 김 림마 안무가는 지금도 왕성한 활동을 하고 있으며 남편 김 블라지미르 가수는 최근(2007년 11월 18일)에 지병으로 작고했다.

 참고로 문예비평, 공연관람평, 전시회감상평 등에 임하는 고려일보의 기본 입장에 대해 간략히 언급하고자 한다. 고려일보의 문예비평은 관대함을 바탕으로 하고 있다. 비평 대상자를 어루만져주는 역할을 기본으로 해왔다는 말이다. 내용과 사안에 따라 혹평을 내리는 경우도 없지는 않으나 칭찬과 격려로 주인공을 감싸는 경우가 다수를 이룬다. 만일 고려일보가 매 사안마다 냉혹한 전문가적 잣대를 가지고 비평대상을 가차 없이 재단한다면 가뜩이나 위축되고 꺼져가는 민족예술의 혼불이 살아남을 길이 없다. 이런 비평의 관점은 어느 시점에서 어느 누군가에 의해 명시적으로나 묵시적으로 합의된 것이 아니고 소수민족으로 살아오면서 민족적인 것을 지키려 했던 선배기자나 작가, 비평가들이 자연스럽게 체득해온 지혜로운 생존방식의 하나였다.

 하지만 분명히 비판과 혹평을 받아야 할 사안을 칭찬으로 바꿀 수는 없는 일이다. 어느 비평가에게나 양심의 마지노선이 있기 때문이다. 그런 경우에는 대개 짤막한 보도기사로 처리하고 끝내거나 아예 외면하는 방법, 그리고 간혹 직설적 비판의 방법이 사용되었다.

 물론 이러한 경향은 구소련 해체이후 현저하게 두드러진 것이다. 구소련 시절에는 사회주의 이념을 실현하는 수단으로 문학과 비평이 행해졌기 때문에 정상진 같은 극히 일부의 예외적 비평가를 제외하고는 대부분의 비평가가 사회주의 이념의 잣대로 문학을 재단·평가했다. 그래서 구소련시절 고려일보 문예페이지에 실린 평론은 대부분 공산주의적 인간성과 사회주의의 이념을 얼마나 잘 표현하고 반영했느냐의 관점에서 전개·평가·마무리되고 있다.

## 아름다운 인연

 우리들이 한 순간의 만남만으로도 친구나 연인을 알아볼 수 있는 능력은 어디서 오는 것일까? 그리고 이와는 반대로 왜 우리는 우리의 인생에 빛을 던져주는 어떤 특별한 사람들을, 비록 과거에 수없이 마주쳤음 직하건만 그 때는 알아보지 못하고, 어느 특정한 시점에 이르러서야 알 수 있게 되는 것일까?

 사람들은 누구나 영혼의 짝을 찾아 머나먼 시공간을 헤치고 서로에게 다가간다고 한다. 적지 않은 세월을 함께 살아온 부부들은 대부분 서로 간에 어떤 운명적인 힘이 작용하고 있음을 느낀다고 말한다.

 우리들은 우리의 인생에 중요한 역할을 하는 사람과의 첫 만남에서 또는 그 사람과의 만남이 횟수를 더해감에 따라 마음 깊은 곳에서 상대방의 익숙한 무엇인가에 이끌리는 느낌을 받는다. 아마도 다른 사람과의 만남에

혼인예식을 치르는 신랑과 신부(1951년 겨울) * 사진 최 아리따

서 우리의 일상의식은 그걸 의식하지 못할지라도 더 높은 차원의 인식을 지니고 있는 우리의 영혼은 서로가 서로에게 보여주는 독특한 영적 신호나 표식의 의미를 자연스럽게 알고 필요한 시기에 적절히 반응할 수 있기 때문일 것이다.

지난 26일 알마타의 한 조그만 식당에서 조촐하지만 뜻 깊고 아름다운 결혼식이 있었다. 한국에서 온 한 맹인사업가와, 외동딸로 태어나 남부럽지 않은 교육을 받고 자라온 카자흐스탄의 한 고려인 아가씨가 하객들의 진심 어린 축하를 받으며 백년가약을 맺었다.

신랑 전상중씨는 한국의 유서 깊은 도시 광주 근교에서 태어나 자랐다. 어렸을 때 홍역을 심하게 앓아 시력을 잃어버렸으나 이에 굴하지 않고 자기의 능력을 발휘하여 나름대로 안정된 사업적 기반을 닦았다. 그러나 장애인이라는 주위의 편견과 스스로 느끼는 한계 때문에 애초부터 결혼은 아예 생각지도 않았다고 한다. 그러다가 아주 친한 선배의 권유로 알마타에 살고 있는 그 선배의 형과 연결되어 작년 11월에 이곳으로 선을 보러 오게 되었다.

한편 신부 최 스웨틀라나씨는 교육자였던 아버지와 방송국에서 근무하던 어머니의 외동딸로 태어나 모스크와에서 대학을 나왔다. 부모님이 늦게 결혼하여 부모님과 나이 차이가 많이 나는 까닭에 스웨타씨는 10년 전에는 아버지를, 3년 전에는 어머니를 여의었다. 그녀는 성실하게 직장생활을 하면서 남부럽지 않게 살아왔으나 아직은 때가 아니었는지 작년까지 인생의 반려자를 찾지 못하고 있었다. 그러던 중 작년 11월, 친어머니처럼 그리고 친언니처럼 가깝게 지내오던 분이 한 남자를 만나보라고 하였다.

이렇게 하여 운명적으로 만나게 된 두 사람은 한국과 알마타를 몇 번씩 오가며 사랑을 나눈 끝에 1년 만에 결혼에 골인하였다.

두 사람의 결혼을 축하하기 위해 한국 광주시에서 김갑주 광주시장애인협회장 겸 재활은행이사장과 그 가족 등 전상중씨의 지인들이 일부러 먼 길을 찾아왔다. 결혼식에 참석한 신랑과 신부 측의 모든 하객들은 특별한 사랑과 인연으로 맺어진 이 두 사람의 결혼을 진심으로 축하해마지 않았다.

그들은 곧 한국으로 떠나 광주시에서 보금자리를 꾸밀 예정이라 한다. 특별한 만남으로 맺어져 남다른 제 2의 인생을 시작하는 만큼 그들이 어디서 무엇을 하며 어떻게 살든지 서로의 가슴속에 지핀 사랑의 불씨를 고이 간직하며 삶을 더욱 아름답게 가꾸어 나가기를 바란다. 부디 건강하고 행복하게 살기를 진심으로 기원한다.

고려일보 2002년 11월 1일

이 글에 나오는 신랑 측 중매쟁이가 바로 필자다. 필자는 어느 날 친동생의 부탁으로 얼굴도 모르는 한 한국맹인사업가의 중매를 덥석 서고 말았는데 이게 정말 잘한 일인지 여러모로 걱정이 되었다. 다행히 그들이 오순도순 잘 살고 있어서 참으로 고맙게 생각한다. 신랑 측 우인으로 바쁜 일정을 미뤄두고 한국에서 알마틔까지 찾아와 결혼식에 참석해준 1급 시각장애인 김갑주 회장은 필자에게 다음과 같은 속담을 인용하며 신혼부부에 대한 지속적인 관심을 가져줄 것을 당부했다. "아기를 돌봐주려면 엄마가 돌아올 때까지 봐주어야 한다."라고. 필자는 지금도 가끔씩 그 속담을 떠올리며 그들에게 안부를 묻곤 한다.

# 명정을 어떻게 쓰는가?

우스또베에 사는 고려일보 독자 이동남(82세)씨가 지난 9월 13일자 (37호)에 실린 김병학씨의 기사 '명정을 쓰노라면'을 읽고 다음과 같은 몇가지 질문을 편지에 써서 보내왔다. 본지는 이 편지와 함께 이에 대한 김병학씨의 답변을 싣는다.

## 고려일보사 편집부 앞

'명정을 쓰노라면' 김병학*의 기사를 읽고 우리 고려인들 사이에 의견차이가 있어 명확한 해석을 주기를 바라면서 아래와 같은 문제 : 명정을 어떻게 써야 옳은가? 죽은 다음 혼은 어떻게 부르며 장사 나갈 때에 축을 부르는 식, 명정을 묘지에서 관 위에 덮는데 엎어 놓는가 또는 대배놓는가?

장례식장에서 화투를 치는 풍습은 중앙아시아 고려인들에게도 그대로 남아있다. 오른편에 '고인 안 이완 령구'라고 한글로 쓴 명정이 걸려 있다.(1990년 타쉬켄트)＊ 사진 안 윅또르

3. 원대한 화합과 융화의 길목에서  161

우리 촌에서는 보통 명정을 쓰는데 여자들은 "유인김해김씨지구", 남자들은 "학생김공지구", 축문은 "영이기가 왕즉유택 재진결여 영별종천"이라고 부르는데 그 내용은 모르고 기계적으로 이전 노인들이 부르던 걸 맹목적으로 부르나니 명확한 해석이 있기를 바라나이다.

우스또베에서 이동남(82세)

(김병학씨는 한때 이곳 광주한글학교 주임으로 일하였음)

## 이동남 고려일보 애독자님께

명정 쓰기를 포함한 우리의 전통 장례의식이 우리에게 갖는 의미가 적지 않지만 특히 이곳 고려인 사회에서 갖는 의미는 매우 특별하다고 생각됩니다. 왜냐하면 그것은 다민족 사회 카자흐스탄의 인종적·문화적 동화력 앞에서 우리민족의 독특한 정체성을 지켜주는 아주 중요한 요소로 작용하고 있는 것으로 보이기 때문입니다. 그래서 우리가 여기서 뚜렷한 민족적 정체성을 지닌 '고려인'으로 남기를 바란다면 우리의 전통의식과 그 의식에 깃든 의미를 잘 알고 이해해야 하는 것은 너무나도 당연한 일일 것입니다.

그런데 제가 여기서 한 가지 고백해야 할 것이 있습니다. 여기 사는 우리 고려인들이 우리의 전통의식들을 많이 잊어버렸듯이 저 또한 고려일보에 "명정을 쓰노라면"이라는 기사를 썼음에도 불구하고 전통장례의식의 세세한 면면에 대해 잘 모르는 부분이 많습니다. 앞으로는 우리의 전통에 대해 좀더 많은 관심을 기울이도록 노력하겠습니다. 그럼 부족한대로 질문에 답해드리겠습니다. 아울러 '장사 나갈 때 축을 부르는 식'은 제가 알 수 없어서 한국으로 연락하여 광주향교에 문의하여 알아냈음을 밝혀드립니다.

'명정을 어떻게 써야 옳은가'에 대해 : 김해김씨를 예로 들어 설명하겠습니다. 여자가 상을 당한 경우에는 "유인김해김씨지구(孺人金海金氏之柩)"로, 남자의 상에는 "학생김해김공지구(學生金海金公之柩)"로 써야 맞습니다. 여기서 여자의 명정 첫머리에 쓰는 '유인(孺人)'은 '보통 여자', 남자의 명정 첫머리에 쓰는 '학생(學生)'은 '관직이 없는 보통남자'를 뜻합니다. 계급제도가 유지되고 있었고 신분이 중요한 가치를 지녔던 옛날에는 명정의 첫머리에 고인의 품계나 관직을 기록했으나, 계급이 철폐되고 신분이 평등한 지금은 거의 대부분의 사람들이 겸손하게 '유인', '학생'이라고 씁니다. 그러나 지금도 어떤 특정한 직책에 소속감을 느끼거나 그 직책에 있으면서 사회에 공헌을 많이 한 경우, 또는 종교인들 중 상당수는 '유인'이나 '학생' 대신에 직책( 예를 들면 회장, 이사관, 대령 등등)을 쓰거나 종교소속( 예를 들면 기독인, 불자, 성도 등등)을 쓰기도 합니다.

- 중략 -

'장사 나갈 때에 축을 부르는 식'에 대해 : 집에서 장지로 나갈 때 부르는 축문은 다음과 같습니다. "영이기가(靈輀旣駕) 왕즉유택(往卽幽宅) 재진견례(載陳遣禮) 영결종천(永訣終天)" 이것을 우리말로 해석하면 "이미 상여에 타셨으니 곧 무덤으로 가시게 됩니다. 이제 보내는 예를 베풀었사오니 이 세상과 영원한 이별이옵니다."라는 뜻입니다. 그런데 남편이 아내를 저 세상으로 먼저 보내거나 부모가 자식을 먼저 보내는 경우에는 축문의 마지막 구절인 "영결종천" 대신 "불승비념(不勝悲念)"을 씁니다. 해석하자면 " [⋯] 이제 보내는 예를 베풀었으니 슬프기가 한이 없습니다.(직역하자면, 슬픈 생각을 이길 수 없습니다.)"라는 뜻입니다.

어느 정도 답변이 되었는지 모르겠습니다. 이 답변이 부족하면 부족한 대로 그런대로 충분하면 충분한대로 이동남 독자님께 조금이나마 도움이 되기를 바랍니다. 건강하게 오래오래 사시기를 기원합니다.

고려일보 2002년 11월 8일

이처럼 고려일보에 독자들의 편지문의가 들어오는 경우가 종종 있다. 그런데 애석하게도 이동남 할아버지처럼 모국어로 편지를 써서 보낼 수 있는 사람은 불과 몇 명 되지 않는다. 필자가 고려일보에서 일하던 2000-2003년 사이에 신문사가 한글로 된 독자편지를 받아본 것은 이 편지가 거의 유일했다.

명정 쓰는 방법을 정확히 알려달라고 고려일보로 편지를 보내온 이동남 할아버지는 필자가 개인적으로 아는 분이다. 이 할아버지는 필자가 1992년 여름부터 다음 해 여름까지 우스또베에서 광주한글학교교사로 일할 때 이웃해 사시던 분이었다. 필자는 가끔씩 이 할아버지를 만나 강제이주나 연해주시절 고려인의 삶에 대해서 이야기를 들었고 다른 주제로 이야기를 나누기도 했었다.

한번은 우리의 언어에 대해서도 이야기를 나누었는데 그 분은 한국에서 쓰는 모국어가 영어로 너무 많이 오염되어 있다며 한국인들이 쓰는 일상 언어생활에 대해 몹시 서운해 하셨다. 그 당시 우스또베는 뜻있는 여러 한국 사람들에게 고려인 최초의 강제이주지로 벌써 알려져 있어서 적지 않은 이들이 우스또베를 다녀갔었다. 기회가 닿아 그런 사람들과 이야기를 나누다보면 같은 한국에서 온 필자마저도 우리의 모국어가 그들에게 심하게 모독당하고 있다고 느끼는 때가 한두 번이 아니었다. 하물며 옛말을 고스란히 간직해온 그 할아버지가 뭐 좀 아는 체하는 한국인의 일장연설을 들을 때 느끼는 심정이 어떠했을까.

필자는 이처럼 아는 고려인들로부터 모국어에 대한 항의를 받을 때면 뭐라 대답해 드릴 말씀이 없어서 속으로만 죄송하다고 수없이 머리를 조아리곤 했다. 모국어가 오염됐다는 의견은 대다수 구소련고려인들의 견해이기도 하다.

# 원대한 화합과 융화의 길목에서

- 북한 예술품 전시회 관람 소감 -

카자흐스탄 알마틔에서 전시판매되던 북한 미술품들

여기서 살면서 내게 몇 가지 기다림이 생겨났다.

　기다림은 언젠가 서로 만나 인격적으로 영향을 주고받았던 대상에 대한 그리움을 의미하고, 그리움은 그러한 내면의 만남을 다시 이루고자 하는 희망을 내포하고 있다. 이는 마음 깊이 새겨진 아름다운 기억을 바탕으로 하여 생겨난다.

모든 만남은 비록 그 형식에 있어서 객관적 양상을 띠지만 본질적으로는 두 대상간의 상호교류에 대한 지극히 주관적 체험인 것이며 따라서 그 주관적 체험이 나의 삶에 지속적으로 영향을 미치고 있다면 객관적 만남의 대상이 지금 여기에 존재하고 있지 않더라도 만남은 계속되고 있다고 할 수 있다. 그래서 기다림은 만남의 또 다른 형태인 것이다.

내게 생겨난 기다림 중의 하나는 해마다 늦가을에서 초겨울로 이어지는 시기에 알마타에서 열리는 북한 예술품 전시회다. 예술품의 가치를 제대로 평가하고 즐길 수 있는 능력은 아직 내게 없지만 그냥 애호가로서 조선화나 자수화 또는 자개그림을 감상하는 기쁨은 여기서 내가 누리는 큰 기쁨 중의 하나다.

정확히 기억할 수는 없지만 이 전시회를 즐기는 고객이 된지가 벌써 5년이 넘었다. 그러다 보니 어느새 맥림, 김린권, 김기만, 방성희 같은 조선화가들의 작품경향과 특색도 어느 정도 이해하고 감상할 수 있게 되었다. 그들이 즐겨 그리는 그림은, 좀더 정확히 표현하자면 여기서 주로 전시되는 그들의 그림은 대부분이 산수화나 사군자, 화조도 등이다.

회화양식은 일반적으로 크게 구상과 비구상, 다르게 말하면 자연주의적 양식과 기하학적 양식으로 나뉜다. 둘 다 궁극적으로는 시각적으로 표현된 표상을 매개로 해서 자연의 마음에 연결되어 있는 작가의 관념을 보여주는 것이지만 그 표현양식에는 큰 차이가 있다. 자연주의적 양식이 눈에 보이는 그대로의 대상을 구상적으로 그려내는 것이라면 기하학적 양식은 대상에 대한 자기의 개념을 비구상적으로 그려내는 것이다.

우리의 전통 그림은 대부분이 자연주의적 양식이었다. 지금 전시중인 조선화도 모두 구상화(자연주의적 양식)다. 그러나 어떤 구상화라도 조금만 깊이 들여다보면 거기에 등장하는 물상들마다, 작가가 의식했거나 안

했거나 간에, 겉으로 보이는 형상 너머로 작가가 보여주려는 독특한 의도나 시대정신 또는 인류의 보편적 사유개념이 기호나 상징의 형태로 함축되어 있음이 드러난다.

힘 있는 필치로 그려진 맥림 화백의 '매화'그림이나 젊은 여류화가 방성희 화백의 '달밤을 배경으로 피어난 매화'그림에서 나는, 옛날에 우리 선조들이 사군자를 통해서 지조와 절개를 읽어냈던 것에 더하여, 매화나무 자체에서 완성을 향한 끊임없는 전진을, 화면을 가득 채운 둥그런 달에서 상반성의 합일과 모든 이질적인 것들을 융화시키는 우주적 마음을 읽는다.

그리고 작가가 누구인지는 생각나지 않지만 황소그림을 통해서는 목가적인 평화로움 외에도 모든 어려움을 이겨내는 불굴의 정신을, 안개가 걷히는 금강산이 그려진 그림에서는 금강산 자체의 아름다움과 함께 온갖 풍상에 깎이며 더욱 신비로워진 산과 바위가 우리의 마음 안으로 깊어져 가며 외치는 영원한 침묵의 소리를 듣는다.

어쩌면 예술가의 참모습은 그가 작품을 통해 보여줄 수 있는 부분에 있는 것이 아니라 반대로 보여줄 수 없는 부분에 있는지도 모른다. 그러기에 그들은 보여줄 수 없는 바로 그 부분을 보여주기 위해 보이는 대상을 보이지 않는 사념들이 함축된 상징적 표상으로 그려내는 것이 아닐까. 이로써 예술은 구상과 비구상의 경계를 넘어 서로의 영역을 넘나들고 서로를 강화시켜주는 방식으로 연합되는 것이다.

예술가의 창작품을 보면서 관념의 모험을 해보는 것은 내게 더 없는 즐거움이다. 더구나 그 작품들이 북녘 동포 작가들의 작품임에야 더 말할 것이 있을까. 그러나 과정철학자 화이트헤드의 표현을 빌리면 '추상의 날개를 펴고 하늘을 나는 비행기는 반드시 지상으로 내려와야 한다.' 현실을 확인하고 더 큰 상상의 공간으로 비상할 준비를 하기 위해서다. 우리의 예술도 더 높이 도약하기 위해서는 현재 뿌리내리고 있는 현실을 세심하게 살펴야 한다.

그리스 예술의 본질은 균형에 있고 로마 예술은 모방에, 중국 예술의 본질은 예절에 있다고 한다. 또한 이탈리아 예술은 아름다움에, 프랑스 예술은 기교 속에, 러시아 예술은 슬픔에 있다고 한다. 그럼 우리민족 예술의 본질은 무엇에 뿌리내리고 있을까? 그리고 무엇을 향해 나아가고 있는 것일까? 우리민족이 추구해야 할 진정한 예술의 길은 무엇일까?

창조력과 역사를 읽는 눈을 가진 예술가들이라면 이미 우리의 조국이 둘로 갈라진 순간부터 우리민족 예술의 본질을 재정립하려는 기나긴 창조적 여정을 걸어오면서 민족의 원대한 화합과 융화의 꿈을 작품으로 실현해 오고 있을 것이다. 비록 그 과정과 결과가 아직 우리 눈에 확연히 드러나 보이지 않을지라도.

고려일보 2002년 11월 22일

카자흐스탄에 들어온 지 며칠 안 되어 북한 사람들을 처음 만났다. 1992년 6월 중순경 재소고려인 최초 강제이주지 '우스또베'에서였다. 산뜻하면서도 햇살이 따갑던 6월 어느 날 우스또베 고려인들이 필자를 어느 행사장으로 초대하는 것이었다. 무슨 행사냐고 물어보니 단오행사라 하였다. 큰 호기심이 발동하여 따라나섰는데 물론 거기서 역사적인(?) 남북간의 만남이 이루어질 줄은 꿈에도 생각지 못했었다. 인 발렌찌나 까라딸구역(우스또베를 포함한 군단위 지역) 부군수는 필자에게 같은 '코리아'에서 온 사람들이 있다며 일단의 사람들 앞에 필자를 마주 앉혔다. '도대체 이 오지에 나 말고 다른 한국 사람이 누가 있단 말인가, 거참 이상한 일도 다 있구나.'라고 생각하며 고개를 갸우뚱거리면서 권해준 의자에 앉았다.

마주 앉은 사람들의 분위기가 영 이상했다. 한 다섯 명쯤 되는 사람들이 나란히 앉아있었는데 그들은 하나같이 양복 상의 가슴께에 둥그런 배지를 달고 있었다. 그들은 자신들이 평양에서 출장 나온 사람이라고 소개했다. 가슴이 철렁했다. 당시만 해도 남북간에 예전의 이념적 냉전이 여전했고 필자 같은 일반 한국인이 북한사람들을 그렇게 쉽게 만나리라고는 상상도 못했던 시절이라 '평양'이란 말을 듣는 순간 오싹 소름이 돋았다. '혹시 이들이 나를 납치하려는 건 아닐까? 납치하여 다른 데로 끌고 가려는 건 아닐까?' 소위 한국에서 대학까지 나왔다는 자가 첫 대면에서부터 이런 걱정으로 몸을 떨 정도였으니 우리나라의 예전 반공교육이 얼마나 어이없고 왜곡되었는지를 가늠할 만 하다.

한번 만남이 이루어지고 나니 마치 물꼬가 터짓듯 남북의 만남이 계속 이어졌다. 필자가 우스또베에서 한글학교를 운영하던 1992-1993년 사이에 북한에서도 몇 명의 예술인들이 그곳으로 파견 나와 태권도와 무용과 노래를 가르치며 활동했던 까닭이다. 당시 우스또베에서 사는 한국인은 필자 혼자뿐이라서 매우 귀하신(?) 몸이었다. 그러다 보니 고려인들이 거행하는 행사나 잔치에 자주 초대를 받았다. 마찬가지로 북녘 '코리아'에서 온 그들도 그런 자리에 드물지 않게 초대받아 오곤 했다. 남북간의 만남은 그렇게 참 신기한 방식으로, 필자의 의지와 전혀 상관없이 이루어졌다.

한해 뒤에는 수도 알마틔로 나와 대학에서 학생들을 가르치기 시작했는데 거기서도 북녘동포들을 계속 만나는 진풍경이 벌어졌다. 필자가 재직하게 된 알마틔 대학 한국어과에 이미 북한에서 두 명의 교수요원이 파견 나와 학생들에게 조선어를 가르치고 있었던 것이다. 언제나 그렇듯 첫 만남은 다소 긴장되고 불안하고 조심스러웠다. 하지만 자주 얼굴을 익히다보니 점차 마음의 벽이 허물어져 그 분들과 스스럼없이 이야기를 나눌 수 있게 되었다. 이념문제로 인한 언쟁은 항상 끼어들었지만 북녘 동포들은 언제부턴가 편안하게 필자의 일상 속으로 들어오게 되었다.

이 기사에 나오는 북한 예술품을 전시판매 하던 사람들은 2001년 늦가을부터 해마다 알마틔를 찾아와 겨울 한철을 나고 돌아가곤 했다. 그런데 2005년 늦가을에 왔다가 2006년 2월에 알마틔를 떠난 뒤 다시 여기를 찾지 않고 있어 궁금증을 자아낸다. 이들 말고 다른 소속단체에서 왔다는 판매원들도 1990년대부터 알마틔를 찾아와 미술품, 수공예품 등을 전시판매 했었다.

# 노래 부르기를 스스로 즐겨하는 사람

― 'O' 테너가수 귀국독창회 감상 소감 ―

"보리밭 사이 길로 걸어가면 뉘 부르는 소리 있어 나를 멈춘다. 옛 생각이 외로워…"

벌써 스무 해 남짓 전에 즐겨 불렀던 노래다. 나는 어렸을 때, 눈이 시리도록 푸르게 들녘을 덮은 보리밭 길을 지나가면서 보리피리를 즐겨 불곤 했었다. 그래서인지 나중에 '보리밭' 노래를 처음 들었을 때 그 노래에 반했고 그 뒤로도 유난히 그 보리밭 노래를 좋아했다. 그런데 언제부터 이 노래가 나의 기억에서 사라져버렸던 것일까…

고려인 3세대 가수 니가이 꼬마(1970년대)

함박눈이 쏟아지던 토요일 오후 한 테너가수가 오랫동안 잃어버렸던 그리운 추억을 내게 되찾아 주었다. 음악공부를 하기 위해 여덟 해 전에 이곳으로 건너왔던 'O'씨가 성공리에 공부를 마치고 한국인으로서는 처음으로 알마타에서 귀국독창회를 가졌던 것이다. 그것도 이름 하여 '한국가곡의 밤'이었다.

노래는 아마도, 인류가 처음으로 땅에 씨를 뿌렸다가 싹이 트는 것을 보고 그 싹을 틔워준 태양의 자비로움에 감사를 드렸을 때 처음 생겨났을 것이다.* 이렇듯 노래는 자발적인 감사와 기쁨에서 우러나오는 것이 그 본질이다. 그래서 노래 부르는 이가 노래 부르기를 스스로 즐겨하지 않는다면 그는 결코 듣는 이를 감동시킬 수 없다. 'O'씨는 노래 부르기를 매우 즐겨할 뿐만 아니라 그것에 큰 열정을 갖고 있는 사람으로 보인다.

"물망초 꿈꾸는 강가를 돌아 달빛 먼 길 님이 오시는지…"

노래에서 느껴지는 감동은 부르는 이의 목소리의 떨림과 듣는 이의 마음의 떨림 사이에서 발견된다.** 가곡의 아름다움은, 그것이 절제되고 잘 다듬어진 형식에 담겨져 표현되는 것임에도 불구하고 결코 형식이라는 표면적 제약에 갇힐 수 없는 자유로움으로 무한한 감성적 아름다움을 표현해냄으로써 우리에게 세련되고 수준 높은 미적 감동을 선사해주는 데 있는 것 같다. 'O'씨의 노래를 들으면서 난 아름다운 상상의 나래를 활짝 펼 수 있었다.

이제야 알게 된 사실인데 그는 어렸을 때부터 무수한 어려움을 겪고 자랐다. 가정이 어려워 신문배달, 우유배달 등으로 생계를 유지해 나갔으며 학교도 제대로 다니지 못했다. 그러나 그 속에서도 향학일념을 불태워 나중에 검정고시를 통해 학업을 마쳤다. 여기로 음악공부를 하러 와서도 각종 아르바이트, 피아노조율사 등으로 일하며 결국 원하던 공부를 마쳤다. 그것도 가족이 딸린 가장의 몸으로서. 그런 어려움 속에서 다른 것도 아닌 음악을 공부한다는 것이 얼마나 어려운 일이었을까.

"동그라미 그리려다 무심코 그린 얼굴, 내 마음 따라 흘러가는 하얀 그때 꿈을…"

우리가 동심을 마음껏 펼치며 자라나고 있었을 어린 시절과 학창시절에 숱한 어려움을 겪으며 살아온 그는 동심을 누릴 여유가 얼마나 있었을까?

---

*과 **는 레바논의 유명시인 칼릴 지브란의 경우이다. 이중 *에 인용된 글은 이 글의 내용에 맞도록 필자가 내용일부를 수정한 것이다.

아니 그에게 과연 우리가 누렸던 그런 동심의 세계가 존재하기나 했었을까? 그런데 이제는 반대로 그가 우리에게, 우리가 오래 전에 잃어버렸던 동심을 되찾아 주고 있다. 삶은 정말 아이러니 같다. 나중 된 자가 먼저 되고 시작은 미약하였던 자가 나중은 심히 창대해지는 것을 여기서 본다. 동심과 추억을 되찾아준 'ㅇ'씨에게 큰 고마움을 전하고 싶다.

이번 독창회를 그림으로 표현해 보자면 고향산천의 아름다움을 그린 여러 폭의 수채화였다. "산 너머 남촌에는 누가 살길 래 해마다 봄바람이 남으로 오네…", "누구의 주재런가 맑고 고운 산…" 노래를 듣고 있자니 마음 안에서 캔버스가 가득히 펼쳐져 난 오랜만에 자유로운 붓놀림으로 학창시절에 못다 그린 수채화를 마음껏 그렸다.

이제 그가 곧 한국으로 돌아가 버리면 누가 다시 우리에게 이런 추억과 아름다움을 선사해줄 수 있을까?

그런데 그 문제는 걱정 안 해도 될 것 같다는 생각이 들었다. 중간에 찬조 출연한 미라쉬 슈꼴라 10학년 'ㄱ'양의 플롯연주가 일품이었다. 그 연주는 아름답기 그지없어 우리의 심금을 울리고도 남음이 있었다. 그리고 바이올린을 드는 것조차도 버겁게 보이던 어린 꼬마 'ㄷ'이의 바이올린 연주도 관객에게 큰 기쁨과 감동을 안겨주었다. 머지않아 이들의 연주회도 열려서 나 같은 사람들이 다시 한번 추억을 되살릴 수 있는 기회가 오기를 바란다.

아름다운 목소리를 지녔거나 훌륭한 악기연주 실력을 갖춘 사람은 참으로 복 있는 사람이다. 아름다운 목소리를 갖고 있고 그것을 제대로 표현할 줄 아는 'ㅇ'씨는 그렇게 복 받은 사람들 중의 하나다. 그가 한국에 돌아가서도 나처럼 동심을 잃어버린 사람들의 마음속에 추억과 동심과 아름다움을 가득 심어주리라 믿는다. 행복을 기원한다.

고려일보 2002년 12월 20일

# 교육원 도서관이 시장바닥인가?

나는 가끔씩 교육원 도서관에 간다. 책을 빌려보기 위해서다. 장서량이 그리 대단치는 않지만 그래도 외국에서 이 정도의 책을 빌려볼 수 있다는 것은 내게 적지 않은 행운이라고 생각하면서.

그런데 한 가지 유감스러운 게 있다. 교육원 도서관에 들어서기만 하면 거의 반드시 내게서 책보는 재미를 빼앗아 가는 것이 있기 때문이다. 그 주범은 바로 도서관 옆 대강당에서 들려오는 고려극장의 공연연습소음이다. 이 소음이 고려극장의 입장에서는 관객들에게 훌륭한 공연을 보여주기 위해 열심히 연습하고 있다는 것을 증명해 주는 징표가 될지는 모르지만 도서관에서 책을 보고자 하는 사람에게는 이보다 더 큰 방해물이 없다.

고려극장에서 열연중인 김진 배우. 그는 고려인 최초로 인민배우 칭호를 받은 당대 최고의 연극배우였다.(1960년대 초반)＊사진 최 아리따

공연차례를 기다리는 고려극장 꼬마무희들＊사진 안 윅또르

3. 원대한 화합과 융화의 길목에서 173

나는 작년 가을까지만 해도 이 소음이 불가피하다고 생각했었다. 아니 불가피하지는 않더라도 용인할 수 있는 것이라고 생각했다. 그런데 작년 가을 파파니나 거리에 있는 새 고려극장건물 입주식이 있은 이후로는 이건 아니라는 생각이 들었다. 내가 알기로 고려극장이 새 건물 입주식을 가진 것은 한 번도 아니고 벌써 두 번째다. 더구나 작년 가을에 가진 입주식은 나자르바예브 대통령까지 참석했던, 고려극장 역사상 최고로 뜻 깊은 행사였다.

아직 난 잘 모르겠다, 고려극장이 새 건물을 놔두고 교육원 대강당에서 계속 연습을 해야만 하는 데에는 나름대로 말 못할 사연이 있어서 그런지는. 그러나 엄연히 자기 건물이 있는데도 불구하고 더욱이 다른 사람도 아닌 대통령까지 모시고 화려한 입주식을 가진 마당에 여전히 남의 건물에서 책 읽는 사람들을 방해하면서까지 연습을 계속하는 것은 상식적으로 이해가 안 간다.

그리고 새 고려극장건물은 어떻게 하여 마련한 건물이던가! 바로 고려극장단원들의 간절한 염원과 뜻있는 고려인 원로들의 간곡한 요청을 받아들여 카자흐스탄 정부가 고려인 카자흐스탄 이주 60주년에 즈음하여 어렵게 마련해준 건물이 아니던가! 만약 가까운 장래에 대통령이나 문화부장관이 "정부에서 고려인 당신들에게 선물로 준 고려극장은 그간 안녕하신가? 당신들은 그 건물을 잘 활용하고 있는가?"라고 물어본다면 고려극장 단원 여러분들은 뭐라고 답변할 것인가?

나는 개인적으로 고려극장에 불만을 가질 이유가 없다. 오히려 반대로 이 글을 쓰는 것이, 오랜 세월 고려인의 얼과 혼을 지켜오느라 혼신의 힘을 다했던 극장단원들께 누를 끼친 것만 같아 죄송한 마음이 들뿐이다. 그러나 사람의 일에는 본의 아니게 실수나 잘못이 따르기도 하고 설령 잘못이 없을지라도 사려 깊지 못한 관행이 별다른 반성 없이 지속되는 경우도 생긴다. 중요한 것은 그런 문제점들이 드러났을 때 원점으로 돌아가 합리적이고 분별력 있게 해결할 수 있는 의지라고 생각한다.

고려극장에 당부하고 싶은 말씀은 교육원 도서관으로 들려오는 고려극장의 공연연습소음의 문제점을 지적하는 사람이 나 혼자가 아니라는 사실이다. 도서관에 책을 빌리러 오거나 공부하러 오는 사람들은 누구나 다 이 문제로 고통 받고 있으며 이 문제의 심각성을 지적한다는 것을 아셔야 한다.

도서관의 생명은 조용한 면학 분위기에 있다. 시끄러운 도서관은 도서관이 아니라 시장이라고 불러야 마땅하다. 교육원 도서관에서 조용히 책을 읽을 수 있는 날이 하루 속히 오기를 간절히 바란다.

고려일보 2003년 2월 21일

카자흐스탄에 재소고려인을 대표하는 두 개의 민족문화기관이 있는데 '고려일보'와 '고려극장'이 바로 그것이다. 고려극장은 1932년 9월 9일 연해주 블라디보스토크에서 창설되었다. 현대적 의미의 우리민족극장이 창설된 건 한민족 역사를 통틀어 고려극장이 최초다. 이 극장이 고려인에게 미친 영향은 실로 지대했다. 고려극장은 스스로도 숱한 어려움을 겪었지만 그때마다 오뚝이처럼 우뚝 일어서서 항상 고려사람 곁으로 달려갔다.

특히 고려인들이 강제이주 직후 재이주를 당해 중앙아시아 각지로 뿔뿔이 흩어졌을 때 그 와중에서도 고려극장은 순회공연을 조직하여 고려인집성촌과 고려인들이 모인 일터로 일일이 찾아가 입심 좋은 우리말 연극과 전통가무로 피폐해진 그들의 마음을 달래주었다. 이로써 고려인들이 우리의 전통을 잃지 않고 민족혼을 굳건히 붙들 수 있게 해주었던 것이다. 이 극장은 70여 년 동안 '춘향전', '심청전', '흥부와 놀부(흥부전)', '양반전' 등 우리의 고전은 물론 러시아와 서양의 고전과 현대극에 이르기까지 250 여개의 연극과 음악회프로그램을 상연했다. 현재 120 여 민족이 모여 사는 카자흐스탄에서 주류민족인 카자흐인과 러시아인을 제외하면 소비에트시

대부터 자기의 모국어신문과 모국어극장을 갖고 있는 소수민족은 고려인과 위구르인뿐이다.

구소련 붕괴 이후 고려극장은 커다란 시련에 직면했다. 소련 해체의 충격으로 고려극장은 한동안 아노미적 혼란상태에 빠져들었다. 게다가 미래에 대한 헛된 환상과 극장 지도부의 잘못된 상황판단이 겹쳐 오랫동안 위구르극장과 함께 사용해왔던 극장건물의 사용권과 소유권마저 스스로 포기해버리고 말았다. 그 결과 고려극장은 여러 해 동안 뜨내기처럼 이리저리 옮겨 다니면서 다른 극장을 빌려 그때그때 준비한 연극을 무대에 올려야 했었다. 참으로 가혹한 시련의 나날들이었다.

1999년에 들어서자 고려극장은 겨우 안도의 한숨을 내쉴 수 있었다. 공연장이 딸린 알마틔한국교육원(한국인적자원부 산하) 건물이 완공되어 고려인협회와 함께 그곳으로 입주할 수 있었기 때문이다. 이로써 고려극장은 다른 극장을 빌릴 때 지불해야 하는 임대료 걱정이나 다른 극장으로부터 받는 눈총이 사라져 참으로 오랜만에 편안하게 본연의 임무를 수행할 수 있었다.

문제는 위 글에 지적했듯이 고려극장이 교육원에 입주해 있는 동안 카자흐스탄 정부로부터 기증받은 새 극장건물을 수리해서 입주식을 치른 다음에도 나가려 하지 않았던 데에서 시작되었다. 고려극장이 이사를 가지 않으려고 고집을 부린 이유는 새 극장건물이 그리 크지 않은데다가 장소도 시내 중심가에서 상당히 떨어진 후미진 곳에 자리 잡고 있어서였기 때문일 것이다.

필자는 카자흐스탄 고려인사회가 좁은데다 카자흐스탄에서 오래도록 거주해오고 있는 한국인이라 고려극장 단원들과도 잘 알고 지낸다. 그런데 어느 날 그들에게 반드시 짚고 넘어가야 할 문제가 있다는 판단이 들었을 때 이와 같은 비판기사를 쓴다는 것이 결코 쉬운 일이 아니었다. 그들과의 관계에 금이 갈 것이 불을 보듯 훤한데…

그런데 필자를 끔찍이도 아껴주시던 김성조 편집국장이 이 기사 말미에 쓰인 필자의 이름을 지우고 대신 한국의 한 대학생이 이 기사를 투고했다는 머리말을 붙여서 신문에 내보냈다. 이 글이 나간 직후 고려극장과 알마틔 한국교육원에서 여러 가지 말들이 오갔고 고려극장 관계자가 이 기사가 실린 신문을 가지고 고려일보사에 찾아와 크게 항의했음은 물론이다. 나중에 이 글을 쓴 주인공이 누구인지 알려졌음도 당연하다. 그런데 놀라운 사실은 이 기사가 나간 지 그리 오래 지나지 않아 문제가 원만히 잘 해결되었다는 것이다. 고려극장은 차근차근 이사를 준비했고 그해 가을 새 극장 건물로 입주했다. 보람도 느꼈지만 고려극장 단원들께는 미안하고 죄송스러워 한동안 얼굴을 들고 다니지 못했다.

고려극장은 1935년에 <춘향전>을 초연한 뒤 1980년대까지 꾸준히 무대에 올렸다. 그러나 그동안 춘향역을 맡아 연기한 배우는 단 3명뿐이었다. 그 3명의 춘향이 고려극장 창설 60주년을 맞아 한 자리에 모였다. 왼쪽부터 3대 춘향 최 따찌야나, 초대 춘향 이함덕, 2대 춘향 박 마야 배우(1992년 고려극장)＊ 사진 안 윅또르

## 한국남도에 중앙아시아의 꽃이 핀다.

  본 기자는 김갑주 광주시 재활신협이사장, 이정률 금화기계사장, 강성구 우원 INC사장, 김병헌 광주아카데미 사무처장, 전상중씨 부부 등의 초청으로 본사 양원식 고문, 최 엘라 우리민족 TV방송담당과 함께 지난 5월 16일부터 일주일 일정으로 한국 광주광역시를 다녀왔다. 작년 10월 말 알마타에서 최 스웨틀라나씨와 결혼식을 올린 전상중씨와 신랑하객으로 한국에서 신랑과 함께 온 우인들인 위 분들은 멀리 카자흐스탄에도 우리 글로 발행되는 '고려일보'라는 언론매체가 존재한다는 사실에 감동하여 그 때 알마타에서 우리들과 맺은 인연을 좀더 보람되고 의미 있게 연결해보자며 '5.18광주민주화운동 23주년'에 즈음하여 우리를 광주시로 초청했던 것이다. 이미 본지에 양원식 고문의 기사(5월 30일자 3면)가 나갔고 우리민족 TV방송으로도 몇 차례 나간 바 있으므로 본인은 거기에서 다루지 않은 세 가지 다른 기사를 정리해 보았다.

알마틔 시 외곽에 끝없이 펼쳐진 해바라기밭

## 최 스웨틀라나씨의 한국에 적응하기

광주의 한 시각장애인 사업가와 특별한 인연으로 맺어져 작년 10월 말 알마타에서 결혼식을 올리고 한국으로 간 최 스웨틀라나씨(본지 2002년 11월 1일자 4면, 8면 참조)… "조상들의 고향일 뿐 자기에게는 외국 땅이나 다름없는 한국 광주시에서 과연 별 어려움 없이 살고 있을까? 혹 알마타로 돌아오고 싶은 향수를 느끼지나 않을까?" 외국생활을 오래해 오고 있는 본 기자에게는 이 물음이 거의 본능처럼 다가왔다.

스웨타씨는 이번 우리들의 방문을 처음부터 끝까지 동행했다. 스웨타씨는 우선 러시아어로 이야기를 나눌 수 있는 사람, 그것도 자기 고향 알마타에서 온 사람과 대화와 농담까지 할 수 있다는 것이 너무나 즐거운 모양이었다.

어느 정도 예상했던 바지만 스웨타씨는 한국말을 제법 했다. "스웨타씨, 한국말을 잘 하시네요?" 그러자 "아니에요? 아직은 잘 못해요."라는 대답이 즉각 튀어나왔다. 한국말을 외국어로 배우는 사람은 비록 자기가 아무리 한국말을 잘 한다고 생각할지라도 한국어를 모국어로 쓰는 사람 앞에서는 항상 겸손한 대답을 할 수밖에 없을 것이다. 스웨타씨는 전남대학교에 개설된 한국어강좌에 나가고 있었다. 초기에는 한국어를 배우는데 애로가 많았으나 서울의 몇 개 대학교에서 발간된 러시아인을 위한 한국어 교재를 구입한 뒤로부터는 많이 수월해졌다고 한다.

"알마타로 돌아가고 싶지 않아요?"라는 질문에 그녀는 "아뇨, 광주가 마음에 들어요. 여기에서 계속 살 거예요" 라고 대답했다. 스웨타씨는 아직까지는 의사소통에 조금 지장이 있기는 하지만 광주생활이 마음에 든다고 말했다. 각종 편의시설이나 서비스 개념이 한국이 많이 앞서 있어서 생활하기가 여러모로 편리하고 사고방식이나 생활양식의 차이에서 오는 한국 사람과 자신과의 괴리감은 거의 느끼지 못한다고 대답했다.

매우 다행스러웠다. 그런데 이건 전상중·최 스웨타씨 부부와, 스웨타씨가 자주 접하는 전씨의 우인들 사이에 성격이 잘 맞아서 그러는 예외적 현상일 수도 있었다. 역시 그랬다. 우리는 나주시에 있는 동신대학교를 방문했을 때 그 문제와 마주쳤다. 5월 20일에 동신대학교에 우리의 특강 일정이 잡혀 있어서 양원식 고문과 최 엘라 TV담당이 학생들 앞에서 강연을 했는데 질문시간에 나주 동신자활후견기관 근무자라고 신분을 밝힌 사람이 이런 질문을 했다.

"지금 나주에는 우즈베키스탄에서 시집온 고려인 여성이 14 명이 넘습니다. 이들 중 상당수가 한국생활에 쉽게 적응을 못하고 언어의 장벽과 문화의 차이에서 오는 단절감으로 어려움을 겪고 있습니다… 이에 대한 입장과 해결책은 무엇일까요?" 이 문제는 몇 해 전 중국조선족 처녀들이 대거 한국으로 시집오면서 이미 사회문제로 부각된 바 있으며 여성단체와 인권단체에서 이 문제의 해결에 많은 노력을 기울이고 있는 사안이다.

광주시에서도 여성단체들이 구소련 지역에서 시집온 여성들을 대상으로 매주 일요일마다 한국문화의 이해와 적응을 위한 교육프로그램을 실시하고 있었다. 일년에 한두 번씩 4-5일 일정으로 부부가 함께 참여하는 교육프로그램도 예정되어 있다고 한다. 현재 나주에서 14명의 우즈베키스탄 고려인 여성, 광주에서 스웨타씨 외에 두 명의 러시아 여성 등이 그 프로그램에 참여하고 있다고 한다. 그들에게 가정생활의 행복이 새순처럼 피어나기를 빈다.

고려극장에서 1976년에 공연된 맹동욱 작 '돌아오라 내 사랑' 포스터 ✱사진 안 윅또르

## 다섯 유학생의 전주 사랑

내가 초청자 측에 전주기전여자대학교 방문을 일정에 넣자고 우긴 데에는 그럴만한 이유가 있었다. 올 2월 14일자(4면) 본지에는 멀리 전주로 유학 간 다섯 명의 카자흐스탄 고려인 유학생이 보내온 짧은 편지가 사진과 함께 실린 적이 있다. 나는 그들의 유학생활을 취재해야할 의무가 있다고 판단했다.

5월 22일(목요일)에 우리 일행은 전주기전여대를 방문했다. 이 대학 홍보과장 이명재 교수의 안내로 그 유학생들과 만났다. 그들은 첫 유학생활을 그런 대로 만족하게 보내고 있었다. 전주는 서울이 아닌 만큼, 그리고 전주라는 도시 자체가 워낙 평온하다보니 좀 단조롭기는 하지만 문화와 전통이 풍부하게 간직된 조상들의 땅 전주에서 그들은 유학하는 보람을 만끽하고 있었다.

그리고 무엇보다도 안심이 되었던 것은 이 대학이 외국유학생을 받은 것이 이번이 처음인데 처음 받은 이들 유학생이 바로 다름 아닌 동포유학생인지라 이 학생들의 편의를 위해서 대학 측이 각별한 관심과 배려를 기울이고 있다는 사실을 알게 되어서였다. 이 대학은 애초에 두 명의 유학생만을 전액 장학생으로 받을 계획이었는데 알마타한국교육원의 요청으로 다섯 명으로 늘렸다고 한다. 그래서 현재 다섯 명의 유학생 중에서 두 명은 전액장학생으로, 나머지 세 명은 20%의 학비를 내는 조건으로 유학 와 있다고 한다. 그들은 한국어, 영어, 관광통역 등 각기 다른 학문을 전공하고 있었다.

일주일간의 공식 일정이 끝난 뒤 나는 한국에 열흘 간 더 체류했다. 그리고 그 유학생들이 알마타에 있는 가족에게 보낼 소포가 있다기에 그사이 전주에 한 번 더 다녀왔다. 그들은 전공분야가 서로 다른 만큼 각기 다른 희망들을 품고 있었다. 2년간의 유학생활이 끝난 뒤에 누구는 한국에 남아 공부를 더 하고 싶어 했고 다른 누구는 알마타로 돌아오고 싶어 했다. 또 누구는 어서 훌륭한 통역사가 되고 싶다고 했다. 그러나 2년의 세월사이에 그들의 희망사항은 바뀔 수도 있을 것이다. 아니 확장된다고 해야 옳은 표현일 것이다. 지식이 쌓이고 낯선 세계의 이면을 알아감에 따라 우리는 과거에 내린 결정이나 신념이 성급했음을(가끔은 그 때의 결정이 옳았음을) 얼마나 자주 깨닫곤 했던가. 그들의 희망이 꽃처럼 피어나기를 바란다.

## 사마르칸트 외국어대학교 총장의 꿈

공식 일정이 끝나고 며칠 더 머무르는 동안 광주에 와 있는 유수프 압둘라예브 전 사마르칸트 외국어대학교 총장을 만나게 되었다. 본지 올 4월 18일자 1면에 보도되었듯이 그는 우즈베키스탄 독립 이래 11년 만에 최대 규모로 일어난 학생시위의 중심에 서 있었던 인물이다. 올 4월 초, 사마르칸트 외국어대학교 총장으로 재임하던 그가 사임하자 2천여 명의 학생들이 정부를 향해 "총장해임 반대"를 외치며 가두로 쏟아져 나왔고 1천여 명은 주청사까지 진출했었던 당시 그 사건은 우즈벡정부를 아연 긴장시켰었다. 그는 고르바쵸브 치세에 우즈베키스탄 교육부차관, 독립 이후 주러시아 우즈베키스탄대사를 역임하는 등 정계와 학계 양쪽에 명성을 날렸다.

사마르칸트 레기스탄 광장

기자는 우선 올 2월에 일어난 학생시위와 그 시위를 촉발시킨 원인이 된 정부의 총장해임 건에 대해서 질문했다. 압둘라예브 전 총장은 이렇게 대답했다. "언론에 보도된 그대로입니다. 저는 이제 정년도 되었고 학문에만 전념하기 위해 총장직을 그만두었습니다. 다른 이유는 없습니다. 학생들은 그 사실을 모르고 총장직위해제가 부당하다고 시위를 했던 것입니다." 나는 다른 경로를 통해 들은 이야기도 있고 하여 물어보고 싶은 말이 많았으나 거기까지만 하고 그만두기로 했다.

그런데 그는 왜 한국에, 그리고 왜 하필 광주에 와 있을까? 그는 이렇게 대답했다. "저는 언제든지 유럽이나 다른 나라로 갈 수 있지만 총장직을 그만둔 이후 망설이지 않고 광주로 왔습니다. 타쉬켄트세종한글학교 건립과 지원을 비롯하여 사마르칸트 박물관 지원 및 박물관 내 한국관 설치, 사마르칸트대학 지원 등 이루 헤아릴 수 없는 재정적·물질적·정신적 도움을 아끼지 않으신 저의 오랜 지인 고재철 송원재단 이사장님, 김중채 서새필기념사업회 회장님 등이 광주에 계시기 때문입니다."

그는 전남대학교 사회대에서 객원교수로 있으면서 1년 간 연구도 하고 중앙아시아에 대해서 강의도 할 예정이다. 그는 1년 동안 완수해야 할 세 가지 과제를 설정했다. '첫째, 한국어를 열심히 배워서 1년 후에는 한국 사람과 통역 없이 이야기할 수 있을 것, 둘째, 최근 40년 동안에 이룩된 한국의 경제발전을 심층 분석하여 학술적으로 가치 있는 책을 하나 집필할 것, 셋째, 한국학생들에게 중앙아시아에 대해서 폭넓고 체계적인 이해를 제공할 것'이 그것이다. 그는 외국어대 총장답게 우즈벡어와 러시아어 외에도 영어, 페르시아어, 독일어를 자유롭게 구사한다. 1년 후에는 여기에 한국어가 첨가될 수 있을까? 한국에 머무는 동안 그에게 더 높은 학문적 성취와 한국에 대한 사랑이 나무처럼 자라나가기를 진심으로 기원한다.

고려일보 2003년 7월 4일

# 과거는 현재와 어울리며 특정한 시공간을 넘는다

가야금 앙상블 '사계'가 알마타에서 성황리에 공연을 마쳤다. 지난 토요일 카자흐스탄 국립 필하모니 연주 홀에서 '사계'는 전통 12현 가야금과 개량된 17, 21, 22, 25현 가야금 등으로 예술과 음악을 사랑하는 관객들에게 새로운 음악의 세계를 펼쳐주었다. 전통과 현대라는 대립적인 관념에 커다란 문화적·심리적 단절을 느끼는 우리들에게 이번 연주는 신선한 충격을 던져 주었다.

전통과 현대는 언젠가 반드시 만난다. 이뿐만 아니라 동양과 서양, 대중성과 예술성 등 서로 대립하는 관념들도 어디선가 반드시 만나게 되어 있다. 이런 만남을 시도하는 사람들은 문화예술에 항상 새로운 조류를 제공해왔다.

바로 그런 점에서 4명의 젊은 한국국악인으로 구성된 '사계'는, 2003년 여름 알마타라는 같은 장소와 같은 시간대를 함께 살아가고 있는 우리들이 이렇게 서로 어울려 살고 있음에도 불구하고 제각기 서로 다른 지역과 서로 다른 세월을 넘나들고 있다고 믿음으로써 형성되는 우리의 고착화된 상상들과 우리들 각자 한 사람의 의식 속에서조차 모자이크처럼 각기 창이 없는 방에 갇힌 채로 공존하는 여러 느낌의 세계들이 서로 만나 조화를 이룰 수 있는 화음의 장을 제공했다고 평가할 수 있다.

모든 것들은 항상 변화의 상태에 놓여 있으며 끊임없이 되어져 가는 과정 속에 있다. 과거는 현재와 항구적으로 접촉함으로써 끊임없이 재구성되어 현재의 지평을 넓히고 미래의 공간을 열어간다. 그러기에 전통은 현대의 새로운 조류들과 만나 새롭게 재구성, 재해석됨으로써 특정한 시공간을 넘어 보편성을 획득할 수 있는 것이다.

그간 유럽과 한국 내 공연을 포함한 이번 가야금 앙상블 '사계'의 알마타 공연은 한국의 전통음악에 새로운 옷을 입히려는 시도들이 점차 그 영역을 넓혀가고 있음을 증거해 주는 주된 예증이라고 생각한다. 변화된 실재는 새로운 형식을 요구한다. 우리의 음악도 원의 둘레가 있는 중심에서 이제는 원의 둘레를 찾을 수 없는 원의 중심으로 진입해가고 있음을 느낀다.

'새타령'과 '봄', '먼 훗날의 전설' 등 감미로운 음악을 들려준 '사계'단원들에게 격려의 박수를 보낸다. 앞으로도 예술 활동에서 창조적 재능이 배가되기를 기원한다.

고려일보 2003년 7월 25일

바로 그 시기(2003년)에 카자흐스탄에 신흥갑부들의 출현이 본격화되고 부익부 빈익빈현상이 두드러졌다. 평등한 소통이 가능했던 단일한 공산주의사회가 외부와의 소통이 단절된 여러 개의 모자이크 소집단 사회로 변해간 것이다. 인심이 흉흉해짐을 피부로 느낄 수 있었다.

십여 년 전에 한 고려인 학부형이 필자에게 한 말이 지금도 잊혀지지 않고 머릿속을 맴돈다. "참 이상한 일입니다. 예전에 어려울 때엔 서로 돕고 더없이 다정했던 이웃이 돈 좀 버니까 아예 다른 사람이 되더군요. 이런 현상은 우리 고려인에게서도 드물지 않게 나타납니다." 편법과 불법이 횡횡하는 혼란기에 부당하게 취득한 이익과 권력을 붙잡고자 이웃과의 소통을 단절해버리는 사람이 늘어나는 것이 불신사회의 특징이던가.

영성 회복의 노력이 전 심층부, 전방위적으로 전개되는 사회를 꿈꾸어본다. 어차피 어느 시대 어느 지역이나 끝까지 폐쇄된 시공간으로 남을 수는 없을 것이다. 우리의 의식은 막다른 곳에서조차 새로운 통로를 만들어낼 수 있으니까.

# 깊이를 헤아릴 수 없는 한국전통음악의 세계

지난 24일 알마티한국교육원 대강당에서 '실크로드 21' 한국전통예술단과 카자흐스탄 국립고려극장의 합동공연이 있었다. 그 공연은 연주자와 관객이 하나가 된 보기 드문 감동의 도가니였다. 처음에는 그 깊이를 알 수 없는 한국전통음악의 신비에 이끌려서, 나중에는 퓨전음악이 만들어내는 신바람에 휩쓸려서… 나는 지난 10여 년 간 알마타를 다녀간 무수한 한국전통문화예술단의 공연을 비교적 충실히 보아왔지만 이번 공연처럼 감동의 깊이와 넓이와 높이 모두를 한꺼번에 선사해준 공연은 별로 본적이 없다.

전통 민속음악에는 그 민족이 오랜 세월의 풍상을 견디어오면서 체득한

1992년 창설된 고려극장 악단 사물놀이 연주단*사진 안 윅또르

삶의 기쁨과 슬픔과 지혜가 녹아 들어가 있다. 그래서 우리는 전통 고전음악을 들을 때마다 그 음악이 파지하고 있는 고유의 진동영역 안에 들어감으로써 발견되어 꽃피어지기를 기다리는 무한한 민족문화의 보물들을 건져 올릴 수 있는 것이다. 이번 '실크로드 21' 한국전통예술단과 고려극장의 합동공연은 우리들에게 무한히 확장되는 전통예술의 진수를 만나게 해 주었다.

나는 공연을 감상하면서 이 공연에 사용된 전통 관악기와 현악기와 타악기들이 내는 특정한 소리들이 각각 내 마음속의 특정한 영역을 건드려 일깨우고 있음을 알았다. 현악기인 아쟁은 내게 우리민족의 슬픔의 깊이를, 타악기인 북·징·장구·꽹과리는 기쁨의 넓이를, 관악기인 피리와 태평소는 지혜로움의 높이를 일깨우고 있었다. 노래와 춤은 그 모두를 아우르며 내용과 멜로디에 따라 각각 고유한 넓이와 높이와 깊이를 보여주었다.

김창곤씨의 아쟁 산조 연주는 우리민족의 슬픔과 한을 노래하는 것이었다. 그것은 분명 우리민족 모두의 마음 속 깊은 곳에서 오랜 세월동안 쌓이고 쌓인 슬픔이 정화되어 나오는 한의 소리였다. 슬픔은 넓어지거나 높아지는 것이 아니라 언제나 깊어지는 것이다. 그리고 그것은 섬세함을 그 본질로 하고 있다. 그러기에 슬픔은 깊어질수록 더욱 섬세하고 예리하게 아파 오는 것이리라. 또 바로 그렇기에 슬픔은 가늘고 섬세한 현악기의 흐느낌을 통해서만 온전히 표현되고 결국 그렇게 승화되고 마는 것이리라.

피리에는 옛날부터 사람을 매혹시키는 마술적인 요소가 있었다. 중세 유럽에서 한 고을의 어린이들을 피리로 매혹시켜 어디론가 모조리 데리고 떠나가 버렸던 '피리 부는 사나이' 이야기나 피리소리로 왜구를 물리치고 나라에 평안을 가져다주었던 고대 신라의 '만파식적' 이야기 등 마술피리에 대한 이야기는 어디를 가나 풍부하다. 이는 인류가 예로부터 들이쉬고 내쉬는 숨 속에 사람의 영혼이 깃들여져 있다고 믿었던 신앙에 근거한 것으로써 사람의 숨이 불어넣어져 소리가 나는 악기의 소리에도 숨을 불어넣는 자의 영혼이 똑같이 깃들여진다고 생각되었기 때문일 것이다. 그런 믿음은 지금도 논리적으로 아무런 홈이 없다.

그런 의미에서 박승희씨의 피리독주는 사람을 매혹시키고 고양시키기에 부족함이 없었다. 그건 우리민족이 오랜 세월 속에서 체득한 슬기들이 한데 모여 피리라는 전통 민속악기를 통해 지혜로움으로 비상하고 있는 모습이었다. 더구나 고귀한 영혼이 깃들인 우리의 한숨 한숨은 그대로 영혼의 바람이 된다. 바람은 언제나 하늘로 올라가 하늘 위에서 분다. 어느덧 피리소리는 내 상상 안에서 두루미 떼로 변하여 하늘로 날아가며 땅 위에 남은 자들에게 쉼 없이 메시지를 던지고 있었다. "그 누가 지상의 안식을 행복이라 노래 부르는가, 먼 옛날 그리도 찬란히 비상했던 날개를 어디에 두고서."

승무는 이 세상의 춤이 아니다. 그건 이승의 저편에 있다. 우리들의 고귀한 이상이나 지극히 아름다운 감정까지도 완전히 멈추어버린 곳에 있다. 사바세계의 번뇌가 다 끝나버린 곳에 있다. 그러기에 이 춤은 역설적이게도 아직도 어두운 밤길을 헤매고 있는 중생들에게 깨달음의 세계를 보여주기 위해 언뜻 스쳐 지나가는 기억처럼 잠시 색계에 머물고 있는 것이리라.

안재문씨가 추는 승무를 보면서 승무는 무념무상, 제법무아의 경지에서 그냥 행해지는 적멸의 행위라는 것을 느꼈다. "…까만 눈동자 살포시 들어 먼 하늘 한 개 별빛에 모두오고 복사꽃 고운 뺨에 아롱질 듯 두 방울이야, 세사에 시달려도 번뇌는 별빛이라."(조지훈, '승무') 비록 우리는 세상의 근심걱정에 시달리며 살아가고 있지만 그것을 이겨내는 길이 어딘가에 있다고 믿고 있기에 그런 길을 끊임없이 찾으며 산다. 언젠가는 번뇌가 완전히 끊어진 세계에 이르리라는 희망을 갖고서.

판소리를 들을 때면 나는 항상 판소리가 표현해내는 인간사의 온갖 희로애락에 빠져 들어가 시간의 흐름을 잊어버리고 만다. 이영태씨가 부른 판소리 '사철가'는 한국인의 심금을 울려주었던 영화 '서편제'에 나왔던 것으로서 흐르는 세월 속에 산전수전 다 겪은 초로의 인간이 담담한 심정으로 삶의 모습을 노래한 것이다. 진리는 결국 시나 노래나 춤으로 표현될 수밖에 없을 것이다. 우리가 살아가면서 체득한 진리들은 언어의 영역을 초월해 있고 또 언어는 우리가 표현하고자 하는 삶의 모습을 제대로 담아내기에는 너무나 불완전한 도구이기 때문이다. 이영태씨가 부른 '사철가'는 넘치도록 풍부한 민족적 지혜와 감성의 바다에 잠시나마 발을 담그게 해주었다.

음악이 되었든 연극이 되었든 모든 표현 예술은 마냥 슬픔이나 기쁨, 또는 초월로만 끝나서는 안 된다. 이 모든 것들이 한데 어우러지고 연주자와 관객이 하나가 되어 일체의 분별이 없어지는 단계까지 나아가야 한다. 그래야만 예술은 비록 시공간의 제약을 받을지라도 그 제약을 넘어 완성되는 것이다. 고려극장 가무단과 함께 한 '실크로드 21'의 퓨전음악은 관객과 하나가 되어 우리의 기쁨의 지평을 무한히 넓혀줌으로써 정화된 슬픔의 깊이와 고양된 지혜로움의 높이를 더욱 조화롭게 만들어주었다. 거기서 태평소가 만들어내는 조화의 소리는 단연 돋보였다고 말할 수 있다.

이번 공연은 우리들에게 우리의 전통음악의 세계가 얼마나 아름답고 얼마나 장중하고 또 얼마나 깊은가를 새삼 일깨워주었다. 우리의 전통음악에는 우리 조상들이 긴 세월을 견디어오면서 체득한 삶의 슬픔과 기쁨과 지혜가 저절로 녹아 들어가 고스란히 간직되어 있으니 어찌 위대하지 않을 수가 있겠는가. 훌륭한 음악 한마당을 펼쳐준 '실크로드 21'과 고려극장 가무단원들에게 감사의 말을 전하고 싶다. 앞으로도 이런 기회를 자주 만들어 예술의 세계에 목말라하는 사람들에게 정화된 기쁨을 선사해주기를 바란다.

고려일보 2003년 8월 1일

    음악은 신비로운 것이고 참으로 놀라운 것이다. 더구나 가장 지역적인 것이 가장 세계적인 것임을 확인할 때의 놀라움은 더욱 클 수밖에 없다. 그런 일을 천명으로 여기고 머나먼 중앙아시아까지도 마다 않고 찾아와 신명나는 잔치판을 벌여준 '소리꾼', '춤꾼'들에게 아낌없는 박수를 보낸다.
    중앙아시아 국악공연과 관련하여 개인적으로 가장 큰 감사를 드리고 싶은 분은 가곡 '비목'의 작곡가로 널리 알려진 한명희 교수이다. 한명희 교수는 필자가 기억하기로 1992년부터(아마 그 이전이었는지도 모른다. 연도가 잘못 표기됐다면 너그러이 용서하시길…) 매년 여름마다 국악단을 이끌고 중아아시아 순회공연을 오셨다. 1990년대 초중반 당시에는 중앙아시아 고려인들이 심리적으로나 물질적으로나 모든 면에서 어려웠고 민족정체성에 대한 고민도 매우 심각했었다. 바로 그런 시기에 한명희 교수는 해마다 소리꾼, 춤꾼들을 이끌고 찾아와 신명나는 국악놀이 한마당을 펼쳐줌으로써 고려인들의 답답하고 막힌 가슴을 시원하게 뚫어주곤 했었다. 1990년대에 카자흐스탄 알마틔시에 거주했던 한국인이나 고려인이라면, 그리고 당시에 우리의 문화예술에 관심을 가졌던 사람이라면 반드시 한명희 교수를 기억하고 있을 것이다.

# 아는 만큼 느낄 수 있다.

"악(樂)이란 음(音)으로부터 생겨나므로, 그 근본은 사람의 마음이 외물에 감응되는 데에 있다. 그래서 슬픈 마음이 일어난 경우에는 그 소리가 급하고 가늘며, […] 사랑의 마음이 일어난 경우에는 그 소리가 조화롭고 부드럽다.…" 「악기(樂記)」

25일 알마티한국교육원 대강당에서 '2003 한국가무악 공연'이 있었다. 정명숙 전통무용단, 서정자 발레교수, 부천시 경기민요보존회 등 33인으로 구성된 이 공연단은 북춤, 가야금 연주, 해금 및 대금 연주, 살풀이, 사물놀이, 민요창 등 다양한 장르의 한국전통음악을 관객들에게 선보였다. 서른 명이 넘는 한국가무악단이 알마티를 방문 공연한 것은 매우 드문 일로서 관객들은 이 공연에서 규모 있는 공연이 보여주는 장중함을 느낄 수 있었다.

이번 공연의 특징은 공연단의 규모가 컸던 만큼 레퍼토리가 다양해서 관객들에게 감상의 폭을 넓혀준 데 있다고 할 수 있다. 그 중 한 어린이의 가야금 병창과, 4인의 해금연주, 6인의 성인여성이 부른 민요창은 그동안 알마티에서 공연된 적이 (아마도) 없었기 때문에 관객들에게 새로운 인상을 심어준 것 같다. 그 외에도 우리들 마음의 가장 원초적인 부분을 울리는 북춤이나 세상살이 시름걱정 다 잊고 신바람으로 하나 되게 만드는 사물놀이 등

공연종목마다 다채로운 세계가 펼쳐졌다. 대체로 만족스러웠다.

그런데 한 가지 아쉬움이 남는다. 그 아쉬움은 이처럼 좋은 공연을 관객들에게 제대로 이해시킬 수 있는 매개 장치가 전혀 없었던 데서 오는 것이다. 사실 한국문화에 대한 이해의 기초가 전혀 없는 사람들에게는, 이미 한국문화의 바다에 발을 적시고 있는 사람들의 얼과 혼을 빼앗아버리고 말 살풀이나 승무와 같은 정적인 춤이 아무런 의미를 갖지 못할 수도 있다. 더구나 속도와 빠름의 미학이 문화권에 관계없이 세계의 보편적 가치로 자리잡아버린 지금, 현재를 숨쉬고 있는 세대에게는 고요함 속에 펼쳐지는 근원의 세계가 더욱 멀어져가고 있다고 보는 편이 옳을 것이다.

이럴 때일수록 느림과 빠름의 적절한 긴장과 조화는 더욱 필요하다. 속도라는 미신은 침체된 정체성에 활력을 불어넣기도 하지만 항상 근원적 가치를 외면하려는 경향을 가지고 있다. 그러기에 이런 정적인 예술은 역설적으로, 현시대를 살아가는 우리들의 심리적 균형과 안정을 위해서라도 반드시 필요한 예술형식이라 할 수 있다.

그렇다면 속도의 스릴에 편승해 있는 외향성의 관객을 어떻게 내향성의 예술과 만나게 할 것인가? 그러려면 반드시 이를 매개해주는 사회자가 있어야 한다. 사회자가 있어 각 공연 종목의 소개는 물론 악기나 공연 내용이 갖는 의미와 가치와 특성 등을 관객들에게 이해시키도록 노력해야 한다. 이런 준비는 공연준비만큼이나 중요하다는 것을 알아야 한다. 왜냐하면 공연내용을 제대로 이해하지 않거나, 공연이 주는 감동을 충분히 느끼기를 원하지 않는 관객은 한 명도 없기 때문이다. 우리는 아는 만큼만 느낄 수 있다.

고려일보 2003년 8월 29일

# 소외된 기억, 통합에의 갈망

- 안 윅또르 사진전과 이 따찌야나 그림전시회 열려 -

지난 4일 '도스타르'회관 전시실에서 두 우즈베끼스탄 고려인 작가들의 작품 전시회가 시작되었다. 그 주인공은 우리 고려인 사이에 널리 알려진 사진작가 안 윅또르(59세)씨와 유화작가 이 따찌야나(41세)씨.

잘 알려졌다시피 안 윅또르씨는 우즈베끼스탄 중견 사진작가로 카자흐스탄과 한국 그리고 일본에서도 여러 차례 전시회를 가진 적이 있을 뿐만 아니라 오랫동안 '고려일보'기자로도 근무하면서 재소고려인들의 진실한 생활상을 담은 모습을 여러 역사적 출판물에 기록으로 남기기도 한 인물이다.

이번에 그가 사진으로 보여주고 있는 작품들은 바닥이 드러난 아랄해 시리

우즈베키스탄에 있는 유적도시 히바. 이 도시의 건물들은 대체로 단조로운 벽돌로 이루어져 있어 형형색색의 타일로 건물을 두른 사마르칸트에 비해 화려함은 덜하지만 대신 더 고즈넉한 느낌을 준다.(1993년 히바)

3. 원대한 화합과 융화의 길목에서

즈와 우즈베끼스탄의 희생제물 시리즈. 안 작가는 아랄해 시리즈를 통해 이미 오래 전에 바닥을 드러내고 말라가는 아랄해와 거기에 버려진 유골처럼 앙상한 뼈대를 드러낸 채 세월에 마모되어가는 고깃배, 그리고 그 주위에 삭막하게 살아가는 사람들의 모습을 보여줌으로써 자연을 스스로 파괴해버린 인간의 소외된 현실을 실감나게 드러내고 있다. 그 모습이 마치 고대의 이끼 묻은 토판에 새겨진 글씨처럼 조금 희미한 흑백사진 속에 담겨 있어 그 사진이 전하는 소외의 메시지는 훨씬 깊고 강렬하게 다가온다.

희생제물 시리즈는, 작가 자신은 그것을 의식하고 찍었는지 안 찍었는지는 모르지만, 현재 우리들이 신과 자연으로부터 소외되어 있기에 언제나 통합을 갈망하고 있다는 것과 그 통합의 갈망에 대한 원천은 과거의 황금시대에 대한 무의식적인 기억의 반복적인 재생에서 비롯된다는 것을 소박하게 보여주고 있다. 이로써 우리는 한편으로는 우리가 자신의 목전의 쾌락과 이익을 위해 자연을 파괴함으로써 시원적 완전성을 끊임없이 해치고 있지만 다

수량이 풍부한 1960년대의 아랄해

수원이 말라 각종 환경재앙을 일으키고 있는 현재의 아랄해 모습. 사진작가 안 웍또르는 아랄해 사진 시리즈를 만들어 독자들에게 환경의 중요성을 일깨워 주었다. *사진 안 웍또르

른 한편으로는 이로 인해 발생한 소외를 극복하기 위해 다시 통합을 위한 시도를 부단히 경주하는 시지푸스가 우리 내면에 꿈틀거리고 있다는 것을 발견하게 된다. 이렇게 안 작가는 사진으로 한번 보여주기만 하는 것으로도 소외된 현대를 살아가는 우리들에게 많은 사색거리를 던져주고 있다.

이 따찌야나 화가는 우즈베끼스탄의 유적도시 '히바'를 시리즈로 그린 그림들과 다른 다양한 화풍의 그림들을 전시하고 있다.

화가 이씨는 우즈베끼스탄에서 왕성한 활동을 하고 있는 중견화가로서 짧은 몇 해 어간에 그 많은 유화를 어떻게 다 그려냈는지 상상이 가지 않을 정도로 대단한 힘과 집중력을 가진 여류화가인 듯 하다. '히바' 시리즈는 마치 안 윅또르 사진작가의 흑백사진처럼 단조로운 색채로 대상을 처리함으로써 그 그림 내면에 숨어있는 고즈넉한 정신성을 역설적으로 강하게 보여주고 있다. 사실 '히바' 자체가 무채색의 옛 기억을 고스란히 보존하고 있는 도시가 아닌가. 그러나 단조로움과 무채색은 언제나 그 내면에 뭐라 표현하기 어려운 강렬한 힘과 열망을 숨기고 있다. 그 에너지와 열망은 누구에게나 보편적으로 존재하기도 하지만 그것을 다른 관점으로 찾아내 자신에게 새롭게 적용하는 것은 독특한 개인사를 간직한 채 매일매일 자신의 문제와 씨름해 오는 각 관람자의 몫인 것이다.

이 씨의 기타 그림들은 매우 서정적이고 자연적이어서 한 눈에 우리들에게 편안함을 선사한다. 자연을 바라보는 여성적 부드러움이 선명한 색채와 잘 어우러져 있어 우리는 음악도 없이 보는 것만으로도 시원하고 포근한 봄날의 노래를 들을 수 있다.

이 전시회는 5월 20일까지 계속된다. 봄날의 아름다움에 한번 취해보고 싶은 사람이라면, 도시에 살면서 소외와 통합에 대한 고민을 한번이라도 해 본 사람이라면 이 조그만 전시회를 통해서라도 마음에 소중한 기쁨 하나를 얻을 수 있으리라 믿는다.

고려일보 2006년 4월 14일

중앙아시아에서 스무 해 가까이 살아오면서 필자는 어쩌다 한번씩 투철한 장인정신을 갖고 사는 사람들을 만나게 된다. 그런 사람을 만나는 것은 필자의 인생에 드물게 찾아오는 큰 기쁨 중 하나다. 1947년에 우즈베끼스탄에서 태어나 우즈베키스탄과 카자흐스탄에서 사진작가로 활동하고 있는 안 웍또르씨는 단연 그 첫 번째 반열에 드는 인물이다. 그는 재소고려인들의 있는 그대로의 삶을 모조리 카메라에 담아 역사자료로 남겼다. 그가 사진기로 찍어 세상에 알린 그와 같은 사진들이 없었더라면 재소고려인들의 삶의 모습은 우리들 마음속에 훨씬 불명료하고 어두운 모습으로만 남아 있었을 것이다. 그는 오랫동안 고려일보 사진기자로도 일했다. 최근에 모스크바로 거주지를 옮겼다.

# 초월과 비상 그리고 원천회귀

– 이 스따니슬라브 화가 그림 전시회를 다녀와서 –

지난 7일부터 '웨르느싸시'화랑에서 여섯 명의 카자흐스탄 화가들의 그림이 전시되고 있다. 아직도 날씨가 완전히 풀리지는 않았지만 부단히 새로움을 추구하는 화가들이 예술을 사랑하는 관객들에게 형형색색의 아름다움을 안겨주고 있어 마음은 벌써 오래전에 봄을 맞이한 듯 하다.

여기서 눈여겨볼 화가가 한명 있다. 고려인 이 스따니슬라브씨가 그 사람이다. 그는 화단에 얼굴을 내민 지 그리 오래지 않은 늦깎이 화가다. 이 스따니슬라브씨는 오래 전에 시인으로 등단하였고 지금도 문단에서 왕성하게 활동하고 있어 화가보다는 시인으로 이름이 더 널리 알려진 사람이다. 그는 20여 년 전부터 재소고려인들의 정체성을 고민하는 시를 써왔으며 나중에는 다양한 방면으로 시적 관심을 확장시켜 왔다. 그가 쓴 시는

이 스따니슬라브 시인이 그린 '사랑의 춤'(2009년 알마틔)

이 스따니슬라브 시인·화가
(2006년 알마틔)

3. 원대한 화합과 융화의 길목에서 **197**

문단에서 훌륭한 시로 정평이 나있고 한국에도 동포시인으로 잘 알려져 있다. 최근 몇 년간은 한국의 한시와 고은시인의 시를 러시아어로 번역하기도 했다.

그런데 내가 여기서 이 시인의 그림에 관심을 갖는 이유는 그가 시인이라는 사실 때문이 아니다. 그가 그린 그림 자체가 빼어나고 아름다워서다. 그림을 보는 순간 시인이 아닌 순수한 화가로서 이 스따니슬라브씨를 눈여겨볼 필요가 있다는 생각이 들어서다. 물론 이 시인의 그림에는 그동안 자기가 쓴 시편들에 녹아든 관념과 이상이 면면이 흘러들고 있어 그의 시가 그림을 이해하는데 도움을 주는 것이 사실이다.

이 시인의 그림이 다른 화가들의 그림에 견주어 독특하고 빼어난 이유는 기법의 특이함도 있지만 무엇보다도 그림에 나타난 탁월한 정신성 때문이다. 그의 그림에는 항상 새처럼 비상하려는 꿈이 살아 숨쉬고 있다. 디아스포라적 현실에서 기인한 자유에의 열망이랄까, 아니면 시인으로서 정신사적 편력을 거듭하다 도달하게 된 거의 동양적인 초월에의 갈망이랄까, 그의 그림을 보면 언제나 사실주의적 현실을 뒤에 남겨두고 관념적 상상을 향해 부단히 날갯짓하고 있음을 확인할 수 있다.

그의 그림은 대부분 추상성과 구체성, 현실과 상상 사이를 넘나들거나 그 두 가지 요소가 모호하게 조화를 이루는 지점에서 만나고 있다. 경계에 선 인간의 고뇌와 자유가 동시에 느껴지는 부분이다. 모호한 경계에서 생겨난 그림들에는 특별히 노란색 배경에 집이 한 채씩 등장하고 있어 눈에 띈다. 이것이 바로 원천회귀에 대한 디아스포라의 뿌리 깊은 열망의 표현이 아니고 무엇이랴. 집이 없는 자에게 집은 절실함 그 자체다. 디아스포라에게 집은 언젠가, 그리고 반드시 돌아가야 할 고향에 대한 근원적 갈망이자 귀속감의 표상이다.

고국을 떠나 카자흐스탄에서 스무 해 가까이 살아오고 있는 필자에게도 고향집은 항상 돌아가고 싶은 향수의 근원이다. 이러한 필자의 마음은 100여 년 전 한반도에서 연해주로 이주한 우리의 조상들이 고국산천과 부모형제가 그리울 때마다 불렀던 〈망향가〉나 〈고향생각〉 노래의 구구절절한 가사에 맞닿아 있다. 그럴진대 벌써 한 세기가 넘도록 디아스포라의 삶을 살아오고 있는 고려인들의 마음속에 꼭꼭 숨어든 그리움과 향수는 누구도 쉽게 가늠하기 어려운 폭과 깊이를 지니고 있을 것임에 틀림없다.

자연물이든 인공물이든 근원회귀에 대한 소망을 '집'이라는 대상물보다 더 잘 나타내주는 표상은 어디에도 없다. 집은 누구나 궁극적으로 돌아가야 할 곳이다. 집이 있는 자이든 없는 자이든, 집을 떠나온 지 오랜 자이든 오래지 않은 자이든, 그리고 살아생전이든 지상의 여행을 마친 다음이든 관계가 없다. 집은 반드시 돌아가야 하는 곳이다.

그래서 집은 극단적인 경우에는 한순간에 자궁이나 무덤으로 변해버리기도 한다. 이런 현상은 작가의 심리 상태가 운명으로부터 채찍을 맞는 수난을 겪거나 불가항력적 예언의 먹구름에 뒤덮여버릴 때 정상적 생활패턴이 모질게 짓눌리면서 나타난다. 하지만 이것들 또한 실존이라는 측면에서 보면 지상에 있는 집과 한 계통임과 동시에 집의 진정한 뿌리라고 할 수 있다. 즉 자궁과 무덤은 집의 출발점이자 종착점이 되는 것이다. 이 시인의 그림에는 집은 등장하지만 아직 자궁이나 무덤이 등장하지 않고 있어 퍽 다행스럽다. 작가가 느끼는 디아스포라적 관념이 비극이나 극단에 치우치지 않고 마음과 화폭에서 잘 통제되고 있다는 증거다.

전시된 작품 중에는 완전한 비구상으로만 이루어진 그림도 있다. '사랑의 춤'이란 제목의 그림이 그러하다. 주제와 내용에 가장 충실한 그림이다. '사랑'이라는 관념이나 행위 자체가 순전히 정신적이고 추상적인 것이라 거기에는 어떤 구상이나 자연주의적 물상도 끼어들 여지가 없기 때문이다. 만일 구상적으로 표현된 이런 주제의 그림이 있다면 그건 사랑이라는 순수한 사념이 자신을 올바르게 표현해줄 형식을 찾지 못해 서둘러 위장의 옷을 두르고 나타난 2차적 의미의 그림이라고밖에 볼 수 없다.

그런 의미에서 이 시인은 이 그림을 내용에 가장 충실하게 그렸다고 평가되며 그런 만큼 이 그림에서 뿜어져 나오는 에너지와 색깔의 역동성은 사랑의 절정체험과 환희로움을 유감없이 보여주고 있다. 사랑의 과정에는 인간만사의 모든 감정과 희로애락이 끼어들어 각양각색의 변화와 굽이 길을 만드는 까닭에 때때로 위태롭게 흔들리기도 하지만 그런 과정에라도 잠깐 잠깐씩 펼쳐지는 절정의 사랑체험은 문학이 되었든 예술이 되었든 항상 '춤'으로 표현될 수밖에 없다. 춤이란 언제나 환희롭고 신비로울 뿐만 아니라 우리가 춤추는 순간만큼은 비록 지상에 속박되어 있을지라도 육신의 삶에 녹아든 모든 고뇌와 잡다한 상념에서 완전히 자유로워지기 때문이다. 하물며 혼자가 아니라 연인과 함께 그런 춤을 춘다면 그건 절정 중의 절정을 맞이하는 것이리라.

이 스따니슬라브씨의 '사랑의 춤'은 비구상으로 그려졌기에 그 그림을 들여다보는 관객은 누구나 그 안에서 자신과 함께 춤추는 자신만의 연인을 찾아낼 수 있을 것이다. 만일 이 그림이 구상화였다면 관객들은 오직 작가의 연인 한 사람만을 확인하고 돌아섰을 것인데… 우리는 바로 이런 데서 비구상화의 장점을 즐길 수 있다.

오랜 시인생활 과정에서 자신에게 화가라는 직함을 하나 더 추가한 이 스따니슬라브 시인… 그가 시에서 그랬던 것처럼 앞으로 화가의 길에서도 더 많은 경이로움과 찬탄을 만들어낼 수 있으리라 믿는다. 그에게는 늘 번득이는 예지가 있어왔고 또 그럴 때마다 항상 그것을 자신의 시에 불어넣어 시를 살아 춤추도록 만들어왔기 때문이다. 이런 재능은 아무에게나 주어지는 것이 아니다. 그런 만큼 이러한 재능 뒤에는 사회적 책임과 소명의식도 함께 따른다는 사실을 누구보다도 이 시인 자신이 잘 알고 있을 것이다. 이 스따니슬라브 시인·화가의 정진과 성공을 기대한다.

고려일보 2009년 3월 20일

이 스따니슬라브씨는 1959년 카자흐스탄에서 태어난 고려인 3세 시인이다. 모스크바에서 첫 시집 『이랑』을 펴냈고 연이어 『한 줌의 빛』 등을 펴냈다. 고려일보 주필을 지낸 바 있는 양원식 전 고려일보 고문의 번역으로 한국에서 시집 『별들은 재속에서 간혹 노란 빛을 띤다.』(도서출판 새터, 1997)를 출판한 바도 있다. 카자흐스탄 중등학교 문학교과서에도 그의 시가 실려 있다. 그는 최근 우리나라의 한시와 고은 시인의 시편도 노어로 번역하여 우리나라 문학을 구소련권에 소개하는데도 앞장서고 있다. 현재 이 번역 시편들은 책으로 출간될 날을 기다리고 있다.

---

* 신문에는 원제와 부제가 바뀌어 있다.

# 4
# 중앙아시아 고려인의 빛과 그늘

아직 불씨가 남아있기는 하다. 하지만 타오르던 불길은 이미 꺼져버렸다. 불길을 되살릴 수 있는 땔감은 어디에도 없다. 가녀리게 깜박거리며 꺼져가는 불씨를 그냥 지켜보는 것 외에는 달리 할 일이 없다. 이 무력감을 어찌 해야 좋을까.
- '종말을 앞둔 재소고려인 한글문학' 중에서 -

# 중앙아시아 고려인의 빛과 그늘

"뿌리 깊은 나무는 바람에 흔들리지 않으므로 꽃 좋고 열매 많으니라." 용비어천가 2절에 나오는 이 구절은 누구에게나 시사하는 바가 크겠지만 '불안한' 미래를 바라보며 끊임없이 정체성을 고민해야 하는 중앙아시아 고려인동포들에게는 이보다 더 가슴에 와 닿는 진리의 말씀이 없을 것이다.

여기서 '불안'하다는 단어는 중앙아시아 고려인들이 자신들이 소속된 국가의 주류문화에 재빠른 적응과 변화를 모색해오면서 애초에 지니고 있었던 고유의 민족적 특질과 가치를 얼마나 지켜왔거나 잃어버렸는지 그리고 후손들에게는 어떤 정체성을 유산으로 남겨줄 것인지에 대한 본능적인 고민과 성찰에서 생겨나는 실존적 불안을 말하는 것이다. 현상적으로만 바라보면 현재 중앙아시아 고려인들의 정체성과 자존감은 비할 바 없이 확고해 보이지만 미래와 가능성의 측면에서 바라본 그들의 자리는 불안하기

시골길을 걷는 할아버지와 손주들(1990년대초) *사진 안 윅또르

짝이 없다. 너무나 뚜렷해져가는 세대 간의 문화적·언어적 단절과 역사의식의 실종 때문이다.

잘 알려졌다시피 중앙아시아 고려인의 역사는 1937년 연해주에 거주하던 한인들이 당시 소련공산당 서기장 스탈린에 의해 중앙아시아로 강제로 이주되면서부터 시작되었다. 그때부터 지금까지 짜인 짧고도 촘촘한 70년의 역사 공간에는 이주민들의 뼈아픈 개인사가 필설로 형언할 수 없는 슬픔으로 가득 채워져 있다. 비극과 오욕으로 시작된 역사였다. 압제적 정치권력에 의해 내동댕이쳐진 황무지에서 맨손으로 열어나간 눈물과 한숨의 민족사였다.

하지만 고려인들은 조상들로부터 이어받은 특유의 생명력으로 살아남았다. 그리고 국가와 사회에 크게 공헌함으로써 몇 해 지나지 않아 다른 수많은 민족들로부터 경이로운 찬탄과 존경을 받기에 이른다. 오랜 농경민이었던 까닭에 척박한 땅에 버려져서도 초근목피로 연명할 수 있었고 이듬해부터는 황무지를 옥토로 일구어 세계 벼농사의 북방한계선도 높였다. 소련정부에서 주목받는 노력영웅도 수없이 배출하고 주거이전의 제한이 풀린 1950년대 후반부터는 적극적으로 도시에 진출하여 자녀교육에도 애쓴 결과 카자흐스탄 거주 130여 민족 중에서 두 번째로 높은 비율의 고등교육 이수자를 배출하는 민족이 되었다.

더욱 자랑스러운 것은 고려인들이 모국어로 된 신문과 극장을 갖고 있다는 것이다. 물론 고려인 외에도 위구르인과 독일인이 모국어 신문과 극장을 갖고 있긴 하지만 이것들은 각각 1923년과 1932년에 연해주에서 창간, 창설되어 오늘에 이르고 있는 우리 신문과 극장의 역사에 비하면 아들·손자뻘밖에 안 되는 것들이라 비교의 대상이 되지 못한다.

이렇게 고려인들은 강제이주의 아픔을 딛고 소련시대에는 소련인으로, 소연방 붕괴 이후에는 각기 소속된 국가의 국민으로 어느 누구보다 부끄럽지 않게 살아왔고 국가와 사회에 열성과 정성으로 이바지했다.

그러나 그런 빛나는 성공과 업적은 그만큼 어둡고 긴 그림자를 드리웠으니 그게 바로 후손들의 모국어 및 전통문화의 상실과 역사의식의 실종이다. 고려인들은 사회적 성공과 주류문화에의 적응을 위해서 다른 어느 민족보다도 소련의 공식 언어이자 수준 높은 문화어인 러시아어와 러시아문화 배우기에 열성적으로 뛰어들었다. 그러면서 우리의 것을 잊어버리려고 의도적으로 노력하기도 했다. 우리의 것을 모른다는 것이 자랑이 된 시기도 있었다. 그러자 두 세대가 흐르면서 모국어와 전통문화는 자연스럽게 잊혀져갔다.

혹자는 이런 현상을 속도의 차이만 있을 뿐 다른 어느 디아스포라집단도 비켜지나갈 수 없는 필연적 과정이라고 말할 수도 있다. 하지만 고려인들의 주류문화 적응과정은 여타 민족들과 달리 그들의 높은 교육수준만큼이나 재빠르게 진행되었고 그로 인해 나타난 모국어 및 전통문화 상실의 파장과 후유증은 위태로운 바람을 일으키려 하고 있다.

이 바람은 한 사회의 지적, 정신적 수준을 최고의 형태로 보여주는 문화예술 분야에서 이미 소리 소문 없이 불고 있다. 현재 중앙아시아 대부분의 중견고려인 문인, 예술가들이 반짝 등장한 뒤 소식이 끊기고 젊은 세대들은 그 뒤를 잇지 못 하고 있다. 비록 그들이 주류언어인 러시아어를 잘 습득했다하지만 이미 전통과 모국어 유산에 접근할 능력을 잃어버렸는지라 새로 습득한 언어 표현형식을 채워줄 내용이 심히 빈약한 까닭이다. 문화예술이 고유의 전통에서 자양분을 얻지 못한다면 어디서 영감의 샘물을 퍼 올릴 수 있겠는가.

뿌리가 없으면 꽃을 피울 수 없다. 중앙아시아 고려인들은 앞으로도 상당기간 존속하겠지만 문화적 성취도는 이전세대보다 퍽 떨어질 가능성이 크다. 이전 세대들은 모국어문화라도 꽃피웠건만 현세대는 그걸 유지하지도 못하고, 새로 습득한 언어를 채워줄 내용도 못 찾고 있다. 껍데기만 남아있는 모국어신문과 극장의 운명과 다를 바 없다. 이것이 눈물로 이룬 성공의 빛에 가려진 중앙아시아 고려인들의 슬픈 현주소다.

국제신문 2008년 9월 4일

부산에서 발행되는 국제신문은 2008년 정초부터 2009년 4월까지 <디아스포라 칼럼>란을 개설했다. 필자는 국제신문사로부터 필진으로 참여해달라는 요청을 받았다. 그러나 한국인인 필자보다는 구소련 태생의 토박이 고려인이 이 칼럼을 쓰는 것이 본 칼럼의 본질과 의도에 더 적합하다는 판단이 들어 재소고려인 한글문학평론가인 정상진 선생님을 추천하였다. 정상진 선생님도 그 제안을 흔쾌히 수락하고 아흔한 살이나 되는 노구로 왕성하게 칼럼을 써나가셨다. 어디서 그런 힘과 의욕이 솟아나는지 참으로 놀라울 뿐이었다. 그런데 그해 8월 들어 막바지 무더위가 기승을 부리던 어느 날 당신은 이제 기력이 딸려서 더 이상 글을 쓸 수가 없노라고, 이제는 붓을 놓을 때가 되었노라고 말씀하셨다. 그것이 정 선생님이 60여 년을 지속해오던 글쓰기의 마지막이 되었다. 물론 그해 11월에 <고려일보>에 짧은 글을 한편 더 기고하시기는 했지만 당신의 글쓰기는 그 여름에 사실상 끝이 났다. 부득불 필자가 그 뒤를 이어 칼럼을 썼다. 이 글들은 2008년 9월부터 이듬해 4월까지 쓴 7편의 칼럼이다.

# 변화와 보존의 갈림길에서

- 고려인들에게 최후의 보루로 남은 전통의례 -

고려인들의 전통 생활양식은 우리나라가 그러했듯이 한두 세대 이전까지 큰 변화 없이 이어져 내려왔다. 구한말 우리 조상들이 두만강을 건너 러시아 땅에 정착하면서부터 자연스럽게 러시아화가 진행되기 시작했고 1917년 소비에트 혁명 이후에는 연해주 고려인사회에 꾸준히 소비에트화가 이루어졌으며 1937년 새로이 정착한 강제이주지 중앙아시아에서 고유의 전통은 좀 더 빠르게 침식되어갔으나 획기적인 굴곡은 생겨나지 않았다. 대부분이 집성촌이나 협동농장을 중심으로 모여 산 까닭에 외부의 동화력이 깊이 침투할 수 없었던 까닭이다.

고려인들의 전통 명절음식 증편. 증편은 누룩을 넣은 쌀반죽을 나무판에 동그랗고 납작하게 떨군 다음 시루에 넣어 쪄내는 것인데 그 과정이 매우 까다로워 전통음식에 통달한 사람들 외에는 쉽게 만들지 못한다.(1993년 우스또베)＊사진 안 윅또르

거기에다 고려인들이 소수민족으로서는 드물게 초창기부터 모국어신문(1923년 창간)과 모국어대학(1931년 설립)과 모국어극장(1932년 창설)을 갖고 있어서 이들의 적극적이고도 수준 높은 애국문화 활동이 외부의 문화적 동화력을 상당부분 상쇄해온 덕이다. 특히 극장은 수십 년 동안 연중 수개월을 고려인 집성촌을 두루 찾아다니며 순회공연을 해왔으니 더 이상 바랄 바 없이 모국문화 지킴이역할을 톡톡히 해온 셈이다.

하지만 1937년 강제이주 사건은 고려인들에게 모국과의 지리적 단절과 고립을 강제하여 장차 고려인사회의 기반을 와해시키는 비극의 씨앗이 된다. 강제이주 초기에는 변화의 실상이 잘 드러나지 않았지만 그로부터 채 스무 해가 지나지 않아 가파른 변주곡을 울리게 된다. 1954년 고려인들에 대한 소련정부의 거주이전 제한정책이 풀리자 고려인들이 대거 도시로 진출하면서 대표적인 분산민족이 되어갔기 때문이다.

그 과정은 전면적이고도 지속적인 것이어서 전통양식의 기반이 상당부분 파괴되었다. 더구나 압제자 스탈린의 사망으로 혹독한 폭압정치가 어느 정도 완화되던 1950년대 후반 일부 고려인애국지사에 의해 감행된 고려인자치주 획득시도가 소련정부에 의해 단번에 제압당하면서 어떻게든 독자적 역사와 전통을 보존해보려는 고려인들의 마지막 꿈도 사라졌다. 소련 붕괴 이후에는 독특한 중앙아시아문화의 영향을 받아 더욱 색다른 모습을 띠게 되었다.

이런 사실을 숙지하고 살펴보면 지금 중앙아시아 고려인들이 무너진 성벽 위에 위태롭게 서 있는 모습이 보인다. 고려인들은 순전히 타의에 의해 결코 걷고 싶지 않은 길을 너무나 오랫동안 걸어왔다. 그 결과 모국어의 기반은 거의 와해되었고 일상의 상당부분이 달라져버렸다. 사고방식 또한 자연스럽게 모국과 깊은 간극을 벌려왔다.

하지만 그런 와중에서도 놀라운 사실을 하나 발견하게 되는데 그 사실이란 고려인사회에서 우리의 진짜 중요한 것들은 굳은 맹세로 새긴 언약처럼 원형이 거의 손상되지 않은 채 고스란히 남아있음을 확인하게 된다는 점이다. 특히 음식을 포함한 전통의례에서 그렇다. 비록 모국어는 젊은 세대에 와서 거의 잊혀졌지만 전통의례만큼은 마치 그들이 최후의 보루로 지켜내자고 약속이라도 한 것처럼 그대로 남아있다.

이렇게 중앙아시아 고려인들은 무수한 곡절을 겪으면서도 조상들이 물려준 전통의례를 아직까지 잘 지키면서 살아오고 있다. 물론 전통의례에 스며든 역사성과 상징성, 그리고 각 의식에 깃들인 의미를 명쾌하게 이해하던 1세대들이 사라지고 불분명한 기억에 의존하여 의례를 주관해야 하는 후손들이 역사의 전면에 등장한 까닭에 의식의 크고 작은 부분에서 적잖은 혼란과 왜곡이 일어나기는 하지만 아직까지 고려인들에게 전통적 방식의 통과의례는 다른 일상적 행위와 달리 형식과 내용이 고스란히 보존된 채 명맥이 유지되고 있다.

소수민족 고려인들의 전통의례가 강력하고 지속적인 소비에트화를 끝까지 이겨낸 이유는 무엇일까? 항상 정체성이 흔들리는 디아스포라 고려인들의 전통의례가 무수한 역사적 굴곡을 견뎌내는 연유는 무엇일까? 그것은 바로 그것이 고려인들에게 꿈꾸는 고향으로의 회귀라는 더없이 소중한 가치체험의 장을 펼쳐주기 때문일 것이다. 다시 말하면 전통의례는 지리적·심리적 경계가 모호한 변방의 오두막에 거주하는 그들을 끌어내어 잠시나마 자기의 정체성이 순수하게 확인되는 애초의 중심으로 진입시켜주기 때문인 것이다. 그곳은 주변적 불안감이 해방되고 존재의 근원이 체험되는 태초의 고향이자 어머니의 품일 것이다. 그런 까닭에 전통의례는 온갖 시련에도 끝까지 살아남아 향수의 근원이 되었을 것이다.

누군가가 절묘하게 표현했듯이 디아스포라는 원천에서 끊임없이 샘물이 흘러들어와야지 그러지 않으면 서서히 말라버리는 변두리의 호수와 같은 운명으로 세상에 내던져졌다. 사실이 그렇다. 물리적 거리로도 그렇고 민족성을 채우는 내용의 볼륨으로 보아도 그렇다. 디아스포라는 민족의 변방에 거주하면서 역사적 조국에서 흘러나오는 의미와 사념의 자양분을 먹고 자란다. 더 이상 그걸 공급받지 못하는 디아스포라는 결국 정체성을 잃고 경계를 넘어가버린다. 그래서 원천에서 흘러들어오는 샘물의 흐름이 끊겨가는 디아스포라 집단의 심정은 절박하기만 하다. 한 세기가 넘도록 아직 경계를 넘지 않은 고려인의 모습이 참으로 경이로워 보인다.

국제신문 2008년 10월 2일

# 디아스포라의 자긍심은 어디서 나오는가

 몇 년 전, 한국에서 출판된 책 한권을 이곳 카자흐스탄에서 고려인 지인들과 함께 번역하려고 한 적이 있다. 한국의 전통미술을 알기 쉽게 해설한 책이었는데 읽어보니 너무나도 재미있고 내용이 참신해서 이를 번역한다면 중앙아시아 고려인들은 물론 토착민들에도 한국의 문화예술을 알리는 좋은 기회가 되리라는 판단이 들었기 때문이다. 그래서 그 책을 펴낸 한국의 출판사와 번역지원기관에 다각도로 문의를 해보았는데 보기 좋게 퇴짜를 맞았다.

 한편으로는 이해가 가는 일이었다. 수많은 컬러삽화가 들어가는 책을 외국어로 번역해서 출판하려면 그 책을 출간한 한국의 영세한 출판사로서는

재소고려인 한글문학 2세대 대표주자인 한진(가운데)과 이진(오른쪽) 앞에서 발표문을 읽는 2세대 막내 한글작가 이정희(1980년대 초)＊사진 한진 유가족

4. 중앙아시아 고려인의 빛과 그늘 **213**

그 비용을 감당하기가 쉽지 않았을 뿐더러 그런 시도 자체가 상당한 모험을 감수해야 하는 것이라 간단히 결정을 내릴 수 있는 사안이 아니었을 것이다. 그리고 필자가 문의한 번역지원기관은 문학작품 번역만 지원해주는 관계로 애초부터 시도가 잘못되었던 탓이다.

하지만 오래도록 아쉽고 섭섭했다. 서점에 갈 때마다 그런 심정은 더욱 증폭되었다. 웬만한 서점마다 동양나라 가운데 중국, 일본, 인도에 관련된 서적은 넘쳐나는데 우리나라 것이라고는 그것도 러시아 학자가 출판한 사전 한권만 달랑 놓여있을 뿐 다른 책이라고는 눈을 씻고 둘러보아도 도무지 찾을 수 없는 까닭이다. 그것도 큰 서점에서나 가능한 일이고 일반서점에서는 그마저도 구경할 수 없으니. 지금도 섭섭함은 다 가시지 않았다.

러시아를 중심으로 한 구소련권 국가들은 오래전부터 동양문화에 상당한 관심을 가져왔는데 5-6년 전에 그 관심이 폭발하여 한때 동양 열풍이 불기도 했다. 러시아문화계의 관심은 곧바로 구소련의 전 러시아어권 국가들에 파급된다. 그런 러시아에 중국, 인도, 일본의 문학과 사상은 소개된지 아주 오래다. 러시아문인과 독자들은 누구나 중국의 고전시인 이백과 두보 등과 노신 같은 현대작가들 그리고 삼국지 등의 고전소설을 읽고 있으며, 인도의 고전사상 서적이나 경전들을 쉽게 접하고 있다. 게다가 일본의 바쇼 같은 전통적인 하이쿠 작가들은 물론이고 현대소설가 무라카미 하루키 등도 오래도록 스타작가로 군림하고 있다.

서점에 갈 때나 매스컴을 접할 때마다 매번 이런 현상을 확인하고는 심한 자괴감에 빠지곤 한다. 왜 우리는 아직까지 변변한 인문학 서적 하나 번역해 내놓지 못하고 있는가. 우리나라도 이제 문화선진국이 되었으니, 우리문화를 전 세계에 보여주어야 하느니, 우리 문학도 세계적인 수준에 이르렀느니 어떻느니 하는 소리들은 외쳐댄 지 이미 오래인데 물론 우리나라도 1990년대부터 우리 문학작품을 외국어로 번역, 출판하는 일에 뛰어들어 조금씩 그 결실을 보고 있는 것으로 안다. 그런데 과연 제대로 된 결과물을 몇 권이나 내놓았는지 궁금하다. 특히 러시아어로는 얼마나 정확히 번역하여 세상에 내놓았는지, 관료주의 및 실적주의의 압박과 유혹에 빠져 현상적 결과만을 우선시하다 정말 중요한 것을 놓치지는 않았는지 한번 점검해보라고 권하고 싶다.

서너 해 전에 러시아어 한정판으로 번역되어 나온 만해 한용운의 시편을 구해 읽다가 너무 부끄러워 쥐구멍에 숨고 싶었노라고 고백하던 중견 고려인 3세 시인의 이야기를 들으면서 필자 마음 또한 착잡하기 이를 데 없었다. 차라리 안 하느니만 못하는 작업을 누가 굳이 무엇 때문에 했을까. 부실한 번역 작품은 원전에 담긴 고유의 사상과 아름다움을 훼손하여 원전의 가치를 형편없이 떨어뜨리고 번역 작품을 읽는 독자들의 조롱만 살 뿐인데.

디아스포라의 자긍심은 다른 데서 나오는 것이 아니다. 자기의 모국이 강성하고 흥기할 때, 그리하여 자신들이 거주하는 국가에서 그걸 걸맞게 인정해줄 때 나오는 것이다. 하지만 정치나 경제, 스포츠와 같이 외면의 힘에서 나오는 자긍심은 한때의 영광만 구가할 뿐 근본적인 것을 건드리지 못한다는 것을 그들은 누구보다도 잘 알고 있다. 부침을 거듭해온 디아스포라의 삶을 살아오면서 그들은 이런 사실을 본능적으로 체득하고 있다.

영속하는 건 언제 어디서나 정신문화뿐이다. 러시아 유대인을 보라. 그들은 긴 세월동안 갖은 멸시를 받으며 살아왔고 또 표면상 완전히 러시아에 동화되어버렸지만 여전히 자기들의 정체성과 자긍심을 갖고 산다. 바로 그들의 정신문화에 대한 강한 자부심 때문이다.

재소고려인들도 빠른 동화의 길을 가고 있다. 누구도 되돌릴 수 없는 일이다. 다만 그들이 거주국에서 새로 습득한 언어를 통해 우리의 정신문화를 접하고 거기서 자긍심을 가질 수 있도록 좋은 책의 번역이 이루어진다면 그들의 뿌리의식과 역사의식도 길이 지속될 것이다. 모국어를 잊어버린 고려인 후손이나 그들이 거주하는 나라의 국민에게 이보다 더 가치 있는 선물은 없을 것이다.

그런 의미에서 우리나라를 대표하는 고은시인의 시편들이 최근 한국의 이은경씨와 카자흐스탄 고려인 3세 이 스타니슬라브 시인의 노고로 러시아어로 번역되어 카자흐스탄의 문단에서 극찬을 받고 있어 기쁘기가 그지없다.

국제신문 2008년 11월 20일

---

* 원제는 '한국 인문학 제대로 된 번역판 전무'이다.

# 종말을 앞둔 재소고려인 한글문학

아직 불씨가 남아있기는 하다. 하지만 타오르던 불길은 이미 꺼져버렸다. 불길을 되살릴 수 있는 땔감은 어디에도 없다. 가녀리게 깜박거리며 꺼져가는 불씨를 그냥 지켜보는 것 외에는 달리 할 일이 없다. 이 무력감을 어찌 해야 좋을까. 안타깝기 짝이 없는 이 심정을 어느 누구에게 하소연해야 옳을까.

중앙아시아에서 70여 년을 줄기차게 타오르던 재소고려인 한글문학이 바야흐로 종말을 맞이하고 있다. 마지막까지 고려인 한글문학을 붙들어왔던 최후의 한글문인 한 분이 올 여름에 붓을 놓음으로써 1928년 연해주에서 카프문학 작가 포석 조명희에 의해 높이 들린 한글문학의 횃불이 수명을 다하고 그만 꺼져가고 있는 것이다.*

구소련에서 한 분 남은 그 '최후의 모히칸족' 한글문인은 올해로 만 아흔 살을 넘긴 재소고려인 한글문학평론가 정상진 옹이다.** 정상진 옹은 긴 시기에 걸친 왕성한 문학평론활동과 문화활동으로 한국의 재소고려인 관련 연구자들에게 널리 알려진 토박이 고려인이다.

이분은 구소련에서 후속세대 없이 한 세대로만 흥기했다 끝나버린 제 1세대 막내뻘 고려인 한글문학인으로 1940년대 초 한글신문 ≪레닌기치≫

---

\* 칼럼 출고예정일이 2008년 12월이었는데 신문사에 연말기사가 넘쳐 해를 넘겼다. 그래서 '올 여름'이라는 문구는 '작년 여름'으로 바뀌어야 맞다.
\*\* 재소고려인 한글문학평론가 정상진 옹에 대해서는 제 2장 '역사가 선택한 최후의 모히칸족 이야기꾼'편에 자세히 설명되어 있다.

를 통해 등단했다. 등단 이후 줄기차게 문학평론활동을 해왔으며 동료고려인 한글문학작가들 대부분이 역사의 무대에서 사라져버린 1990년대 초중반부터는 거의 홀로 남아 외로이 한글문학을 지켜왔다.

고려인 한글문학은 정상진 옹 외에 고령의 시인 강태수가 마지막 시작활동을 힘겹게 이어가던 1990년대 초중반 그때에 사실상 사망선고를 받은 셈이지만 노령의 나이를 돌아보지 않은 정상진 옹의 지칠 줄 모르는 평론활동에 힘입어 열다섯 해 이상 수명을 늘려왔다. 그는 재소고려인 한글문학의 진정한 증인이며 살아 숨쉬는 역사다. 그런데 이분도 이제는 세월의 무게를 이길 수 없어 60여년을 지속해오던 글쓰기를 사실상 멈추었으니 이것으로 고려인 한글문학은 완전한 임종을 맞이하고 있는 것이다.

물론 이로써 중앙아시아에서 한글문학이 아주 끝나버린 것은 아니다. 현

강제이주 되어 개교한 크즐오르다 고려사범대 문학부 제 3회 입학생들(1938년). 이들 중 재소고려인 한글문인으로 활동한 이들이 적지 않다. 앞줄 왼쪽 첫 번째가 시인 리은영, 세 번째는 고려일보와 고려말 라디오방송국에서 오랫동안 일한 오순희, 둘째 줄 네 번째는 서사시 '백두산'과 서정시 '휘파람' 등을 쓴 당대 최고의 시인 조기천(당시 직책 교수), 다섯 번째는 어문학교수 한 아나스따씨야, 여섯 번째는 북한에 들어가 '조선신문'을 만든 이봉길, 일곱 번째는 여성운동가 이보금, 셋째 줄 네 번째는 김일성종합대학교 노어과 교수를 역임한 김용선, 여덟 번째는 북한에서 노동신문 주필을 역임한 기석복이다. ＊사진 최 아리따

재 중앙아시아에는 정상진 옹 말고도 나이 60대를 넘긴 서너 명의 한글문학 작가들이 더 활동하고 있기 때문이다. 이들은 어찌 보면 제 1세대 고려인 작가들의 뒤를 이은 진정한 2세대 작가라고 불릴 수 있으며 이들의 문단활동경력도 꽤나 오래 되었다.

하지만 이들은 토박이 고려인 한글문학작가들이 아니고 그들과는 역사적, 지리적 배경이 상당히 다른 사할린 출신 이주한인들이다. 비록 이들이 1세대 한글문학을 계승했음에도 불구하고 엄밀한 의미에서 재소고려인 한글문학의 적통이 될 수 없는 이유는 그들이 역사적 배경을 달리해 태어나고 자란만큼 토박이 고려인들과는 다른 정체성을 갖고 문학 활동을 해왔으며 그런 까닭에 그들이 결코 중앙아시아 고려인들을 대표할 수 없다는 데에 있다. 이들은 대부분 1970년대에 사할린에서 중앙아시아로 이주해 왔다. 그리고 이보다 10여 년 앞선 시기에 북한에서 망명해온 몇몇 문인들이 있어 이들도 똑같이 한글문학 2세대를 형성했으나 몇 년 전까지 모두 역사에서 사라졌다.

이렇게 중앙아시아, 더 넓게는 구소련을 대표하는 한글문학이 정상진 옹을 마지막으로 더 이상 이어지지 못함으로써 바야흐로 고려인들은 그동안 담당해오던 모국어문화 창달의 한 축에서 완전히 떨어져나가고 있다. 모국어문학이 끝나간다는 것은 모국문화에 대한 가장 수준 높은 이해와 소통능력이 상실된다는 것을 뜻한다. 이제부터 재소고려인들이 적극적인 모국어문학의 생산자에서 소극적인 소비자로, 능동적인 창조자에서 수동적인 주변인으로 쇠락해간다는 것을 의미한다. 참으로 슬픈 일이다.

이제 몇몇 사할린 출신 문인들로 가녀리게 유지되고 있는 중앙아시아 모국어문학은 1990년대 이후 모국에서 중앙아시아로 건너온 극소수 한국 출신 문인들로 그 맥이 이어지고 있다. 미력하나마 외부에서 충전된 불씨로라도 선배문인들의 뜻이 단절되지 않고 계승되는 것이 한편으로는 참으로 다행스럽다. 문단의 주자가 교체되는 중앙아시아 한글문학은 이제부터 재소 '고려인' 한글문학이 아니라 재소'한인' 한글문학으로 불리게 될 것이다.

재소고려인 한글문학의 주체가 토박이고려인에서 북한 및 사할린 출신 한인을 거쳐 한국인으로 옮겨감에 따라 문학의 형식과 내용도 달라지는 건 자명한 일이다. 이렇듯 재소고려인의 삶과 역사를 온전히 대변할 수 없는 외부 유입 문인들이 불가피하게 고려인 한글문학의 주인이 됨으로써 아직도 생생히 살아 활동하는 재소고려인이라는 핵심적 사실존재는 예전처럼 모국어문학에 직접적으로 영향을 미치지 못하고 한낱 죽어버린 과거의 역사자료로만 남게 될 것이다. 비록 재소고려인들은 시대적 영향으로 모국과의 관계가 더욱 가깝고 긴밀해졌음에도 불구하고 진정한 의미에서 일체감을 형성해주었던 소통의 하부구조는 이렇게 허물어지고 있다.

국제신문 2009년 1월 8일

# 사라져가는 세대들이 남기는 것

　본의 아니게 중앙아시아 고려인 1세들의 일상을 유심히 들여다보는 때가 있다. 그럴 때마다 거기에는 항상 말 못할 서글픔과 애처로움이 묻어나고 있는 듯 하여 가슴 한 구석이 아련히 저며 온다. 뭐랄까, 낯선 풍경에 둘러싸인 숲 속에서 언뜻언뜻 보이는 낯익은 기억의 조각들이 금방 떨어질 것만 같은 낙엽처럼 위태롭게 매달려 있는 모습이랄까…

　중앙아시아에서 결코 짧지 않은 세월을 살아오고 있는 나에게도 고려인 1세들의 진실한 일상은 어쩌다가 한번씩 펼쳐지고는 곧바로 접혀져버린다. 마치 나그네에게 보여주고 싶지 않은 비밀을 무심코 들켜버리고는 화들짝 놀라기라도 한 것처럼. 그래서 구름 위를 스쳐지나가는 기억 같은 모호함으로 서둘러 위장이라도 해버리려는 것처럼.

　지금 고려인 1세들 대다수는 역사의 무대에서 아주 사라졌다. 그들은

젊은 나이에 강제이주를 겪은 1세대들(1992년) ＊사진 안 윅또르

사회적·문화적 환경이 당시 일제하 한반도와 크게 다를 바 없는 연해주에서 태어난 사람들이다. 그들은 모국어로 전통을 배우며 성장했고 그 뒤 강제이주의 비극을 절절히 체험했다. 그들은 자신들에게 지워진 역사의 수레바퀴를 거의 다 돌렸고 지금은 노을 비낀 그림자를 던지는 가을해 마냥 쓸쓸히 저물어가고 있다. 또한 뿌리에 대한 근원적 그리움과 향수, 그리고 세대간의 단절에서 기인된 고독으로 힘들어하고 있다.

아쉽게도 그들에게서는 젊은이들에게 두루 내재되어 있는 탄력성과 유연성이 별로 보이지 않는다. 그들은 젊은 세대의 프리즘으로 보았을 때 고루하고 편향되어 있다. 그래서 그럴까, 그들의 존재감은 젊은 세대에게 갈수록 엷어지고 있으며 때로는 쓸모없는 짐짝처럼 귀찮은 존재로 취급되기도 한다. 그들의 무게감은 상례나 제례와 같은 일부 전통적 통과의례를 집전할 때에나 잠깐 드러났다 이내 사라질 뿐이다.

안 됐기는 하지만 1세들이 후손들에게 소외되어가는 과정은 일견 자연스러운 것 같다. 그들의 행동패턴에는 자손들이 좀처럼 수용할 수 없는 부조리한 측면이 분명히 내재되어 있으니까. 강제이주라는 워낙 무시무시한 역사적 체험이 그들에게 평생 지울 수 없는 심리적 외상을 남겨 끊임없이 심신을 괴롭혀온 까닭에 그걸 모르고 자란 후손들이 기대하는 정상적인 삶에 온전히 이를 수 없는 듯이 보이니까.

그런데 놀랍게도 바로 거기에 어마어마한 역설이 가로놓여 있다. 사라져가는 세대들이 그 고루함과 편향됨으로 자손들에게 위대한 유산을 남겨주고 있기 때문이다. 1세들이 고집스럽게 고수하여 전해준 전통과 형식이 다민족국가 카자흐스탄과 중앙아시아에서 고려인을 진정 고려인답게 만들어주고 있기 때문이다. 다시 말하면 앞선 세대들의 완고함과 편향됨이 후손들에게 때때로 걸림돌이 되는 것은 사실이나 결정적 시기에는 모습을 바꾸어 굳건한 주춧돌이 되어온 것이다.

다민족국가에서는 누구나 태어나면서부터 주변 인물로부터 끊임없이 특정민족 소속 사람으로 분별·확인받으면서 산다. 그런 까닭에 그들은 자라면서 좋든 싫든 민족관념을 내면화할 수밖에 없다. 중앙아시아 고려인들도 주변 타민족들로부터 고유한 개별 소수민족집단으로 끊임없이 타자화되어 왔다. 고려인들은 분명 자신에 대한 주관적 자각 외에도 타인으로부터 타자화된 집단인식을 받아들여 자신들의 정체성을 지속시켜왔다.

타민족들에게 분별, 인식되는 고려인이라는 틀은 두말할 것 없이 앞선 세대들의 삶이 축적되어 이루어진 것이다. 그 틀은 선배세대가 눈물과 한숨으로 채워 넣은 자신만의 역사이자 장차 후손들이 거주할 집이다. 이 틀은 작게는 본질을 망각하고 속도와 빠름의 미신에 사로잡혀 방황하는 고려인 현 세대들이 자기의 근원을 되돌아볼 수 있게 해주고 더 크게는 뜨내기 같은 디아스포라 집단의 의식과 사회를 안정시켜준다.

고려인 1세들은 인습이라는 껍데기만 후손들에게 남긴 것이 아니다. 연륜과 지혜와 반성적 성찰이 농축되어 이루어진 뼈대도 함께 남기고 있다. 껍데기는 부수되 뼈대는 보존하여 거기에 새로운 살을 붙여 나가는 건 전적으로 후손들의 몫이다. 그들의 결정에 따라 쓰여지는 역사 또한 그들의 후손들에게 뼈대가 되거나 껍데기로 남을 것이다.

언제부턴가 나는 중앙아시아 고려인 1세들의 일상을 들여다보면서 깨어진 그릇조각을 다시 짜 맞추어내려는 아마추어 옹기장이처럼 그들이 서있는 모호한 경계면을 안타깝게 어루만지고 있다. 이와 같은 영상은 언제부턴가 그들을 이해하고 공감해보려는 나의 시공간적 자각에 들어와 자리 잡고 있다. 굳건한 뼈대를 남기면서도 역사의 뒤안길로 밀려나는 1세들의 뒷모습이 안타깝기만 하다. 선배세대에 대한 후손들의 관심과 애정이 아쉽기만 하다.

국제신문 2009년 2월 5일

# 고려인 가요 백년사를 되돌아보면서

 기구하고 파란만장한 삶을 살아온 구소련 고려인들은 수많은 노래를 애창해왔다. 기쁠 때나 슬플 때나 세상이 야속할 때나 부모형제가 그리울 때나 그 언제든 그 어디서든 노래를 불러왔다. 그런 만큼 역사의 굴곡마다 거기에 어울리는 수많은 고려인노래가 생겨났음은 물론이다. 재소고려인 140여년 역사에는 구한말과 일제시대에 우리의 조상들이 두만강을 건너오면서 한반도에서 직접 수입해온 노래들을 비롯하여 연해주에서 창작한 노래, 강제이주 이후 후손들이 중앙아시아에서 새로 지어낸 노래, 북한에서 들여온 노래, 최근 한국에서 가져온 노래 등으로 빼곡히 채워져 있다.

1920~1930년대 연해주에서 이름을 날렸던 가수 전순녀. 그녀는 주로 신민요와 민요를 불러 연해주 고려인들의 심금을 울렸다. 특히 그녀가 부른 '낙화유수'는 당시 연해주에 널리 유행했다. 사진은 1920년대 말 모스크바 음악학교에서 공부하던 시절 동료학생들과 찍은 것이다. 그녀는 강제이주 이듬해 정치적 탄압과 가정적 빈곤이 겹쳐 크즐오르다에서 요절하고 말았다. *사진 전명진·최 아리따

하지만 재소고려인들이 오늘에 이르기까지 갖은 역사적 소용돌이 속에서 수많은 부침을 거듭해왔듯이 그들이 불러온 노래들도 무수한 정치적·사회적·문화적 난관에 부딪쳐 수시로 뒤틀리거나 망가지곤 했다. 그 결과 곡조와 가사가 심하게 왜곡되거나 내용의 상당부분이 망실되어버린 노래들이 적지 않을뿐더러 전승에서 아주 사라져버린 노래도 헤아릴 수 없이 많다. 어찌 보면 재소고려인 가요사는 상실과 망실의 역사였다고 해도 과언이 아니다.

허나 이러한 상황이 내게 그리 모질게 안타깝지만은 않은 것은 사라져도 크게 아쉬울 것 없는 노래들이 사라진 경우가 다수이고 진정으로 가치 있는 노래들은 모진 시련에도 불구하고 끝까지 살아남았음을 확인하기 때문이다. 특정한 시대에 특정한 상황과 맞물려 보급되면서 마치 세세무궁토록 불릴 것만 같이 기고만장했던 어떤 노래들은 문헌에나 그 흔적을 남기고 있을 뿐 지금 아무에게도 기억되고 있지 않으며 반대로 퇴폐적이라며 사회적으로 공공연히 지탄을 받아 마음대로 불리지도 못하고 사적인 자리에서나 몰래몰래 불리던 노래들은 지금까지 온전히 전해지는 현상을 보면서 난 역사의 아이러니를 느끼고 있다.

지금까지 전해지고 있는 고려인 가요들은 고향과 부모형제를 그리는 노래가 상당부분을 차지한다. 구한말과 일제시대에 살길을 찾거나 일제에 항거하고자 부득불 고향과 부모형제를 등지고 두만강을 건넌 이주 1세대들의 애끓는 사연이 담긴 노래는 간난신고의 삶을 살아온 자손들에게도 온전히 공감되어 전해졌다. 비록 후세대에게는 세월이 흘러 생활의 여건이 많이 달라졌지만 조국을 떠나온 디아스포라라는 실존적 상황은 그들에게도 변함없이 그대로 남아있는 까닭이다. 그런 고로 고향과 부모형제를 그리는 노래들은 선조에게나 현세대에게나 언제나 똑같이 내면의 가장 민감한 부분을 건드려왔던 것이다.

"고국산천을 떠나서 수천리 타향에 / 산설고 물선 타향에 객을 정하니 / 섭섭한 마음은 고향뿐이요 / 다만 생각나노니 부모형제라" 구한말 최남선이 지은 〈망향가〉의 1절이다. 이 노래는 재소고려인 극작가 연성용이 1933년에 쓴 민요풍의 노동요 〈씨를 활활 뿌려라〉와 1930년대 연해주 선봉신문의 주필 최호림이 지은 몇몇 풍자가, 그리고 당시에 유행하던 〈사랑가〉들과 함께 재소고려인들에게 가장 사랑받고 널리 불려온 노래다.

당시 사회주의로 무장한 몇몇 인텔리들은 그런 퇴폐적이고 센티멘털한 노래를 시급히 폐하고 새로운 사회주의 조국에서 누리는 행복과 번영을 노래하자고 수없이 외쳐댔지만 민중들에게는 그 말이 전혀 먹혀들지 않았다. 오히려 그런 호소를 비웃기라도 하듯이 고려인 민중들은 사회주의 조국과 수령과 당을 찬양하는 노래를 야금야금 몰아내고 〈망향가〉나 〈사랑가〉 또는 민요풍의 〈노동요〉나 〈풍자가〉를 최고의 애창곡 반열에 올려놓았다.

오직 진실한 노래만이 살아남았다. 진실한 노래만이 살아남아 사연 많은 고려인의 내면세계를 온전히 표현하고 달래주었다. 그리고 더욱더 진실한 노래가 나올 수 있도록 새로운 노래들에게 길을 열어주고 있다. 진실한 노래란 무엇일까? 그건 바로 우리들의 시원적 내면세계가 영원부터 우주를 감싸고도는 소리에 붙들려 신비로운 방식으로 열리는 환희로운 합일체험의 과정이 아니겠는가. 여기에 무슨 이념이나 사상이 필요하겠는가.

어떤 사람들은 말한다. 노래는 언제나 신비로운 것이고 언제나 영원한 것이라고. 맞는 말이다. 허나 이런 찬사는 시간과 이념의 파고를 견디어낸 노래에만 해당될 것이다. 세상에는 잠시 불렸다 잊혀지는 노래들이 얼마나 많던가. 세월의 풍파를 넘고 이념의 파도를 건너 재소고려인들의 가슴속에 선명하게 살아남은 노래들이 이렇게 외치고 있다. "노래는 사람의 가슴속에 느껴지는 있는 그대로의 사랑과 그리움의 표현일 뿐, 흥겹거나 슬픈 일상에서 저절로 생겨나 자신과 타인을 위로해주는 마음의 소리일 뿐"이라고.

국제신문 2009년 3월 11일

필자는 지난 2007년에 졸저『재소고려인의 노래를 찾아서 Ⅰ·Ⅱ』(화남출판사, 2007)를 펴낸 바 있다. 이 책을 완성하는데 꼬박 2년(햇수로 3년)이 걸렸다. 2005년 9월에 시작하여 2007년 7월에 끝냈으니 정확히 말하면 2년이 다 되지는 않는다. 2005년 9월초 어느 날 한 야꼬브 작곡가와 창작문화단체 <오그늬 람빠> 최 따찌야나 대표가 한번 만나자고 해서 만난 것이 이 책을 만드는 작업에 뛰어든 계기가 되었다. 그들은 필자에게 한해 전에 한 야꼬브씨가 여러 고려인 집성촌에서 녹음기로 녹취한 고려인 가요의 가사를 정리해 달라는 제의를 했다. 그동안 4명의 지원자가 나섰으나 모두 중도에 포기했다고 하면서.

필자는 그들 앞에서 1주일 이내로 가사 정리를 끝내주겠다고 장담했다. 나름대로 믿는 구석이 있어서였다. 필자는 한국인 최초로 고려인 최초 강제이주지 우스또베에 한글을 가르치러 들어갔고 거기서 우리말을 가르치면서 독특한 재소고려인 방언인 '고려말'을 익혔으며 이후 8년간이나 대학에서 한국어를 가르쳐온 데다 나중에는 재소고려인 민족지 고려일보사에 들어가 일하면서 한글과 고려말 속에 푹 파묻혀 살았기 때문이다. 내놓고 말은 안했지만 고려말 실력에 있어서만큼은 누구에게도 뒤지지 않을 거라는 확신이 있었다.

헌데 작업을 시작한 지 얼마 오래지 않아 그렇게 함부로 내뱉은 말에 대해서, 필자의 그 경솔함에 대해서 뼈저리게 후회했다. 작업을 진행하던 초기에는 불확실성의 그림자가 멀리서 다가오고 있음을 전혀 눈치 채지 못했다. 일을 하면 할수록 더 해야 할 일이 눈덩이처럼 불어나고 그러다가 불현듯 내가 그 안에 깊이깊이 갇혀버렸음을 깨달은 건 일을 시작한지 한 달도 채 지나지 않아서였다. 그건 밑도 끝도 없이 빠져드는 수렁이었다. 필자의 얄팍한 고려말 실력은 오래 전에 바닥나버렸다. 장담에 대한 대가가 얼마나 혹독한 것인지를 절절이 깨달았다.

정상진 선생님이 안 계셨더라면 이 책은 세상에 빛을 보지 못했을 것이다. 아마 필자 스스로 중도에 포기하고 말았을 것이다. 설령 세상에 내놓았다 하더라도 수많은 부끄러움과 오류로 점철되어 있었을 것이다. 정상진 선생님이 재소고려인 가요집이 반드시 세상에 나와야 된다는 신념으로 필자를 일깨우며 필요할 때마다 주옥같은 증언과 조언을 해주지 않으셨더라면 『재소고려인의 노래를 찾아서 I・II』라는 책은 별 의미 없는 책으로 남았을 것이다.

이 책을 엮는데 정상진 선생님이 필자에게 해주신 증언과 고증과 감수는 그 중요성과 정확성과 내용의 풍부함과 현장감에 있어서 필자가 수개월에 걸쳐 탐독한 70년 분량의 재소고려인신문에 거의 필적하는 수준이었다. 필자는 재소고려인 가요의 출처와 근거, 잊혀진 작사・작곡가・가수, 망실된 가요사 등을 밝히기 위해 1938년부터 2003년까지의 재소고려인신문 <레닌기치>와 <고려일보>를 모두 읽었다. 재소고려인 역사 전반에 이 기록물보다 더 풍부하고 정확하고 가치 있는 자료는 세상에 없다. 이 신문을 탐독하는 과정에서 신문에 실린 재소고려인 가요들만 따로 찾아내 원래 예정에 없던 『재소고려인의 노래를 찾아서』 2권을 별도로 만들어 낼 정도였으니…

그런데 정상진 선생님 한 분의 기억 속에서 펼쳐져 나오는 고려인가요의 분량과 이에 대한 해설이 거의 그 정도에 육박했다. 처음에는 믿기지 않았다. 도무지 이 사실을 믿을 수가 없었다. 허나 나중에 찾아낸 거의 모든 문헌자료와 기록물들이 정상진 선생님의 구두증언이 대부분 옳았다는 것을 의심의 여지없이 확인시켜주었다. 정상진 선생님을 만난 건 필자에게 일생일대 최대의 행운이었다.

# 어울림, 그 아름다운 협주곡을 기다리며

　수많은 민족과 에스닉집단이 모여 사는 카자흐스탄과 중앙아시아에 한국인이 들어오기 시작한 건 1990년대 초반부터다. 물론 그 이전에도 일부가 다녀가긴 했지만 공식적으로는 카자흐스탄의 수도 알마틔에 한국교육원이 개설된 1991년 여름에 한국교민사회가 첫발을 내디딘 것으로 보고 있다. 초기 교민사회는 개인사업가와 선교사와 유학생이 주축을 이루었다. 그들은 중앙아시아 고려인의 열렬한 환대와 그 나라 국민들의 부푼 기대를 한 몸에 받으며 그리 낯설지 않은 이국생활을 시작했다.

　여러 국가에 형성된 한국교민사회가 숱한 어려움을 겪으면서 시작되었다지만 중앙아시아 한국교민 정착과정에는 행운을 관장하는 여신의 손길이 곳곳에 느껴질 정도로 다행스럽고 만족스러웠다. 초기정착과정에 가장 큰

고려인 명절을 맞아 함께 나와 즐기는 타민족들(1991년) *사진 안 윅또르

걸림돌이 되는 언어와 문화의 장벽이 중앙아시아에는 거의 존재하지 않았던 까닭이다. 바로 거기에는 한국인보다 두 세기나 먼저 들어온 고려인이라는 겨레붙이가 있어 그들이 매끄러운 다리를 놓아주고 있었던 것이다.

중앙아시아 한국교민들은 바로 그렇게 고려인 덕분에 같은 시기에 진출한 중국인이나 일본인에 비해서 언어와 문화의 장벽을 단번에 뛰어넘어 앞서나갈 수 있었다. 더욱이 그 당시는 88서울올림픽을 치른 지 얼마 되지 않은 시점이라 중앙아시아 거주민들이 한국과 한국인들에게 대단히 큰 호감을 갖고 있었던바 이것이 한국교민들이 초기에 활동하고 정착하는데 나름대로 장점으로 작용했음은 두말할 것도 없다.

물론 세세한 부분을 따지고 들어가 보면 초기 한국교민들이 중앙아시아를 개척하면서 겪은 어려움이 결코 적지 않다. 이야기를 들어보면 개개인마다 다 말 못할 사연이 있고 또 그중에는 유독 힘든 길을 걸어온 이들도 있다. 허나 나라별로 구분해보면 고려인의 도움을 받은 한국인 이주자들이 그렇지 않은 다른 나라 이주자 집단보다 훨씬 수월한 정착과정을 거쳤음은 부인할 수 없는 진실이다.

그럼 그로부터 스무 해 가까운 세월이 흐른 지금 중앙아시아 거주 한국인과 고려인들은 어떤 관계를 맺고 있을까? 근 한 세기의 단절을 넘어 기적적으로 다시 만난 한겨레가 지금은 어떤 모습으로 서로 앞에 서있는 것일까? 유감스럽게도 감동스러운 대답이 얼른 튀어나오지 않는다. 20년 교류의 세월이 한 세기의 단절을 메우기에는 아직도 많이 모자라다는 것일까.

고려인과 한국인들이 초기에 맺었던 깊고 끈끈한 관계에서 점차 이탈하여 가는 것은 왜일까? 물론 이에 대한 교과서적인 답변이 없는 건 아니다. 설렘과 기대가 큰 만남일수록 시간이 지남에 따라 만족의 강도가 떨어지는 건 자명한 공리다. 더구나 모국문화에 깊은 향수를 간직한 고려인 1세대들이 사라져감에 따라 서로에 대한 이끌림의 강도가 예전보다 훨씬 더 약해진 것도 사실이다. 또한 소련연방에 소속되어 구성원들이 누리는 실질적 권리가 동일하고 평등했던 중앙아시아 공산주의 사회가 이윤추구를 궁극적 가치로 내세우는 자본주의 사회로 진입함에 따라 고려인이나 한국인 모두 초기에 품었던 정체성 회복이나 통합에의 열망을 뒤로 하고 제각기 경제적 이익을 찾아 뿔뿔이 흩어진 데에 이유가 있기도 하다.

허나 우리가 한 세기 이상의 단절을 뛰어넘어 머나먼 중앙아시아에서 감동적으로 이루어낸 재회를 이런 진부한 답변으로 서둘러 들러대도 되는 것일까? 처음 맺은 관계를 지속하려는 의지가 서로에게 부족했던 것은 아닐까? 특히 한국교민들은 지금까지 개인적 이해관계를 넘어 고려인과 나아가 중앙아시아 전체 국민과 어울리려는 노력을 게을리 하지는 않았을까?

해마다 한국교육원과 시내공원에서 거행되는 삼일절이나 광복절 같은 기념행사만 봐도 그렇다. 그날을 잊지 않고 꼭꼭 참석하는 사람은 거의 대부분이 고려인이지 한국인이 아니다. 더구나 그 장소중 하나는 고려인회관도 아니고 명실상부한 한국교육원인데… 어울리려는 의지는 고려인보다 진실로 한국교민이 부족해 보인다.

완성된 실체로서 세상에 홀로 존재하는 이는 없다. 세계 자체가 서로 어울려 되어가는 과정으로 생성·소멸하고 있다. 중앙아시아의 토착 고려인과 이주 한국인들이 예전의 관계를 회복하고 서로 어울려 협주곡을 울리는 날이 언제 올 것인가? 이건 상당부분이 한국교민들의 의지와 결단에 달려있을 것이다.

국제신문 2009년 4월 9일

# 5
# 제자들을 떠나보내며

때가 동짓달이라서 낮은 짧고 밤은 쉬 찾아왔다. … 우리도 천상의 세계처럼 상태의 변화로만 시간을 측정한다면 만남과 이별의 지평을 넘어 장자(壯者)처럼 무한공간을 거닐어 볼 수도 있으련만 아직은 유한한 시공에 갇혀 자신에게 주어진 몫을 따라 제각기 다른 길을 가야만 하는가 보다.

- '시베리아의 교육도시 톰스크' 중에서 -

# 방학을 맞이하며

아바이명칭 알마틔대학과 인연을 맺은 지도 2년이 흘렀다. 그리 길지 않은 세월이었지만 나는 내 외국 생활의 3분의 2를 이 대학교에서 한국어를 가르치는데 종사해왔다. 때문에 나로서는 이 2년을 결코 시간으로 평가할 수 없는 어떤 깊이로 느끼고 있다. 특히 내가 담당하고 있는 한국어과 2학년 학생들은 내가 1년 반 동안이나 가르쳐왔기 때문에 어느새 미운 정 고운 정이 다 들었다. 사실상 이 대학에서 내가 지속적으로 책임 있게 한글을 가르친 학생들은 이들 뿐이다.

이번 6월에 나는 알마타에 와서 두 번째 여름방학을 맞았다. 6월 초에 학생들에게 한국어 시험을 부과한 것을 마지막으로 긴 여름방학에 들어간

알마틔대학 한국어과 3회 입학생들과 함께. 맨 왼쪽이 필자다.(1994년 알마틔대학교 앞)

것이다. 모두들 한국어과 2학년이라는 어려운 과정을 통과했다는 기쁨을 하나의 보람으로 삼고 흩어졌다. 나도 학생이었더라면 수업으로부터의 해방감과 신나는 계획들을 머릿속에 그려보는 기쁨으로 마냥 즐거웠을 것이다. 그러나 나는 학생이 아닌 교사로서 방학을 맞기에 학생시절과는 감회가 사뭇 다르다. 후련함과 아쉬움, 보람과 후회가 교차한다.

짧은 2년간을 돌이켜봤을 때 한국어를 가르치면서 가장 어려웠던 건 나 자신의 부족함이었다. 한국에서 러시아어나 한국어를 전공하지 않은 몸으로서 러시아어를 모국어로 하는 학생들에게 한국어를 가르친다는 것이 여간 어렵지 않았다. 간단한 문법구조나 회화를 가르치는 데에는 별 어려움이 없었지만 그들에게 한국어를 체계적으로 이해시키는 데에는 두꺼운 장벽에 부딪칠 수밖에 없었다. 다행히 서로 노력하는 과정에서 조금씩 해소가 되어갔지만 그동안 나는 많은 시행착오를 범하였고 학생들은 비능률적인 수업을 감수할 수밖에 없었다.

두 번째로 어려웠던 건 교사용 지도서나 교재의 부재였다. 지금도 여전하지만 대학에는 교사용 참고 서적이 전무한 실정이며 학생용 교재도 없어서 학생들이 한국어를 습득하는데 어려움이 따를 수밖에 없었다. 물론 모든 학생들이 한국교육원에서 충분한 교재를 지원받았다. 그렇지만 그 교재는 대학 2학년 이상의 수준에 맞추기에는 좀 쉽게 구성되어 있었고 학생들의 한국어 실력도 천차만별이어서 그것을 교재로 사용하기에는 어려움이 많았다. 지금도 학생들은 교재 없이 공부한다. 어차피 러시아어를 모국어로 구사하는 학생들을 대상으로 한국어를 가르쳐온 역사가 짧은 만큼 당연히 감수해야 할 짐이라고 자인해 보지만 그래도 교재 없이 공부하는 학생들을 볼 때마다 안쓰런 생각이 들었다.

그밖에도 몇 가지 어려움이 있기는 하였지만 그건 교사와 학생 사이, 교사와 대학 당국 사이 그리고 외국인과 내국인 사이에 흔히 생길 수 있는 것들로서 누구나 겪을 수 있고 누구나 해소시킬 수 있는 것들이었다.

그러나 이러한 어려움이나 애로사항은 한국어를 가르치면서 느꼈던 기쁨과 보람에 비하면 아주 미미한 것들이었다. 사실 나는 학생들을 가르치면서 많은 것을 배웠다. 공부를 잘 할 수 있는 객관적 여건이 매우 불량한 가운데서도 상당수의 학생들은 집념과 끈기를 보여주었다. 대학 강의가 날마다 아침 8시에 시작하는데도 지각 한번 하지 않는 학생들이 있었는가 하면 오전에 대학 강의가 끝나면 곧바로 교육원에 가서 열심히 공부하는 학생들도 적지 않았다. 그런 학생들을 보면서 나는 교사인 내가 학생으로부터 배울게 얼마나 많은지 깨닫곤 했다. 물론 학생들마다 소질과 개성이 달라서 수업에 대한 반응도 제각기 달랐다. 그래서 결과적으로 쉽게 두각을 나타내는 학생들이 있는가 하면 열심히 하는데도 한국어 습득에 여전히 어려움을 겪는 학생들도 있었다. 그렇지만 한국어습득 속도의 완급을 떠나서 그들의 성실한 모습 자체가 나에게 훌륭하고 아름답게 보였다. 공부하는 자세나 태도가 지극히 불량하여 나에게 실망을 안겨주는 학생도 있었지만 대부분 학생들의 장점이 일부 학생들의 단잠을 충분히 보완해주었다.

이들이 2년 후에는 어떻게 될까?

한국어를 계속 연구해서 이곳에서 한국학을 발전시킬 한국어의 권위자도 나오고 훌륭한 통역관도 나오고 모두들 적재적소에서 배운 기량을 마음껏 활용할 수 있게 되었으면 좋겠다.

끝으로 학생들에게 ≪우공의 지혜≫를 들려주고 싶다. 집 앞을 가로막고 있는 산을 집 뒤로 옮기기 위해 날마다 그 산의 흙을 조금씩 퍼 날리던 우공이라는 노인의 우직한 집념에 탄복한 하느님이 밤사이에 몰래 그 산을 옮겨주었다는 이야기다. 외국어를 배우는 학생이 귀담아 들어야할 이야기라고 생각한다. 하나의 외국어로서 한국어를 잘 구사하기가 매우 어렵겠지만 열심히 하다 보면 어느 순간 큰 장벽이 사라지고 깊이 있는 한국어를 아는 기쁨이 생겨나리라 믿는다. 이번 방학을 계기로 학생 모두가 힘을 모아두었다가 새 학년도가 시작되는 9월에는 한국어를 공부하는데 결집된 역량을 발휘할 것을 기대해본다. 대학생다운 기백과 성실함을 잃지 말고 보람된 방학을 보내기를 기원한다.

고려일보 1995년 7월 1일

필자는 1994년부터 2002년까지 수도 알마틔시에 있는 아바이명칭 알마틔대학교에서 한국어과 강사로 일했다. 여러모로 부족하고 서툰 강사였지만 그래도 이전에 잠시나마 고려인 학생들에게 한국어를 가르쳐본 경험이 있었기에 가능한 일이었다.

필자는 1991년에 광주광역시 민간인들이 구소련에 세운 광주한글학교에 교사로 자원하였다. 그리고 이듬해 초여름 카자흐스탄에 들어가 고려인 최초 강제이주지인 '우스또베'에서 첫 카자흐스탄 생활을 시작했다. 완전한 시골이라 무료하고 답답하긴 했지만 모국어를 배우고자 하는 고려인 후손들과 한국어에 관심 있는 타민족 아이들에게 한국어를 가르치는 보람을 느끼며 서투른 교사의 길을 걸어 나갔다.

우스또베 광주한글학교는 제법 큰 단독건물이었다. 건물은 복도를 가운데 두고 양쪽으로 각각 4개씩의 크고 작은 방으로 구성되어 있었다. 필자는 1992년 7월, 8월 두 달에 걸친 작업 끝에 거기에 3개의 교실과 각각 하나씩의 청음실(랩실)과 도서실을 만들었다. 우스또베에 처음 들어가 알게 된 현지인 학교 선생님들께 도움을 청하여 일을 빨리 끝내고도 싶었으나 그러면 가뜩이나 경제적 어려움을 겪고 있는 그분들께 누가 될 것 같아 온 여름 내내 필자 혼자서 비지땀을 흘리며 준비작업을 마치고 개교준비를 했다. 그런데 나중에 알아보았더니 현지인 선생님들은 필자가 도움을 청하지 않은 것이 오히려 섭섭했었노라고 말씀하셨다. 역사적 조국에서 온 청년선생이 학교를 열자고 하는데 어느 누가 관심을 갖지 않을 수 있으며 도와주고 싶지 않았겠느냐면서.

처음에는 2개 반으로 시작했으나 나중에 학생반이 넷으로 늘고 성인반과 교사반도 생겨나 총 6개 반이 되었다. 그러나 성인반은 그리 오래가지 못했다. 대부분의 성인들이 늦가을까지 일하고 다시 이른 봄부터 농장에 나가 농사일에 전념해야 하는 고로 시간을 내기 어려웠기 때문이다. 필자가 한 개의 학생반과 성인반, 교사반을 담당했고 나머지 3개의 학생반은 3명의 현지인 교사를 채용하여 각각 한 반씩을 맡겼다.

처음 반년은 이 학교 교장으로 임명된 우스또베 촌장 윤 세르게이 선생님의 집에서 살았고 나중 반년은 학교 건물로 이사 가서 혼자 살았다. 편안한 교장선생님 댁을 뒤로 하고 혼자 나가서 살게 된 데에는 여러 가지 이유가 있었지만 가장 큰 이유는 적막강산처럼 외진 건물에서 혼자 살아보고 싶은 강렬한 욕구가 있었기 때문이다. 윤 세르게이 교장선생님은 다른 때도 아닌 한 겨울에 홀로 나가 사는 것은 힘들고 위험하다고 강력히 만류했지만 필자의 뜻을 꺾지는 못했다. 필자는 교장선생님께 당신 집이 싫어서 나가는 것이 아니라는 점을 설득하는데 무진 애를 먹었다. 그때까지 필자는 연세가 많으신 윤 교장선생님 댁에서 숙식비도 내지 않고 그냥 살아왔었다. 대가 없이 베풀어주는 시골인심을 당해낼 수 없어 일정한 대가를 지불하려했던 필자의 고집은 이미 꺾인 터였다.

학교건물은 외진데다 울타리도 없어서 밤이면 유목민의 소나 양들이 건물 벽에 기대어 뿔과 몸을 비벼대는 소리가 나직이 들리곤 했었다. 더구나 그 시절에는 국가 기반산업이 모두 무너져가고 있던 때라 전력도 부족하여 전기가 안 들어오는 일이

우스또베광주한글학교 개교식을 마치고 학생 및 교사들과 함께. 둘째 줄 가운데 양복 입은 이가 필자다.(1992년 9월 5일 우스또베)

다반사였다. 때문에 밤중에 세면실을 가려면 손전등을 켜고 긴 복도를 지나가야 했었다. 더구나 화장실은 아예 50미터쯤 떨어진 밖에 있어서 급할 때면 한겨울의 거센 눈보라를 헤치고 나가야 했다. 드문드문 술에 취한 사람들이 한밤중에 문을 두드리며 소리를 지르기도 했다. 그럴 때면 한기가 스며들고 가슴이 조여들기도 했지만 평생 처음 맞이해보는 고립된 삶이 더없이 좋았다. 상상 하나만 붙잡고 전기 없이 보낸 긴 겨울밤은 때때로 너무나 아름다웠다.

바람 없는 날 밤에는 밖으로 나가 하얀 눈을 밟고 서서 겨울하늘을 바라보곤 했다. 그런 날에는 하늘에 어떻게나 많은 별들이 그리도 촘촘이 박혀 빛나는지, 그리고 그 별들이 어떻게나 낮게 내려오는지 키를 조금만 더 늘려서 손을 내밀면 처마 밑에 달린 고드름처럼 금방 따낼 것만 같았다. 한겨울 낮 기온이 좀 풀렸다 싶으면 영하 14-15도, 좀 쌀쌀하다 싶으면 영하 18-20도를 오르내렸으니 밤 날씨는 이보다 훨씬 더 추웠으련만 그때는 추위를 별로 느끼지 못했다. 눈 쌓인 벌판에 낮게 내려와 비치는 별들이 너무 밝고 아름다워서 그랬을 것이다.

3-4월이면 바람이 심하게 불었다. 가끔씩은 어쩌나 심하게 부는지 다 자란 어른의 몸이 날려갈 정도로 요동치기도 했다. 더구나 그 바람은 먼지를 가득 싣고 오기 때문에 한번 바람 속에 들어가면 한 치 앞도 보이지 않았다. 웬만한 크기의 돌들도 함께 날아왔다. 필자는 그 바람을 뚫고 딱 한번 길을 건너본 적이 있다. 그때의 아슬아슬함을 지금도 어찌 표현할 길이 없다.

필자는 짧긴 했지만 동화나 소설 속에 나옴직한 꿈같은 시절을 우스또베 광주한글학교에서 실제로 지내보았다. 벌써 아득한 시간이 지났다. 열악한 환경을 오래 견디지 못하고 역사적 조국에서 찾아온 첫 우스또베 한글선생인 필자에게서 한글을 배우던 학생들을 뒤로 한 채 일년만에 수도 알마틔로 나와버린 것이 지금도 죄스럽다.

알마틔시는 1997년까지 카자흐스탄의 수도였고 수도가 다른 곳으로 천도된 지 10년이 넘는 지금까지도 카자흐스탄의 문화와 교육과 산업의 중심지로 남아 있다. 카자흐스탄 고려인의 문화기관도 이곳에 집중되어 있다. 알마틔대학의 한국어과는 1991년에 카자흐스탄에서 최초로 개설되었다. 같은 해 한국교육원(한국인적자원부 산하)도 구소련에서 최초로 알마틔에 설립되었다. 2007년 현재 카자흐스탄에 한국어과가 개설된 대학은 7개(알마틔 3개), 한국어를 선택과목으로 가르치는 대학은 10개에 이른다.

# 시베리아의 교육도시 톰스크

− 한국인이 보는 시베리아 −

나는 여행을 좋아한다. 다른 사람들도 대부분 그러리라 생각한다. 여행을 하는 목적이나 이유는 사람마다 다르겠지만 여행이 우리에게 가져다주는 효과는 다른 취미생활이나 여가에 비할 바 없이 큰 것 같다. 여행은 무엇보다도 일상사에 찌든 우리 마음을 치유하는 힘이 있다. 또한 우리를 자신의 관념과는 전혀 다른 세계로 인도하여 우리의 의식을 더욱 확장시켜 주며 상대방을 더 잘 이해하고 포용하는 너그러움을 갖게 한다. 그래서 여행을 통하여 얻게 되는 체험은 생활에 신선한 충격을 주고 우리의 삶을 두텁고 깊이 있게 변화시켜 준다고 생각한다.

나는 지난 11월 11일부터 14일까지 3박 4일 동안 시베리아의 아테네로 불리는 톰스크를 다녀왔다. 이번 여름 이후 한번도 바깥바람을 쐬어 보

톰스크시내 공원에서. 사진에 보이는 벽면에는 독소전쟁에서 조국을 지키다 전사한 이들의 이름이 빼곡히 씌어져 있다.(1995년 11월 톰스크)

지 않았기 때문에 어디론가 훌쩍 떠나고 싶었던 차에 모처럼 시간이 생겨 갑작스레 다녀온 것이다. 내가 여행 장소로 톰스크를 선택하게 된 것은 순전히 3년 전에 맺어진 인연 때문이었다. 나는 3년 전에 우스또베에서 한글학교 교사로 일하고 있었는데 그 때 내게서 한글을 배웠던 학생들 중 두 명이 톰스크 공대로 유학을 가서 지금은 어엿한 3학년 학생이 되어 있다. 둘 다 마음이 착한 학생들이었는지라 한번쯤 만나보고 싶었는데 며칠 전 그동안 잠잠했던 역마살이 발동하여 보물 찾는 기분으로 그들을 찾아 나섰던 것이다.

9일 아침에 제 1알마틔역에서 이르꾸트스크행 열차를 타고 알마틔를 출발하였다. 거의 이틀을 달린 다음 11일 새벽 타이가라는 곳에서 내려 전철로 갈아타고 다시 두어 시간을 달린 후 11일 아침에 톰스크에 도착했다.

톰스크는 시베리아의 도시답게 함박눈 속에서 아침을 맞이하고 있었다. 불과 7시간 전에 노보시비르스크를 지나갈 때만 해도 비가 내렸었는데 기차가 북으로 올라갈수록 비는 진눈깨비로, 진눈깨비는 타이가를 넘어서면서 어느덧 함박눈으로 모습을 바꾸었다. 11일 아침 톰스크에 도착하자 택시를 잡아타고 설레는 마음으로 기숙사를 찾아갔다. 기숙사에 도착하여 나의 옛 제자 이리다의 거처를 물어보니 친절히 가르쳐주었다. 방문을 두드린 다음 주인 목소리를 들어보니 틀림없는 옛 제자의 목소리였다. 길손처럼 들어선 나의 모습에 이리다는 깜짝 놀라는 것 같았다. 그도 그럴 것이 어지간한 연고 없이 누가 알마틔에서 그 먼 톰스크까지 찾아가겠는가. 이리다는 올랴라는 아가씨와 한 방을 쓰고 있었다. 그 아가씨도 우스또베에서 유학 온 우리 한인이었다. 오랜만에 옛 이야기들을 나누며 회포를 풀다가 오후에는 보바를 만났다. 어느덧 2년 이상의 세월이 흘렀어도 보바역시 옛 모습 그대로였다. 세월은 가도 사랑은 남는다더니 우리들은 비록 멀리 떨어져 있었지만 정은 더욱 깊어진 것 같았다.

다음날은 이리다, 보바, 올랴와 함께 공원을 찾았다. 공원에는 전나무 숲에 둘러싸인 전승기념비가 눈 속에서 장엄하게 서 있었다. 구소련 어디서나 흔히 볼 수 있는 전승기념비, 그러나 그것은 우리가 평소에 잊기 쉬운 조국의 고마움을 말없이 일깨워 주고 있었다. 우리나라에도 그런 기념비나 공원이 많이 있었으면 하는 아쉬움이 생겨났다.

공원이 끝나는 부분 뒤편에는 커다란 강이 흐르고 있었다. 무슨 강인가 물어보니 옛 제자들이 일제히 톰 강이라고 가르쳐 주었다. 톰스크란 도시 명칭도 바로 이 톰이라는 강 이름에서 나왔다 한다. 그들은 강을 바라보며 나에게 톰스크의 역사를 이야기해 주었다. 톰스크는 맨 처음 죄수들의 유형지였다 한다. 400여 년 전 갖가지 죄목으로 이곳에 끌려온 죄수들이 유형생활을 하면서 삶의 터전을 일군 것이 이 도시의 시작이 되었다 한다. 조용히 눈을 감아보니 이 도시는 한 많은 사람들이 혹한 속에서 고통으로 쌓아올린 거룩한 신전이라는 생각이 들었다. 시베리아라 하면 왠지 비장미를 느끼게 되고 러시아의 문학과 미술이 대개 깊은 슬픔을 주제로 삼고 있는 것이 다 시베리아의 생존조건 및 역사와 무관하지 않는 듯 하였다.

그러나 과연 시베리아가 우리에게 그렇게 가혹한 시련과 슬픔의 표상으로만 자리 잡고 있을까. 결코 그렇지 않을 것이다. 사실 시베리아는 우리에게 그렇게 슬프거나 낯선 이름이 아니다. 물론 내가 서 있는 곳은 서시베리아이지만 우리 민족의 발상지가 시베리아의 중앙인 바이칼호 근방이고 환단고기 같은 우리의 옛 야사에도 시베리아는 우리의 조상이 살았던 땅 사백력이라고 명확하게 기록되어 있으니 모르긴 해도 우리의 태고적 기억 속에는 시베리아가 온갖 도전과 가능성이 약동하는 희망의 표상으로 숨쉬고 있을 것이다.

불현듯 강가에서 찬바람이 불어왔다. 그러나 그 바람은 내가 충분히 감당할 수 있는 무게로 나의 귓전을 스치며 세계에서 가장 아름답다는 시베리아의 영가를 들려주었다.

돌아오는 길에 도시의 건물들을 유심히 살펴보았다. 현대식 건물이 많은 신시가지와 현대식 건물 속에 옛날의 목조건물이 함께 어울려 있는 구시가지로 구별되었다. 신시가지는 관청이나 상가, 기타 현대도시의 기능을 수행하는 기관이 대부분이었지만 구시가지는 전체가 하나의 거대한 학교였다. 구시가지 내에 있는 건축물은 모두 대학이나 연구소, 도서관 또는 학생기숙사였다. 러시아의 잠재력이 바로 이런 곳에 있는 것 같았다. 러시아의 저변에 깔린 이런 능력이 바로 거대한 러시아를 이끌어가는 힘의 원천이라는 생각이 들었다.

옛날 우리말에 농사를 짓는 이는 1년 앞만 내다보면 되고 나무를 심는 이는 10년 앞만 내다보면 되지만 사람을 가르치는 이는 100년 앞을 내다봐야 된다는 말이 있다. 비근한 예로 우리나라의 역사만 살펴보더라도 우

톰스크시 시가지 전경(1995년 11월)

리 문화의 황금기를 구가했던 조선조 세종조의 업적이 그냥 이루어진 게 아니라 이미 30여 년 전에 집현전이라는 연구기관을 세워 집중적으로 인재를 양성한 결과 한글 창제를 비롯한 각종 선진 문화가 창출되지 않았던가. 교육의 중요성은 아무리 강조해도 지나침이 없는 국가의 백년대계라는 걸 절감했다.

다음 날은 이리다의 안내로 대학교와 도서관을 찾아갔다. 이리다에게 톰스크 공과대학의 내력을 알고 싶다고 했더니 자기 지도교수를 소개시켜 주겠다고 해서 따라 나섰던 것이다. 아직 강의가 끝나지 않아서 양해를 구하고 강의를 참관해보았다. 10여 명의 학생들이 진지한 자세로 강의를 경청하고 있었다. 교수님께 질문도 하고 교수님의 질문에 대답도 하는 모습이 역시 공부를 하는 학생다웠다.

강의가 끝난 후에 이리다의 지도교수 꼬뻬또브 블라지미르 일리츠 교수님께 톰스크와 톰스크공대에 관한 궁금한 것들을 물어보았다. 웨. 이. 레닌과 이름이 같아서 레닌이라는 별명을 갖고 있는 그분은 항공기 회전기 및 회전체계를 전공하였다 한다.

그분 말씀을 요약해보면 톰스크 공과대학은 1896년 러시아황제 니콜라이 2세의 칙령으로 설립되었다. 초기에는 큰 대학이 아니었지만 1917년 혁명 이후 유능한 학자들이 대거 몰려들었고 2차 세계대전 이후 국가에서 톰스크를 정책적인 공업도시로 육성시키면서 대학도 커졌다. 그리고 1960년대에 대학이 다시 한번 크게 확장되어 현재 규모나 인적자원, 연구능력 면에서 볼 때 구소련에서 세 번째 자리를 차지하고 있다.

지금 톰스크는 인구 60만이 못되는 중간 크기의 도시이다. 그렇지만 학생이 15만 명으로서 톰스크시 인구의 25%를 점하고 있고 대학교수가 학생 8명 당 거의 1명꼴이다. 기타 대학이나 도서관 등 교육 관계기관 종사자들과 그 가족들을 고려하면 모르긴 해도 톰스크시 전체인구의 절반 이상이 교육에 관여하고 있다는 결론이 나온다. 과연 지식인과 고급두뇌가 많은 학문의 도시답다는 생각이 들었다. 톰스크는 언제부턴가 시베리아의 아테네로 불리게 되었다 한다.

톰스크는 제 2차 세계대전 당시 군수품을 생산하는 공장이 있었던 관계로 얼마 전까지 외국인은 물론 자국민까지도 출입이 엄격히 통제되었지만 페레스트로이카 이후로 통제가 해제되었다 한다. 지금 톰스크공대는 구소련 각지에서 유학 온 학생들로 만원인데 특히 카자흐스탄과 우즈베끼스탄 유학생들이 아주 많다고 한다.

이리다 지도교수께 학생들을 가르치면서 당면하는 가장 큰 어려움이 무엇이냐고 물었더니 경제적 어려움이라고 대답했다. 교수는 물론이거니와 학생들도 경제적 어려움 때문에 학문에만 전념하는데 애로가 많다고 하였다.

학생들에게 당부하고 싶은 이야기가 있느냐니까 열심히 공부해서 모두 성공하길 바라며 항상 역사에 관심을 갖고 인문사회과학계통의 책들도 폭 넓게 읽어서 자신의 의식을 끊임없이 확장해 나가는 인간이 되기를 바란다고 대답하였다.

나는 그분이 한국에 대해 알고 있는지 궁금하였다. 그래서 한국에 대해 알고 있는지, 알고 있다면 언제부터 알게 됐는지 그리고 한국인의 가장 두드러진 특징은 무엇이라고 생각하는지 질문해보았다. "나는 오래 전부터 책을 통해서 한국을 알고 있었지요. 한국인은 다른 어느 민족보다도 부지런한 민족입니다"라고 대답하였다. 호기심이 생겨 한국에 대해 기록된 그 책을 좀 보자고 하였다. 그랬더니 그 책이 집에 있다며 그날 저녁 나를 당신 집으로 초대하겠다고 하였다.

시간이 되어 옛 제자들과 함께 찾아갔더니 교수님과 사모님이 우리를 반갑게 맞이하였다. 아담한 3칸짜리 방안에 책이 가득 쌓여 있었다. 교수님은 한동안 서재를 뒤지더니 나에게 3권의 책을 내밀었다. 살펴보니 1950년대와 60년대 그리고 80년대에 모스크바에서 출판된 한국의 설화와 속담에 관한 책이었다. 그 책을 대하는 반가움이란 우연히 흙이 묻은 구슬을 주웠다가 옛 추억도 함께 건져 올리는 그런 즐거움이었다.

그날 저녁은 이리다의 지도교수 댁에서 잘 먹고 잘 놀았다. 아무런 연고도 없는 손님을 이렇게 잘 대접해 주셔서 지금도 뭐라고 감사를 드려야 할지 모르겠다.

톰스크에서 또 하나 빼놓을 수 없는 것이 대학도서관이었다. 대학과 긴밀한 관계 속에서 학문의 질적 향상을 도모하는 것이 대학도서관의 기능이라면, 대학도서관은 그 대학의 학문적 수준을 가늠하는 잣대라고 할 수 있을 것이다.

내가 찾아간 곳은 톰스크에서 두 번째로 크다는 톰스크 공과대학교 과학기술도서관이었다. 오니쑥 류보비 니콜라예브나 도서관장께 이 도서관의 설립배경과 현 상태를 물어보았다. "이 도서관은 톰스크공과대학이 설립된 지 4년 후인 1900년 10월에 황제 니콜라이 2세의 승인을 받아 대학 부설 도서관으로 개관되었습니다. 그 후 대학과 함께 양적, 질적 성장을 거듭하여 현재 270만 권의 장서를 보유하고 있으며 700명의 독자를 수용할 수 있는 열람실을 7개 갖추고 있습니다." 장서를 270만권이나 보유하고 있다니 놀랍기 그지없었다. 톰스크공대의 학생 수가 9천명인 것을 감안해보면 다른 어느 대학의 도서관과 비교해보아도 손색이 없는 도서관이었다.*

계속해서 도서관장의 이야기를 들어보니 개방 이후 외국어습득의 필요

---

* 그 당시 필자는 도서관장으로부터 모든 자료를 포함한 장서가 270만권이라고 들었다. 그런데 지금에 와서 생각해보니, 27만권이라는 말을 잘못 들은 건지도 모르겠다.

성이 증대해감에 따라 외국어학습교재를 비롯한 각종 외국어 서적을 많이 확보하려고 노력하고 있다고 하였다. 현재 ≪러시아-독일 센터≫라는 기관에서 독일어 교재 2천권을 제공해 주었고 그 외에도 여러 가지 도움을 주고 있어 독일어를 배우는 사람이 점차 늘어나고 있다고 하였다.

또한 인문사회과학의 중요성이 커져 4년 전에 도서관 내에 인문사회과학관을 열었단다. 그러나 예전과 달리 모스크바나 타 대학 도서관들과 교류가 원활하지 못해 출판된 서적을 쉽게 확보하지 못하는 실정이라는 것이었다.

나는 거기에 한국서적이 있는지 궁금하였다. 그래서 혹시 한국서적이 있느냐고 물었더니 러시아어로 출판된 동방학관계 서적에 한국에 관한 내용이 들어있는 책은 있지만 독립된 한국서적은 없다고 대답하였다.

어떻게든 거기에 한국서적을 좀 보내 톰스크지역 사람들에게 한국을 좀 더 알릴 수 있었으면 하는 아쉬움을 남긴 채 도서관장께 감사를 표하고 물러나왔다.

때가 동짓달이라서 낮은 짧고 밤은 쉬 찾아왔다. 즐거운 시간은 빨리 간다더니 어느새 마지막 날 밤이 돌아왔고 그날 밤도 옛 이야기 속에 추억이 화톳불처럼 타들어갔다. 그리고 떠나갈 시간이 되었다. 우리도 천상의 세계처럼 상태의 변화로만 시간을 측정한다면 만남과 이별의 지평을 넘어 장자처럼 무한공간을 거닐어 볼 수도 있으련만 아직은 유한한 시공에 갇혀 자신에게 주어진 몫을 따라 제각기 다른 길을 가야만 하는가 보다.

옛날 우리 선조들이 '회자정리'(會者定離)라는 말 한마디로 이별사를 대신했듯이 나도 나의 옛 제자 이리다와 보바에게 그리고 올랴와 슬라바에게 담담히 안녕을 고하고 기차에 몸을 실었다. 그러나 왠지 떠나는 길손의 가슴에 나그네의 향수가 남아 몇 번이나 뒤를 돌아보았다. 나는 다만 인연을 찾아 톰스크에 갔을 뿐인데 거기서 머문 3박 4일 동안 나도 몰래 은밀한 성을 쌓았던가 보다. 그 은밀한 성이란 친밀한 사람이나 대상끼리만 교감할 수 있는 믿음의 끈이었던 것이다.

고려일보 1995년 11월 25일, 12월 2일, 9일

1995년 당시까지만 해도 카자흐스탄에 거주하는 외국인이 비자 없이 러시아에 갈 수 있었다. 물론 합법적으로는 안 되는 일이었지만 편법으로는 얼마든지 가능했다. 필자도 그 당시 러시아 비자 없이 고려일보기자증과 고려일보에서 내준 출장증명서를 가지고 러시아 국경을 넘었다. 일단 국경을 넘는 데에는 아무런 문제가 없었지만 러시아 내부로 깊숙이 들어감에 따라 러시아경찰들의 언행에서 인종차별의식이 심하게 느껴졌다. 부당했지만 그때는 러시아가 영내 자치공화국 체첸문제로 골머리를 앓고 있던 때라 이해할만한 것이기도 했다.

머나먼 시베리아의 도시 톰스크를 다녀오자마자 김성조 편집국장(당시 직책은 평기자)님이 다음날 아침까지 기행문을 써오라고 해서 지친 몸으로 그날 밤을 새우다시피 하며 원고지 40매를 채웠던 기억이 새롭다. 김성조 편집국장은 1945년 사할린 출생으로 고려일보에 전적으로 헌신한 분이다.

고려일보는 지금까지도 원고지를 사용한다. 1990년대 말까지는 모든 기사가 반드시 원고지에 기록된 다음 컴퓨터 타자수의 손을 거쳐 컴퓨터에 입력되었다. 2000년대에 들어서서는 바로 컴퓨터에 입력하여 편집하는 경우가 많아졌으나 고려일보사 내에서 작성하는 기사들은 여전히 상당 부분이 원고지에 손으로 씌어진다. 원고지는 가로 16칸, 세로 20줄로 되어 있다. 신문에 실리는 기사의 한 줄 당 글자가 16자 들어가기 때문이다. 1990년대 어느 한 시기부터 2002년 이전까지 몇 년간은 가로 12칸, 세로 20줄로 된 원고지가 사용되기도 했었다.

# 훈훈한 겨울

　인류의 스승들은 사람을 나무에 비유하곤 했었다. 나무가 철에 따라 싹을 틔우고 꽃을 피우며 왕성하게 자라다가 어느 순간 성장을 멈추고 시들은 잎을 떨군 뒤 긴 휴식으로 들어가듯이 사람도 그와 비슷한 생활과정을 거치며 살아간다는 것이다.

　많은 사람들은 자연 속에서 아무렇게나 자라는 나무처럼 별 무리 없이 세상을 살아간다. 간혹 시련의 비바람에 희망의 가지가 한둘 꺾이긴 해도 곧 상처를 회복하고 예전처럼 건강한 삶을 살아나간다. 그들 중 선택받은 몇 사람은 늘 푸른 소나무처럼 오래도록 건강하게 살다가 조용히 인생의 겨울에 들어간다. 그런 사람을 가리켜 천수를 다 했다고 하며 많은 사람들

알마틔대학교 한국어과 3회 입학생들이 어느덧 2학년을 마치고 한 자리에 모여 조출한 파티를 열었다. 앞줄 왼쪽에서 두 번째가 필자다.(1995년 여름)

이 부러워한다. 그런데 어떤 사람들은 한여름의 태풍에 맥없이 쓰러져버리는 나무처럼 아주 젊은 나이에 세상 삶을 마감해버리기도 한다. 그런 사람을 보면 깊이를 알 수 없는 슬픔과 덧없는 세월의 비애를 느끼게 된다.

한 달포 전 내가 가장 아끼는 제자의 동생이 갑자기 세상을 떠나고 말았다. 누구나 한 번 맞이해야 할 죽음이지만 이제 열여덟 살 밖에 되지 않은 그에게는 인생의 종말이 너무 일찍 찾아왔던 것이다. 외아들과 동생을 잃어버린 가족의 슬픔은 보는 이들의 가슴을 저미게 했다. 한창 피어날 시기에 사월의 꽃처럼 져버린 그의 짧은 일생은 가을 낙엽을 보며 느끼는 우수와는 비교할 수 없는 깊은 슬픔에 휩싸이게 하였다.

그러나 사람에게는 아무리 큰 시련이나 슬픔도 이겨낼 수 있는 힘이 있다고 한다. 그리고 슬픔을 많이 겪은 사람일수록 그만큼 더 현명해진다고 한다. 다만 똑같은 시련이나 슬픔이라도 사람에 따라 회복하는 시간이 다르기 때문에 주위 사람들의 따뜻한 도움이 꼭 필요한 것이다. 나는 내 제자가 아픈 기억을 빨리 잊어버리고 다시 공부에 열중하는 예전의 모습으로 돌아오기를 빌었다.

그리고 어느덧 한달이 흘렀다. 반갑게도 그녀는 이전의 명랑함을 많이 되찾았다. 슬픔을 애써 감추려는 모습이 아닌 그냥 자연스런 본래의 밝은 모습을 거의 회복하였다. 아마도 그녀가 평소에 가지고 있던 신앙의 힘이 그녀를 절망에 빠지지 않게 해 주었던 것 같다. 그리고 그 때 자리를 함께 했었던 친지들과 이웃과 신앙인들과 학교 친구들도 큰 위로가 되어주었던 것 같다. 나는 지금, 슬픔에 처한 학우를 찾아가 위로하고 도와주었던 내 제자들의 그 때 그 모습을 가장 아름다운 기억으로 간직하고 있다. 그녀는 이제 거의 정상을 되찾았고 다시 학업에 열중하고 있다. 상처 입은 나무가 다른 나무들의 보호에 힘입어 곧 새로운 잎으로 옛 상처를 싸매어 가듯이…

세상은 불공평하고 부조리하고 시련 많은 모순덩어리처럼 보일 때가 많다. 보통 사람들의 눈에도 그렇게 보이거늘 하물며 비운의 된서리를 맞은 사람들에게는 더 말할 것이 있을까! 그러나 대부분의 사람들이 상상하기조차 어려운 시련에 직면하여서도 굳건한 인내와 용기를 잃지 않았고 고락을 나눌 수 있는 이웃이 있으면 더욱 인간다운 강인함을 보여주었다.

지금도 우리 주위에는 정신적, 물질적 어려움에도 불구하고 꿋꿋하게 살아가는 사람들이 많이 있다. 그러나 크고 작은 갖가지 시련에 처하여 이웃의 도움과 위로가 절대적으로 필요한 사람들도 많이 존재한다. 특히 겨울에는 그런 사람들이 더욱 늘어나는 법이다. 우리가 추운 겨울을 훈훈한 겨울 또는 포근한 겨울이라고 부르는 이유가 다 여기에 있을 것이다. 사람은 누구나 이웃의 도움과 위로를 필요로 하고 있고 또 사람은 누구나 그런 이웃이 될 수 있다. 겨울이 추울수록 이웃을 더 생각해볼 일이다.

고려일보 1996년 3월 8일

아는 사람의 죽음은 언제나 많은 생각을 하게 만든다. 당시 카자흐스탄은 구소련 붕괴의 여파로 극심한 경제적 어려움에 처해있었다. 이상하게도 그런 시기에는 겨울이 더 일찍 찾아오는 것 같았다. 카자흐스탄의 수도 알마틔에도 해마다 어김없이 겨울이 찾아들었고 그러면 일부 알마틔 시민들은 몸도 마음도 몹시 추운 겨울을 보내야 했다. 지역에 따라 난방용 가스와 전기가 수시로 공급되지 않던 시절이었는지라 당시 생활이 어려웠던 사람들의 형편은 쓸쓸함과 참담함 그 자체였다.

필자 또한 그런 개인집에서 여러 해를 살았다. 1993년 가을부터 1999년 봄까지 여섯 해를 살았는데 이듬해(1994년) 겨울부터, 이전까지는 잘도 공급되던 중앙난방이 거의 끊겨버려 그 집에서 몹시 추운 겨울을 보냈다. 무려 다섯 해를 그렇게 난방 없이 지냈다. 물론 두어 번 큰 돈 들여 새로 난방설비를 하기도 했지만 며칠 안 가서 얼어 터지거나 곧 고장이 나는 바람에 아예 포기하고 살았다. 사는 동안 뼈를 으스러뜨리는 추위가 엄습해왔다. 견디기 힘들어 몇 번이나 따스한 난방이 들어오는 아파트로 이사하고자 했으나 이런저런 이유들이 생겨 계속 눌러 살았다. 믿기지 않지만 사실이다.

당시 우리 집에 놀러오던 현지인들조차 어떻게 이런 집에서 살 수 있느냐며 고개를 절레절레 혼들곤 했었다. 그때의 겨울은 왜 그리도 길기만 하던지…

그런 상황에서 뜻밖에 마주치는 지인들의 죽음은 꼬리를 물고 이어지는 긴 사색의 시발점이 되기에 충분했다. 그해 겨울 동생을 잃어버린 내 제자는 그 비극이 시작되던 어느 추운 날 오후 공교롭게도 다른 학생과 함께 우리 집에 놀러와 있었다. 우리는 두꺼운 옷을 껴입고 뜨거운 차를 마시며 담소를 나누었다. 날씨는 추웠지만 이야기가 재미있어 날이 저문 줄을 몰랐다. 두어 시간쯤 이야기를 나누었을까, 그 학생은 그만 집에 가봐야겠다며 일어서더니 자기 집으로 전화를 걸었다. 그리고는 전화통 속 상대방 화자와 한두 마디 말이 오가는가 싶었는데 갑자기 망연자실 어찌할 바를 모르는 것이었다. 동생이 눈길에 쓰러져 병원으로 실려 갔다는 이야기를 남긴 채 황급히 떠나는 모습이 못내 잊혀지지 않았다. 그리고 이틀 후 그 학생으로부터 동생이 세상을 떠났다는 전화를 받았다. (이 에세이는 신문사 사정으로 한 달 반가량 지나서 실렸다.)

# 졸업은 새로운 시작

한국학 발전의 터전이면서도 한국학의 불모지였던 카자흐스탄 땅에 몇몇 선구자들이 씨 뿌리고 땀 흘려 가꾼 보람이 두 번째 결실로 나타났다. 지난 18일 아바이 명칭 알마띄국립대학교에서 작년에 이어 제 2회 한국어과 졸업생이 배출된 것이다. 이들은 모국어에 대한 우리들의 관심과 열기가 고조되던 1992년 제 2회 한국어과 신입생으로 들어갔다가 지난 18일, 이틀간에 걸친 졸업시험을 끝으로 4년간의 대학생활을 마감했다.

이번 졸업생은 모두 18명이었다. 길다면 길고 짧다면 짧은 4년 동안 곡절이 없을 수 없어 몇몇 학생들이 중도에서 탈락하긴 했지만 대부분 본분을 지키며 열심히 공부해왔다고 미르조예브 동방학과장은 말한다. 그러면 그동안 이들의 어학실력은 얼마나 향상되었을까? 학생들에게 물어보았더니 "부끄럽지만 4년 전에 비해 많이 향상된 것 같다."면서 "우리들을 4년간

카자흐스탄 북부 수도 아스타나의 봄날 거리(2009년)

도맡아 지도해준 김봉삼 교수 덕분"이라고 공을 돌렸다. 김봉삼 교수는 졸업생들의 어학실력이 여전히 불만족스럽긴 하지만 4년 전에 비하면 현저히 나아졌다고 평가했다.

시험이 끝난 뒤 졸업생들이 조촐한 사은회를 열었다. 그 자리에는 미르조예브 동방학과장을 비롯하여 김봉삼 교수, 조달원 교수 등이 참석하였다. 학생들은 그 자리를 빌려 그동안 자기들을 가르쳐준 스승들, 특히 김봉삼 교수에게 심심한 감사를 드렸다.

김봉삼 교수는 그들을 4년간 도맡아 가르쳐왔기 때문에 그들을 졸업시키는 감회가 남다르다며 어느 분야에 진출하든지 항상 최선을 다하는 사람이 되기를 바란다고 당부하였다.

졸업이란 말은 얼핏 생각하면 쉬운 듯하지만 당사자들에게는 항상 어려운 관문이다. 특히 초창기 졸업생들은 교육환경이나 여건이 제대로 갖춰지지 않아 말 못할 고충과 사연이 있는 법이고 따라서 이번 졸업생들이 맞이하는 졸업은 남다른 인내와 정진을 요하는 쉽지 않은 관문이었을 것이다. 그러나 한편으로는 초창기의 학생들이었는지라 누구보다도 더 큰 의욕으로 공부했을 것으로 생각된다. 바로 그런 이유 때문에 감회와 보람도 더욱 새로우리라 여겨진다. 오늘의 영광된 자리가 있기까지는 졸업생 각자의 노력과 교수요원들의 수고가 한데 어울려 맺은 협동과 합심의 결과겠지만 특히 이들을 입학 때부터 졸업 때까지 도맡아 지도해온 김봉삼 교수의 수고는 꼭 기억되어져야 할 것이다. 그리고 학부형과 대학관계자들의 조력과 관심과 염려도 잊지 말아야 할 것이다.

졸업은 끝이 아니라 새로운 시작이라고 한다.

잊혀져가는 모국어를 살리려고 애쓰는 우리 어르신네들의 심정으로, 땀 흘려 씨 뿌리는 농부의 심정으로, 자식을 생각하는 부모의 심정으로 이 졸업생들을 사랑하고 지켜봐주어야 되겠다. 새로운 출발을 하는 졸업생들도 항상 젊은이다운 패기와 기상을 간직하고 당당하게 앞날을 개척해나가는 자랑스러운 알마띄대학 제 2회 한국어과 졸업생이 되기를 기대해본다.

고려일보 1996년 6월 22일

여기에 나오는 김봉삼 교수와 조달원 교수는 북한에서 파견되어 나온 어문학전공 교수이다. 필자도 이분들과 함께 한국어과(또는 조선어과) 강사로 일하고 있어서 그날 사은회 모임에 같이 있었지만 기사를 쓰는 입장이라 본인 이름을 생략했다.

이 글이 나가기 한 해 전에는 필자를 제외한 모든 한국어 교사들이 약속이나 한 듯이 모두 한국으로 떠나버렸다. 그래서 한국인 중에서는 유일하게 필자 혼자 남아 이 두 북한 교수님과 함께 한 해 동안 한국어과 학생들을 가르쳤다. 그런지라 그분들과 맺은 정과 동료의식이 남달랐다. 우리는 그 당시 미군철수문제와 평양청년학생축전에 전대협대표로 참가했던 임수경씨 투옥문제로 가끔씩 논쟁을 벌이기도 했지만, 정치적인 사안을 제외하고는 언제나 친밀한 관계를 유지했다. 두 분은 필자를 친조카처럼 대해주셨고 필자도 그분들을 가까운 어른으로 모시고 따랐다.

이 기사는 남북관계에 얽힌 그 분들의 처지를 내 식대로 고려하여 기사 말미에 필자이름 대신 일부러 '본사기자'라고 써서 냈는데 이 기사가 신문에 실린 뒤 김봉삼 교수는 필자에게 왜 본인이름을 당당히 밝히지 않았느냐고 나무라셨다. 참고로 이야기하자면 고려일보 기자들은 보도기사를 비롯한 여러 일반기사들을 낼 때 기사 말미에 본명을 쓰지 않고 '본사기자'라고 기입하거나 필명을 쓰는 경우가 많았다.

---

\* 원제는 '알마띄대학교 제 2회 한국어과 졸업생 배출'이다.

# 이국땅에 울린 한국의 목소리

　세계의 지붕 파미르고원에서 솟아오른 용 한 마리가 중국과 카자흐스탄을 가로지르며 북으로 달리고 있는 천산산맥, 그리고 그 주봉 아래 아름답게 펼쳐진 숲의 도시 알마띄와 다시 그 안에 잘 익은 능금처럼 보암직하게 자리 잡고 있는 메데오.* 여름에도 만년설이 병풍처럼 둘러져 있어 볼 때마다 시원함을 더해주는 알마띄의 휴식처 메데오는 해마다 여름이면 국제가요제로 붐빈다.

　올해도 변함없이 메데오에서 제 7회 ≪아시아 다우의쎄≫가 열렸다. 지난 7월 30일 화려한 개막식을 시작으로 막이 오른 국제가요제 ≪아시아 다우의쎄≫는 관객들의 뜨거운 관심과 성원 속에 6일간 계속되었다. 세계 18개 나라에서 출전한 24명의 가수들이 그동안 갈고 닦은 노래솜씨를 우리들에게 마음껏 보여주었다. 지구 반대편 미국의 아틀란타가 스포츠한마당으로 흥겨웠다면 알마띄는 노래잔치한마당으로 즐거운 날들이었다.

　노래자랑 본선은 7월 31일, 8월 1일, 2일 연 사흘간 계속되었다. 한국에서도 신인 여가수 서주경씨가 출전하였다. 한국에서는 ≪아시아 다우의쎄≫에 구창모씨와 신효범씨에 이어 서주경씨가 세 번째 출전인데 처녀출전임에도 불구하고 서씨는 두 선배 가수들 못지않은 가창력을 보여주었다.

　본선 첫날 서씨는 한복을 곱게 차려입고 나와 '님아 님아'라는 트로트노래를 선보였다. 민요조가 가미되어 있어서 한국인이면 누구나 즐겨듣는 일명 '흘러간 노래'인 트로트노래는 한국인이 아니라도 사랑을 받기에 충

---
* 메데오 : 카자흐스탄 구수도 알마틔시 외곽 천산자락에 위치한 지명
* 원제는 '≪아시아 다우의쎄≫가요제 : 한국여가수 서주경 금상 수상'이다.

분한 노래임을 관객의 반응으로 확인할 수 있었다.

둘째 날에는 한국의 중견가수 윤복희씨의 노래 '여러분'을 열창했다. 민요풍은 아니지만 서주경씨의 끈끈하고 호소력 있는 가창력은 그 노래가 나타내고자 하는 뜻을 감정적으로 잘 처리하고 있다는 느낌이 들었다.

셋째 날에는 자신의 대표곡 '당돌한 여자'를 불렀는데 한국적 정서를 벗어나지 않으면서도 신세대여성들의 과감한 자기표현이 엿보였다.

3일에는 미스 ≪아시아 다우의씌≫가 있었고 4일에는 시상식이 있었다. 대상은 카자흐스탄의 가수 바우르쟌 이싸예브씨가 받았다. 주최국이라서 지난 6년간 자국 가수에게 대상수상을 자제해왔던 카자흐스탄 측의 겸손을 생각해보면 이번 대상수상을 박수로 환영해주어야 하리라 본다. 서주경씨는 금상을 수상했다. 심사위원들은 한결같이 서씨의 음색이 독특하고 훌륭하다고 평가하였다. 서씨의 노래를 들어본 어떤 한국 사람은 70년대 한국인의 사랑을 한 몸에 받았던 가수 심수봉과 최진희의 장점을 닮은 것 같다고 평가했다.

매년 여름마다 아시아 국제가요제가 열리던 장소 메데오. 이곳은 천산자락 바로 아래 위치해 있다.(2006년)

이번 행사의 심사위원으로 서울방송(SBS)측에서도 참여한 것으로 알려졌다. 서울방송은 평소 우리교포들이 많이 살고 있는 카자흐스탄에 깊은 관심을 갖고 있던 중 한국과 카자흐스탄 간에 우호협력이 증대되어 감에 따라 양국간 문화교류의 발판을 마련해보기 위해 이번 ≪아시아 다우의쓰≫에 참여했다 한다.

서주경씨에게 ≪아시아 다우의쓰≫에 참가하게 된 계기와 수상소감을 물어보았더니 "세계가요연맹부회장인 'ㅅ'씨의 권유로 참가하게 되었고 금상을 수상하게 되어 매우 기쁘다"고 하면서 "이번 가요제를 계기로 한국에서 열심히 활동할 계획"이라고 포부를 밝혔다. 알마띄에 와서 느낀 소감을 물었더니 "백여 민족이나 되는 많은 민족들이 평화롭게 모여살고 있는 것이 매우 놀랍고 인상 깊었다"고 대답했다. 그리고 "알마띄 사람들이 모두 친절하고 잘해 주어 매우 유익한 날들을 보냈다"고 덧붙였다.

한국에서의 정진을 기대해 본다.

고려일보 1996년 8월 10일

≪아시아 다우의쓰≫란 카자흐어로 '아시아의 소리'라는 뜻이다. 카자흐스탄 알마틱시에서는 1989년부터 매년 여름마다 아시아국제가요제가 열려왔다. 아쉽게도 2000년대 초반 새로운 알마틱 시장이 취임하면서 폐지되긴 했지만 당시에는 이 가요제가 카자흐스탄 국민들로부터 대단히 큰 관심과 인기를 끌었었다.

필자는 그 때 서주경가수가 참가한 가요제 대회장에 가려고 나섰다가 거기로 몰려드는 인파와 차량에 밀려 가는 걸 포기하고 결국 텔레비전을 통해서 보았다. 당시 카자흐스탄에서 열리는 국제가요제에 한국가수가 참가하는 것 자체가 흔치 않은 일이라 그때 카자흐스탄에 거주하던 한국 사람들 중 많은 이들이 서가수가 노래하는 것을 관심 있게 지켜보았다. 필자는 고려일보 김성조 편집국장의 요청으로 마지막 날 공항에서 서씨를 만나 인터뷰 했다.

# 제자들을 떠나보내며

세월은 사람을 기다려주지 않는다더니 어느새 너희들도 떠나야 할 시간이 되었구나. 정든 교정, 정든 친구들을 뒤로 남기고 이제는 발길을 돌려 새로운 미래를 열어야 할 때가 되었구나.

만나면 헤어지는 게 인간의 정리라지만 왠지 예정된 이별이 너무 일찍 돌아온 것 같아 마음 한구석에 남모를 아쉬움이 남는구나. 그건 아마도 지난 4년간 너희들이 내게 남겨준 추억이 쉼 없이 밀려오기 때문일 거다.

지금 이 시간 조용히 눈을 감고 너희들의 모습을 떠올려 본다. 비가 오나 눈이 오나 늘 푸른 솔잎처럼 청순하고 햇살처럼 따스했던 안 레나, 초롱초롱한 눈망울로 늘 깨어있었던 아침 이슬 같은 율랴, 흙이 묻은 구슬처럼 아름다운 내면을 평범한 겸손으로 감쌀 줄 알았던 전 레나, 영롱한 진주를

대학에서 한국어를 가르치던 시절의 필자(1995년)

260 카자흐스탄의 고려인들 사이에서

간직한 바다의 너울처럼 항상 넉넉했던 따냐, 가득 찬 보름달처럼 언제나 변함없었던 승희, 물가의 사슴처럼 지극히 곱고 소박한 꿈을 가진 라야, 수정처럼 맑고 곱게 성숙해가던 비까, 들에 핀 꽃처럼 강인하고 해맑은 이라, 마음이 온유하고 착하기가 비단결 같은 또 하나의 보름달 알뜨나이, 대양 함선의 선장처럼 지도력과 인화력이 탁월했던 유 쎄료자, 아무도 흉내 낼 수 없는 천하의 낙천주의자 최 쎄료자, 젊잖음과 온유함으로 다른 학생들의 부러움을 한 몸에 받았던 비쨔, 쉽지 않은 한국어 공부를 인내로 잘 소화해 낸 마몬또바 레나, 가정과 학업이라는 두 가지 짐을 지고도 항상 학업에 성실하려고 노력했던 성경, 역시 가정과 학업의 짐을 적극적으로 잘 감내해 온 잔나, 특유의 영민함이 아쉽게도 갑 속에 든 칼처럼 감춰져 있었던 훼자야!

너희들 1학년 때 맨 첫 강의에 들어가서 느꼈던 건 너희들이 순수하고 마음 착한 아이들, 다 자란 아이들이란 것이었단다. 따뜻한 봄날이면 너희들은 공원에 가서 공부하자고 잘도 졸랐었지. 그래서 몇 번 그렇게 했지만 공부보다는 주변 이야기로 허비해버리곤 했었지. 2학년을 끝마쳤을 때 황금의 중간 시기라며 레나 집에 모여 자축파티를 열었던 일이며 가정을 갖고 있던 성경이가 아이를 낳았을 때 비를 맞으며 그 먼 병원까지 걸어가서 축하를 해 주었던 일은 어떠했던가. 그리고 그 먼 길을 걸으면서 우리는 얼마나 많은 이야기를 주고받았었던가. 레나 동생이 갑자기 세상을 떠나버렸을 때 모두 모여 슬픔을 함께 나누었던 일은 또 어떠했었고…

그러는 사이 계절은 네 번이나 바뀌었고 너희들은 이제 더 이상 대학에 머무를 수가 없게 되었구나. 너희들이 쓰던 의자며 책상은 바야흐로 후배들이 차지하려고 하는구나. 아, 얄미운 시간, 야속한 세월이여!

그러니 이제 지난 일은 지난 일로 덮어두기로 하자. 추억은 정녕 아름다운 것이 틀림없지만 자칫 갈 길 바쁜 우리들의 앞길을 가로막고 자꾸 쉬어 가게 만들지도 모르니까. 자, 신발 끈을 고쳐 매고 새로운 여행길을 떠날 준비를 시작해 보자구나.

사랑하는 나의 제자들아!

너희들의 졸업을 진심으로 축하한다. 희망과 인내로 쌓아올린 열다섯 개 성상을 든든한 성으로 남기고 가는 너희들에게 뜨거운 박수를 보낸다. 무사히 마치기가 그리 쉽지 않은 대학생활, 더구나 배우기가 정말로 쉽지 않은 한국어를 전공으로 선택하여 잘 배우고 나가는 너희들에게 마음 가득 꽃다발을 엮어 보낸다.

졸업은 끝이 아니라 새로운 시작이다. 사회에 나가더라도 4년 전 대학에 들어왔을 때 지녔던 그 설렘과 열정으로 너희들 자신의 미래를 설계, 개척해 나가거라. 그동안 흘린 땀방울을 밑거름 삼아 더 높이, 더 멀리 내다보며 선배들이 넘지 못했던 벽을 과감히 뛰어 넘거라. 너희들 가슴속에 타고 있는 젊음의 불꽃을 더 크게 일으키며 나아가거라. 세계는 너희들을 위해 너희들 가슴만큼이나 무한히 열려있을 테니까.

다시 한번 졸업을 축하한다. 부디 건강하고 행복하게 살아다오.

1997년 7월 16일 김병학 선생님으로부터

고려일보 1997년 8월 2일

구소련에서는 9월 1일에 새 학년도가 시작되어 다음 해 6월에 끝난다. 필자는 1994년부터 2002년까지 수도 알마틔에 소재한 아바이명칭 알마틔대학교에서 한국어과 강사로 일했다. 이 기사는 앞에 실린 글 '방학을 맞으며'에 나오는 그 한국어과 2학년 학생들이 어느덧 4년간의 대학생활을 마치고 졸업하게 되어 그들을 떠나보내며 쓴 글이다. 떠나보낸 뒤 필자 자신을 위로하기 위해 쓴 글이다. 첫 정을 준 학생들이라서 그런지 보내는 마음이 몹시도 아쉽고 서운했다. 그들은 실력도 실력이지만 방법론도 서툴러서 초기에 정말 무료하고 알맹이 없는 한국어 강의를 진행하던 필자에게 용기를 내도록 격려하고 위로해 준 학생들이었다.

필자는 이 학생들이 1학년 2학기를 시작한지 얼마 되지 않았던 1994년 3월에 첫 강의를 시작했다. 그리고 한 달 만에 사의를 표명했다. 그들을 제대로 가르칠 만한 실력을 아직 갖추지 못했다는 판단이 들어서였다. 그러자 필자에게 한국어강의 시간을 할애해준 강사 선생이 필자의 결심을 가로막고 나섰다. "당신이 한번 시작했으면 끝까지 해야지, 적어도 한 학기가 끝날 때까지는 책임을 져야지 중도에 포기하겠다는 것이 어찌 남자로서 할 말이냐"면서.

두 학기 강의가 끝날 때쯤 몇몇 학생으로부터 이런 말을 들었다. "선생님! 처음에는 도무지 말도 안 통하고 강의를 알아듣기도 어려워 애를 먹었는데 시간이 조금 지나자 점차 알아듣겠더니 나중에는 논리적으로 설명이 안 되는 신비한 방식으로 강의의 대부분이 이해되었습니다. 매우 기이한 체험이었습니다.", "선생님, 끝까지 남아서 우리를 가르쳐주십시오. 우리는 선생님을 사랑합니다." 필자는 이 말을 듣고 속으로 여러 날을 울었다. 그들을 가르칠 능력이 안 되는 것 같아 늘 죄스러운 심정으로 살아왔는데 뜻밖의 말을 듣고 나니 마음 속 어딘가 깊이깊이 고여 있던 보람과 회한이 봇물 터지듯 넘쳐흘렀다.

세 학기 강의가 끝나던 1995년 여름에는 다른 계획이 있어서 정말로 그만둘 것을 결심했었다. 그들에 대한 애정도 이제는 접기로 했다. 종강하던 날 학생들에게 난 이제 그만두겠노라고, 그러니 앞으로 더 좋은 선생님 만나서 열심히 공부하라고 이야기해 주었다. 방학을 맞아 들뜬 분위기에 왁자지껄하던 강의실이 갑자기 찬물을 끼얹은 듯 조용해졌다. 잠시 침묵이 흘렀다. 그리고 얼마 후 한 학생이 일어서더니 떠듬떠듬 서툰 한국말로 이렇게 말하는 것이었다. "선생님, 이전에 우리를 가르치던 한국선생님들이 모두 중도에 그만두고 한국으로 가버렸는데 선생님마저 떠나시면 우리는 누가 가르쳐줍니까?" 말은 느렸지만 아프게 가슴을 때렸다. 그 말을 듣고나니 차마 교단을 떠날 수 없었다. 떠나서는 안 되는 일이었다. '그래 일년만 더 가르치자. 나를 위한 공부는 그 후에 시작해도 늦지 않겠지.' 결국 필자는 그들이 졸업할 때까지 강단을 떠나지 못했다.

# 카자흐스탄 고려인사회의 분열과 통합방안

## 머리말

카자흐스탄이 구소련으로부터 독립한지도 10년이 지났다. 오는 12월 16일이면 카자흐스탄은 독립 10주년을 맞이하게 된다. 이와 관련하여 카자흐스탄 정부는 올해를 '카자흐스탄 독립 10주년의 해'로 선포하였다. 이를 기념하는 각종 행사들이 다각도로 계획, 추진, 진행되고 있다. 카자흐스탄 고려인도 이에 발맞춰 '카자흐스탄 독립 10주년의 해'를 기념하는 대규모 행사를 계획, 진행하고 있다.

고려인 중앙아시아 이주 60주년 기념행사장에서 알마틔대학 한국어과 5회 입학생들과 함께. 가운데가 필자다.(1997년 8월15일 알마틔시 공화국회관)

카자흐스탄 고려인의 기로와 운명은 전적으로 카자흐스탄 정부의 민족정책과 고려인 스스로의 노력에 의존되어 있다. 카자흐스탄공화국이 독립이후 수많은 문제들과 씨름하면서 국가적 과제들을 해결해 왔듯이 카자흐스탄 거주 고려인 또한 심각한 민족 정체성의 시련에 다각도로 반응하면서 새로운 길을 모색해왔다. 그사이 고려인사회는 새로운 모습을 띠게 되었다. 필자는 여기서 고려인사회가 카자흐스탄 독립이후 여러 정치·사회·문화적 격변에 어떻게 대응하여 어떤 방식으로 분화·분열해나갔는지를 살펴보고 그 통합방안을 모색해 보고자 한다.

## 1. 외부적 요인

첫째, 카자흐스탄 정부의 언어정책으로 인한 분열이다. 소연방 중에서 러시아에 대한 예속정도가 가장 심했던 카자흐스탄은 주변 중앙아시아 국가에 비해 민족정책을 매우 신중히 펼쳐나갔으나 소멸해가던 카자흐어를 국어로 채택하고 카자흐어 사용영역을 정치·경제·사회·문화 전반으로 확대함으로써 카자흐인을 제외한 다른 민족들이 권력의 주류에서 밀려나는 결과를 야기했다. 카자흐어 습득율이 매우 낮았던 고려인들도 자연히, 그나마 점유하고 있던 얼마 안 되는 주류영역에서 밀려날 수밖에 없었다. 카자흐스탄이 카자흐어를 국어로 채택한 건 바람직한 정책이고 카자흐스탄 국민은 누구나 카자흐어를 배우고 익혀야 할 의무가 있다. 다만 새로운 언어를 습득하는 데에는 시간이 필요하다. 지금까지 한국어와 러시아어를 모국어로 삼고 살아온 고려인들은 언어사용영역에서 전환기를 맞이하여 어느 정도 표류하고 있는 것으로 보인다.

둘째, 정치권력획득기회의 박탈로 인한 체념이다. 이는 카자흐스탄 정부의 언어정책과 긴밀히 연관되는 문제로서 이 정책은 카자흐 민족에게는 자주성의 회복을 의미하지만 다른 민족에게는 정치권력획득 기회의 감소를 의미한다. 정치권력획득의 기회가 구세대 고려인보다 훨씬 줄어든 젊은 세대 고려인들은 주로 개인적 관심사에 따라 분열되고 있는 것으로 보인다.

셋째, 소련이 붕괴되면서 만연되어간 '탈 이데올로기화' 사조에 기인한 분화이다. 카자흐스탄은 신생독립국가를 이룩하자 구소련의 잔재를 청산하고 국가적 정체성을 시급히 확립할 필요성이 있었다. 이에 발맞춰 언론은 맑스-레닌의 '절대권력'에 대항하여 '탈 이데올로기화'한 가치를 퍼뜨리고 이데올로기적 문제를 평가절하 했으며 지극히 편향되고 왜곡된 방식으로 취급했던 것이다. 젊은 세대 고려인들은 주로 그 영향을 받으며 자랐다.

넷째, 국경의 개방으로 외국에서 다원주의적 가치와 '포스트모더니즘' 사조가 유입되어 젊은 계층의 고려인들이 자연스럽게 그 영향 아래 놓이게 되었다. 기성세대 고려인들이 정치·사회적 문제에 강한 관심을 갖고 있는 것과는 대조적으로 그들은 개인적이고 일상적 문제의 해결에 더 많은 관심을 기울이고 있다.

## 2. 내부적 요인

첫째, 고려인문화기관들이 직면한 세대간의 단절이다. 구소련 전체 고려인들의 사회·문화적 영역에서 카자흐스탄 고려인사회가 차지했던 비중은 거의 절대적이었다. 왜냐하면 구소련 시기에 고려인사회의 민족적 정통성을 유지시켜 주었던 유일한 두 개의 고려인문화기관인 신문사와 극장이 모두 카자흐스탄에 존재했기 때문이다. 카자흐스탄 독립 이후 '고려사람' TV방송과 '고려말' 라디오 방송도 생겨났고 비교적 최근에는 '문예·예술인 창작협회'도 생겨났다. 그런데 이들 고려인문화기관이 봉착한 가장 근본적인 문제는 재정적인 어려움 외에도 오래 전부터 고려일보 신문지상을 통해서나 고려인들이 발간한 서적을 통해서 간헐적으로만 제기되어 오다가 최근에야 문화기관 관계자들이 자성하고 있는 것으로서 그건 바로 후계자 양성문제였다. 그들은 이미 1970년대 초부터 이 문제를 의식하고 있었지만 이를 해결하려는 노력은 극히 미미했다. 이로 인해 그들은 민족적 유산과 전통의 단절 및 세대간의 단절이라는 고려인사회 존립의 기본 문제에 직면해 있다.

둘째, 한국인과의 접촉으로 인한 분열이다. 한국인들이 카자흐스탄으로 진출하여 카자흐스탄 고려인과 본격적으로 긴밀한 접촉을 갖기 시작한 것은 1991년 여름 알마틔에 한국교육원이 개원되면서부터라고 할 수 있다. 초기에는 개신교 선교사와 개인사업가와 유학생이 카자흐스탄 진출 한인의 주류를 이루었다. 그들과 한국사회가 고려인사회에 미친 영향은 실로 컸다고 할 수 있다. 왜냐하면 당시 고려인들은 구소련의 붕괴로 인한 민족 정체성의 혼란으로 오래도록 표류하고 있었는데 그때 한국의 여러 기관, 단체, 개인들과 카자흐스탄 고려인간에 활발한 접촉이 이루어졌고 그 과정에서 한국 측으로부터 고려인사회에 적지 않은 문화적·재정적 지원이 이루어졌기 때문이다.

고려인들은 한국으로부터 일방적 지원을 받으면서 모국에 대한 일종의 환상을 품었고 한국과 한국인에게 비현실적인 기대까지 하고 있었던 것으로 보인다. 그런데 한국인들도 정도의 차이는 있었지만 그들에게 똑같은 비현실적 기대를 하고 있었다. 한국인들은 고려인들을 값싼 고용 인력이라는 관점과 한국인과 똑같은 사고방식 및 모국에 대한 동일한 애국심을 지녀야 할 동족이라는 관점으로 보았던 것이다.

문제는 양자가 거의 대등한 정도로 비현실적인 기대를 품고 있었을지라도 결과적으로 상처받고 피해를 입는 쪽은 언제나 소수, 약자, 비주류라는 점이다. 카자흐스탄 고려인은 한국인에 대하여 두말할 것 없이 소수, 약자, 비주류의 입장에 서 있었다. 대다수 한국인들은 고려인을 대할 때 의식적으로든 무의식적으로든 혈연·지연적으로는 적자의 입장, 문화·전통·관습에 있어서는 계몽자적 입장, 경제적으로는 시혜자적 입장, 계급적으로는 상전의 입장에 서서 행동했다. 고려인들은 한국인 앞에서 '사마리아인'의 지위를 벗어나지 못했다.

1990년대 중반에 이르러 한국인과의 접촉에 대한 경험이 쌓이고 카자흐스탄에 거주하는 한국인의 수가 많아짐에 따라, 특히 한국이 경제위기를 겪으면서 한국의 위상이 하락함에 따라 그들의 한국인에 대한 태도는 어느 정도 대등해지는 경향을 띠게 되었다.

셋째, 민족성에 바탕을 둔 원인이다. 카자흐스탄 고려인들을 여타 민족과 비교했을 때 확연히 두드러진 민족적 특성으로는 근면성과 교육열 그리고 독단주의와 분열주의(불화와 반목)를 들 수 있다. 이 특성은 고려인 사회에 뿌리 깊은 하부구조를 형성하고 있는 것 같다. 전자의 두 가지 특성은 카자흐스탄 내 고려인의 위상을 높이고 민족의 발전을 이룩하는데 커다란 장점으로, 후자의 두 가지 특성은 민족적 단합과 전통의 계승을 방해하는 치명적 단점으로 작용해왔다. 그런데 장점인 근면성과 교육열마저도 한편으로는 고려인사회의 문화발전과 정치적·경제적 지위신장에 기여한 반면 다른 한편으로는 고려인사회의 분화과정을 촉진시켜 결국 고려인 사회를 분열시킨 주요인 중 하나가 되었다.

**통합방안**

어느 사회, 어느 집단이든 통합을 위한 노력은 언제나 제도적 개혁과 각 개인의 일상적 비민주성의 극복을 위한 노력으로 이루어진다. 그 외에 관계기관의 물질적·정신적 지원이 체계적이고 장기적으로 신중히 이루어진다면 그 사회가 바람직한 방향으로 나아갈 수 있음은 자명한 일이다.

먼저 제도적 측면에서 살펴보면 무엇보다도 '고려인협회'를 들 수 있다. 카자흐스탄 고려인협회(이하 카고협)는 러시아나 우즈베끼스탄 고려인협회와 달리 카자흐스탄 고려인을 대표하는 유일한 고려인대표기관으로 자리 잡았다. 카고협에는 카자흐스탄 정계·관계·재계 등에 종사하는 성공한 고려인들이 모두 망라되어 있고 고려인을 대표하여 국가를 상대하는 기관도 카고협이 유일하다. 카고협의 사업방향과 활동에 고려인사회가 크게 의존되어 있음은 당연하다. 그런데 카고협에는 해결되어야 할 문제가 있다. 바로 민주적 의사소통구조의 확립과 젊은 세대의 참여유도이다. 사실상 카고협의 힘이 비약적으로 상승한 건 카고협 지도부의 정치적·경제적 능력에 크게 의존한 측면이 있다. 이러한 사실은 자칫 카고협이 몇몇 지도자 중심으로 흘러갈 가능성과 수평적·수직적 세대간의 단절 가능성이 있음을 시사하기도 한다.

둘째, 고려인사회단체 대표를 비롯한 고려인 유명인사들의 체질개선이다. 세대간의 단절과 고려인사회활동에 대한 일반인들의 저조한 참여의식이 고려인사회의 당면문제로 떠오른 것도 따지고 보면 그들의 비합리성과 비민주성, 불화와 반목, 낡은 사고방식에 기인한 측면이 적지 않다. 각종 고려인사회단체의 직위를 제한된 권력의 획득대상이 아닌 겸손한 봉사의 대상으로 바라보는 발상의 전환이 이루어져야 한다.

셋째, 한국 및 한국인의 장기적이고 체계적인 인적 교류 및 정신적·물적 지원이 요구된다. 카자흐스탄에 거주하는 한국인들은 카자흐스탄 고려인들과 동등한 인간관계를 맺도록 의식적으로 노력해야 하며 특히 물질적 원조를 베푸는 입장에 서게 될 때는 합리적으로 베풀되 겸손함을 잃지 않아야 한다. 주는 자는 알게 모르게 받는 자에게 모멸감과 굴욕감을 심어주기 쉽다. 그리고 한국인들은 고려인들의 사고방식과 세계관을 존중하고 더불어 사는데 의식적으로 노력을 기울여야 한다. 더불어 사는 지혜는 이미 오래 전에 고려인들이 먼저 터득하고 있음을 알아야 한다.

고려일보 2001년 11월 9일

2001년 가을 알마틔대학교 국제학술회의에서 발표한 논문인데 얼마 후 고려일보에 실렸다. 지면관계로 발표문만 축약해서 실었고 고려일보에도 축약본 전문이 실렸다.

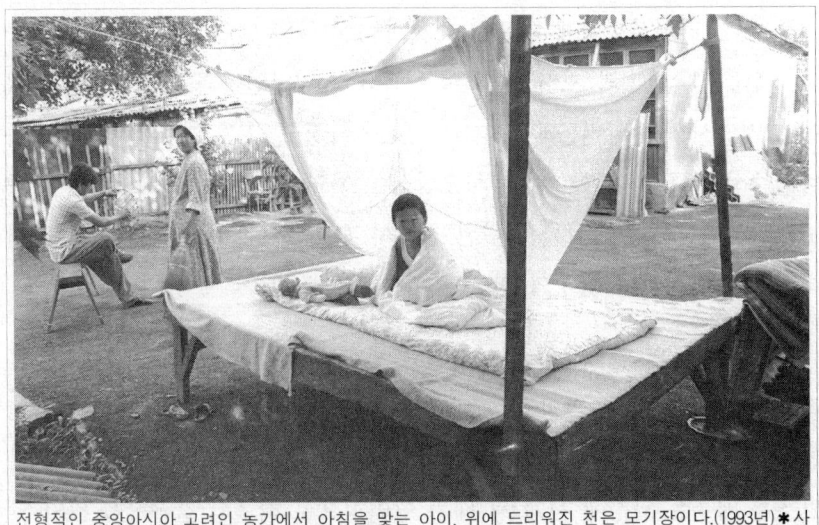

전형적인 중앙아시아 고려인 농가에서 아침을 맞는 아이. 위에 드리워진 천은 모기장이다.(1993년)＊사진 안 윅또르

| 저자이력 |

김병학은 1965년 전남 신안에서 태어나 전남대학교를 졸업하였다. 1992년에 카자흐스탄으로 건너와 우스또베광주한글학교 교사, 알마아타고려천산한글학교장, 알마틔국립대학교 한국어과 강사, 고려일보기자 등을 역임하였다.
현재 카자흐스탄 알마틔시에서 재소고려인 문화와 관련된 일을 하고 있다.
펴낸 책으로는 한국인선배기자 추모집『이름 없이 빛도 없이』와 시집『천산에 올라』(서울, 화남, 2005), 재소고려인 구전가요를 집대성한『재소고려인의 노래를 찾아서 I·II』(서울, 화남, 2007) 등이 있다.
bhkim7714@hanmail.net


## 카자흐스탄의 고려인들 사이에서

초판 1쇄 인쇄  2009년  9월 10일
초판 1쇄 발행  2009년  9월 20일

지은이 | 김 병 학
펴낸이 | 김 미 화
펴낸곳 | **인터북스**

주　　소 | 서울시 은평구 대조동 221-4 우편번호 122-844
전　　화 | (02)356-9903
팩　　스 | (02)386-8308
전자우편 | interbooks@chol.com
등록번호 | 제311-2008-000040호

ISBN 978-89-961936-7-8　　03810

**정가 15,000원**

※파본은 교환해 드립니다.